# DURCH STARTEN
## FRANZÖSISCH 2
### ÜBUNGSBUCH

**Verfasserin: Beatrix Rosenthaler**

Mitarbeiterinnen: Christa Breiter, Véronique Chartier-Tchoumta

Diesem Buch ist ein Lösungsheft zu den Übungen beigelegt.

**Entspricht der Rechtschreibreform 2006**

Bibliografische Information der Deutschen Bibliothek:
Die Deutsche Bibliothek verzeichnet diese Publikation in der
Deutschen Nationalbibliografie; detaillierte bibliografische Daten
sind im Internet über http://dnb.ddb.de abrufbar.

VERITAS-VERLAG, Linz
www.durchstarten.at
Alle Rechte vorbehalten,
insbesondere das Recht der Verbreitung
(*auch durch Film, Fernsehen, Internet,
fotomechanische Wiedergabe, Bild-,
Ton- und Datenträger jeder Art*) oder
der auszugsweise Nachdruck

3. Auflage 2014

Lektorat: Klaus Kopinitsch
Grafische Gestaltung: Ingrid Zuckerstätter
Illustrationen: Helmut »Dino« Breneis
Satz: Anton Froschauer
Herstellung: Julia Bamberger

Gedruckt in Österreich auf umweltfreundlich
hergestelltem Papier

ISBN 978-3-7058-7919-5

# Inhaltsverzeichnis

*Salut!* .................................................................................................................................................... 3

**1. KAPITEL:** *L'ADJECTIF* – das Eigenschaftswort ............................................................................ 4
               *La comparaison de l'adjectif* – die Steigerung des Eigenschaftswortes und der Vergleich ............... 4

**2. KAPITEL:** *L'ADVERBE* – das Umstandswort (Adverb) ................................................................. 9
               Bildung .................................................................................................................................. 9
               Verwendung des Adverbs ...................................................................................................... 9
               Die Stellung der abgeleiteten Adverbien ............................................................................. 10
               Die Steigerung des Adverbs und der Vergleich ................................................................... 10

**3. KAPITEL:** *LE PRONOM* – das Pronomen ................................................................................... 17
               Die Pronomen **y** und **en** .................................................................................................. 17
               Die Pronomen und der Imperativ (die Befehlsform) .......................................................... 20
               Zwei Objektvertreter ........................................................................................................... 22
               Zwei Objektvertreter beim Imperativ .................................................................................. 24

**4. KAPITEL:** *L'INTERROGATION* – die Frage ................................................................................. 26
               *l'interrogation totale* – die Entscheidungsfrage ................................................................. 26
               *l'interrogation partielle* – die Ergänzungsfrage .................................................................. 28
               Die Frage nach Personen ..................................................................................................... 30
               Die Frage nach Sachen ........................................................................................................ 33

**5. KAPITEL:** *LES TEMPS* – die Zeiten ........................................................................................... 40
               *l'imparfait* – die Mitvergangenheit (Präteritum) ............................................................... 40
               *imparfait* oder *passé composé*? ....................................................................................... 42

               Zur Wiederholung: **le passé composé** ............................................................................. 47
               *l'accord du participe passé* – die Übereinstimmung des Mittelwortes ............................. 48

               *le plus-que-parfait* – die Vorvergangenheit (Plusquamperfekt) ........................................ 50
               Zur Wiederholung: Verneinungen und Objektvertreter im Satz ......................................... 52
               nachdem – *après que* und als – *quand* ............................................................................. 54

               *le futur* – die Zukunft (Futur) ............................................................................................. 58

               *le conditionnel* – die Möglichkeitsform (Konjunktiv) ........................................................ 63

               **Überblick Französisch** ....................................................................................................... 70
               **Überblick Deutsch** ............................................................................................................ 71

               *la proposition conditionnelle* – das Bedingungsgefüge („die **Si-Sätze**") ......................... 77

**6. KAPITEL:** *LE DISCOURS INDIRECT* – die indirekte Rede und die indirekte Frage ....................... 87
               Einleitendes Verb in einer Zeit der „Nicht-Vergangenheit" ................................................ 87
               Einleitendes Verb in einer Zeit der Vergangenheit ............................................................ 94

**7. KAPITEL: KLEINIGKEITEN** .......................................................................................................... 103
               Die Verwendung von *tout* (*toute, tous, toutes*) ............................................................ 103
               müssen/brauchen ............................................................................................................. 105

*VOCABULAIRE*/**VOKABELVERZEICHNIS** ........................................................................................ 109

# Salut!

Herzlichen Glückwunsch zum Kauf von **„DURCHSTARTEN 2 – ÜBUNGSBUCH"**! Es wird dir mit einer Unmenge von Übungen helfen, deine bisherigen Kenntnisse der französischen **Grammatik** zu wiederholen, zu vertiefen und abzusichern und gleichzeitig auch deinen **Wortschatz** zu erweitern. Jede einzelne Übung ist ein Schritt auf dem Weg zu mehr Sicherheit und Selbstvertrauen im Umgang mit der französischen Sprache mit dem Ziel, dich dort sogar wohlzufühlen.

Der Beginn jedes Kapitels des Buches erklärt dir – so kurz wie notwendig – **Regeln und Ausnahmen**, und dann kommen **Übungen**, **Übungen** und nochmals **Übungen**.
Du findest **bei ihnen** immer wieder **Übersetzungen vom Deutschen ins Französische, die deshalb wichtig sind**, weil du normalerweise, wenn du **freie Texte** schreibst, **vom Deutschen ausgehst.** (Wenn Deutsch deine Muttersprache ist!)
Schreibst du frei, bist also du es, der/die sich die Sätze ausdenkt, die du dann **übersetzen musst!** Und da es das **Ziel jedes Fremdsprachenunterrichts** ist, dich zu einem **freien Sprecher/einer freien Sprecherin zu machen**, wage dich an die Übersetzungen! Sie zeigen sehr gut, wo es noch **Fehler** gibt. Was nur bedeutet, **dass noch etwas „fehlt".** Und wenn **du weißt, was fehlt**, kannst du es ja „wieder holen" ...

Damit du siehst, ob du richtig gearbeitet hast, gibt es natürlich auch ein **Lösungsheft**, und sollte dir beim Üben einmal die Bedeutung eines Wortes nicht gleich einfallen, bieten dir **Vokabelverzeichnisse** am Ende des Buches Rat und Hilfe.

Zum Abschluss noch ein **Tipp**: Arbeite mit Bleistift! Dann kannst du Antworten, die nicht ganz richtig sind, ausradieren und die Übung später wiederholen.

Viel Erfolg beim Üben mit diesem Buch!

# 1. KAPITEL: *L'ADJECTIF* – das Eigenschaftswort

## *LA COMPARAISON DE L'ADJECTIF* – DIE STEIGERUNG DES EIGENSCHAFTSWORTES UND DER VERGLEICH

**Zur Erinnerung**

- Die Adjektive werden mit dem Wort, das sie bestimmen, in Geschlecht und Zahl übereingestimmt:

| m. Sg. | — | f. Sg. | -e | *Papa est grand, Maman est grande aussi.* |
| m. Pl. | -s | f. Pl. | -es | *Ils sont grands. Elles sont grandes.* |

- Manche Adjektive stehen vor, manche nach dem Beziehungswort:

  *une petite amie, une femme intéressante*

- Sie können **attributiv**, also als Beifügung (*mon vieil ami* – mein alter Freund), oder **prädikativ** (*mon ami est vieux* – mein Freund ist alt) verwendet werden.

## VERGLEICHE

- Zum Ausdrücken der **Gleichheit**:

  *aussi* + **Adjektiv** + *que* + Vergleichsgegenstand (-person, -tier)
  *Maurice est **aussi grand que** son ami Paul.*     Moritz ist **so groß wie** sein Freund Paul.

- Zum Ausdrücken der „**Ungleichheit**":

  *ne ... pas aussi* + **Adjektiv** + *que* + Vergleichsgegenstand (-person, -tier)
  *Il n'est pas aussi grand que son ami Paul.*     Er ist **nicht so groß wie** sein Freund Paul.

 **Verwendung der betonten persönlichen Fürwörter!**
*Je suis aussi grand(e) que **toi**. Nous ne sommes pas aussi grand(e)s qu'**eux**.*

- **Mehrstufe (Komparativ)** – *le comparatif*:

  *plus/moins* + **Adjektiv** + *que* + Vergleichsgegenstand (-person, -tier)

- Steigerung „nach oben" (*le comparatif de supériorité*):

  *Maurice est **plus grand que** son ami.*     Moritz ist **größer als** sein Freund.

- Steigerung „nach unten" (*le comparatif d'infériorité*):

  *Paul est **moins grand que** Maurice.*     Paul ist **weniger groß** als Moritz.

- **Unregelmäßige Steigerung: gut – besser**

| Zur Erinnerung: | Sg. | männlich | weiblich | Pl. | männlich | weiblich |
|---|---|---|---|---|---|---|
| | | *bon* | *bonne* | | *bons* | *bonnes* |
| Komparativ: | Sg. | männlich | weiblich | Pl. | männlich | weiblich |
| | | *meilleur* | *meilleure* | | *meilleurs* | *meilleures* |

*Ton café est bon, mon café est **meilleur**.*
*La glace au chocolat est **meilleure** que la glace à la vanille.*
*Ses romans sont **meilleurs** que ses films.*
*Mes tartes sont **meilleures** que les tartes de ma mère.*

- „**Die Steigerung nach unten**", der *comparatif d'infériorité*, lautet: **moins bon** (= weniger gut)

  *Mon café est bon, ton café est **moins bon**.*
  *La glace à la vanille est **moins bonne** que la glace au chocolat.*
  *Ses romans sont **moins bons** que ses films.*
  *Les tartes de ma mère sont **moins bonnes** que mes tartes.*

# 1. KAPITEL: *L'ADJECTIF* – das Eigenschaftswort

- **Meiststufe (Superlativ)** – *le superlatif*:

    **Bildung:** Man setzt **vor den Komparativ** (*plus joli, plus intelligent*) **den bestimmten Artikel**.

    | Rex est | le **plus joli** chien | du monde. |  | der hübscheste Hund |
    |---|---|---|---|---|
    | Rex est | le chien | le **plus intelligent** | du monde. | der intelligenteste Hund |

    Es kann **auch ein besitzanzeigendes Fürwort vor dem Komparativ** stehen:

    *ma plus belle* photo — mein schönstes Foto
    *ses plus belles* cravates — seine schönsten Krawatten

    *Superlatif d'infériorité* („Meiststufe nach unten"): Man setzt **vor den** *„comparatif d'infériorité"* **den bestimmten Artikel (oder ein besitzanzeigendes Fürwort)**.
    *Paul est **le moins grand** de mes élèves.*     „Paul ist der am wenigsten große meiner Schüler."

- **Stellung:**
    - **Jeder Superlativ** kann **hinter dem Nomen** stehen, auf das er sich bezieht!

        *C'est le chien le plus intelligent.*        In diesen Fällen **muss der**
        *Ce sont les films les plus intéressants.*   **bestimmte Artikel wiederholt werden!**

        Auch wenn das Adjektiv normalerweise vor dem Nomen steht, ist es möglich, den **Superlativ nach hinten** zu stellen.
        *C'est la maison la plus petite.* (Das ist das kleinste Haus.)

    - **Bei diesen Adjektiven** kann der **Superlativ** aber auch **vor dem Nomen**, auf das er sich bezieht, **stehen**!
        *C'est la plus petite maison avec les plus belles fleurs de notre ville.*

- **Unregelmäßige Steigerung: gut – besser – am besten**

    | bon | meilleur | **le meilleur** | Mon café est **le meilleur café** de la ville. (der beste Kaffee der Stadt) |
    |---|---|---|---|
    | bonne | meilleure | **la meilleure** | Cette glace au chocolat est vraiment **la meilleure**! |
    | bons | meilleurs | **les meilleurs** | Mes élèves sont **les meilleurs** élèves de notre école. |
    | bonnes | meilleures | **les meilleures** | Mes tartes sont **les meilleures** de Cannes. |

    > *le, la, les meilleur(e)(s)* steht (wenn es attributiv gebraucht ist) **immer vor dem Nomen**!
    > *le meilleur café, les meilleures tartes* etc.

 **Bilde Sätze nach folgendem Muster.** (Gleichheit =, Ungleichheit ≠)

exemple: *elle = intelligent, sa sœur* ▶ *Elle est aussi intelligente que sa sœur.*

1. ma sœur ≠ gentil, ma cousine ..................
2. Rodrigue ≠ énervant, le petit frère de Valérie ..................
3. cette maison ≠ vieux, la cathédrale ..................
4. Pépé = impoli, tu ..................
5. ses derniers films = bon, le premier ..................
6. ce train = rapide, l'autre ..................
7. tes valises ≠ lourd, les miennes ..................
8. nos enfants = timide, tes enfants ..................
9. ma sœur ≠ grand, je ..................
10. sa nouvelle amie = beau, la précédente ..................
11. ces matchs ≠ intéressant, les autres ..................
12. cette fille = bavarde, il ..................

## 1. KAPITEL: L'ADJECTIF – das Eigenschaftswort

### 2 Bilde Vergleichssätze mit *aussi ... que, plus ... que* oder *moins ... que*.
(Steigerung nach oben +, Steigerung nach unten –)

exemple: *Astérix, Obélix, fort* (–) ▶ *Astérix est moins fort qu'Obélix.*

1. Bertha, une mule, têtu (=) ..................................................................
2. ses histoires, mes blagues, amusant (–) ..................................................................
3. mon assiette, ton assiette, rempli (+) ..................................................................
4. le Mont Blanc, le Großglockner, haut (+) ..................................................................
5. ce costume, cette veste, démodé (–) ..................................................................
6. ces poissons, le bœuf, frais (=) ..................................................................
7. ses tableaux, il, incompréhensible (–) ..................................................................
8. Jacques, tu, ennuyant (+) ..................................................................
9. cette idée, toutes tes idées, mauvais (=) ..................................................................
10. je, elle, heureux (+) ..................................................................
11. ces sites Internet, le mien, récent (–) ..................................................................
12. sa femme, il, jaloux (–) ..................................................................
13. vous, ils, bruyant (=) ..................................................................
14. elle, notre chef, correct (+) ..................................................................

### 3 Was ist gut, was ist weniger gut? Setze die richtige Form ein!

1. Cet hôtel est ........................... (+) que celui de l'année dernière.
2. Ses derniers films étaient ........................... (–) que le film actuel.
3. Cette année, ses notes sont ........................... (+) qu'avant.
4. Cet acteur n'était pas ........................... (–) que toi.
5. Notre nouvelle voiture est ........................... (=) que la vieille.
6. Les repas étaient ........................... (+) chez toi qu'à l'hôtel.
7. Notre groupe va être ........................... (–) que leur groupe. J'en suis sûr.
8. Je le connais. Son plan sera ........................... (+) que mon plan.
9. Je trouve que Milan Kundera est un ........................... auteur, mais que Pascal Mercier est encore ........................... (bon, +)
10. Chez Max, on mange bien, mais mes parents préfèrent de ........................... (+) restaurants.

## 1. KAPITEL: L'ADJECTIF – das Eigenschaftswort

### 4 Bilde Sätze nach folgendem Muster. (Superlativ nach oben ++; Superlativ nach unten ––)

exemple: *Les Souchay, être, la famille de notre ville, gentil (++)* ▶
*Les Souchay sont la famille la plus gentille de notre ville.*

1. ces deux filles, être, les filles de ma classe, fier (++)
2. nous, connaître bien, le joueur du club, bon (++)
3. Mme Fellin, être, la femme de notre école, intelligent (––)
4. ma fille, vouloir épouser, l'homme de notre pays, riche (++)
5. Paul, ne pas toujours rencontrer, les filles, joli (++)
6. pour mon mari, je, être, la femme du monde, sympa (++)
7. on sait que, ces lacs, ne plus être, les lacs d'Autriche, propre (++)
8. ma mère, faire, la glace, bon (++)
9. Raymond, raconter toujours, les blagues, bon (––)

### 5 Setze die richtigen Formen ein.

1. Le train n'est pas le moyen de transport ………………………… (*rapide ++*).

2. J'adore le pain de notre boulanger. C'est ………………………… (*bon ++*) pain de la ville.

3. Je pense que les valises de Véro étaient trop ………………………… (*lourd*). Mais elle a dit qu'elles n'étaient pas ………………………… (*lourd –*) en arrivant.

4. Ces enfants sont encore ………………………… (*sage +*) que mes enfants. Mais les enfants de Gérard sont vraiment ………………………… (*sage ++*) de la maternelle.

5. Ce musée d'Art Moderne est ………………………… (*bon –*) que celui de Vienne.

6. Sienna est la mère ………………………… (*sévère ++*) que je connaisse.

7. Mes parents sont ………………………… (*moderne –*) que mes grands-parents et ils sont beaucoup ………………………… (*autoritaire +*). Je ne comprends pas pourquoi.

8. Les deux sont ………………………… (*paresseux ++*) des élèves de notre classe. Mais quand même ils ont ………………………… (*bon ++*) notes.

9. Trixie trouve que la Toscane est la région ………………………… (*beau ++*) de l'Italie.

10. Mon père disait toujours que c'était moi qui avais les idées ………………………… (*fou ++*)

11. Mon cartable est ………………………… (*neuf +*) que celui de Wolfgang.
    Mais les choses ………………………… (*neuf ++*) ne sont pas toujours
    ………………………… (*beau ++*).

12. Ce chanteur est ………………………… (*fier ++*) des artistes. Il est
    ………………………… (*sympa –*) que tous les autres et ne salue pas ses fans.

13. Cette boîte est ………………………… (*connu +*) des adolescents que des adultes. Et c'est
    ………………………… (*cher ––*) de la ville.

## 1. KAPITEL: *L'ADJECTIF* – das Eigenschaftswort

### 6 Übersetze.

1. Unsere Französisch-Professorin ist die netteste Professorin unserer Schule. (*gentil*)

2. Ist ihr Mann genauso nett wie sie?

3. Meine Reise nach Paris war sehr schön. Ich finde, dass Paris eine schönere Stadt ist als Wien.

4. Nein, Wien ist beeindruckender, was die Details betrifft. (*impressionant, en ce qui concerne*)

5. Gehen wir ins Kino? Sie spielen dort den neuesten Film von Wim Wenders. (*récent*)

6. Sein letzter Film war der beste.

7. Hast du viel Arbeit? – Nein, meine Tage sind ein bisschen weniger ausgefüllt als normalerweise. (*remplir, d'habitude*)

8. Mama, ist Österreich größer als Frankreich? – Nein, Österreich ist viel kleiner als Frankreich.

9. Wo hast du deinen schönsten Urlaub verbracht? – In Schottland. Dort war das Leben am ruhigsten. (*les vacances, là-bas, tranquille*)

10. Habt ihr guten Wind zum Surfen? – Ja, er ist diesmal stärker als im Vorjahr. (*surfer, le vent, fort, cette année, l'année dernière*)

11. Den stärksten Wind hatten wir vor drei Jahren.

12. Früher war das Klima stabiler, sagt meine Großmutter. (*le climat, stable*)

13. Für viele Menschen sind Filme interessanter als Bücher.

14. Wir haben leider nicht die bravsten Kinder. (*sage*)

15. Teure Autos müssen nicht immer die besten sein. (*cher*)

16. Eure Nachbarn sind die unangenehmsten Personen der ganzen Stadt. (*désagréable*)

17. Dieses Mädchen ist die größte Liebe meines Sohnes. (*l'amour*)

18. Letzte Woche habe ich den spannendsten Kriminalroman meines Lebens gelesen. (*la semaine dernière, captivant, le roman policier*)

19. Er hat den höchsten Berg Südamerikas bestiegen. (*monter, haut, la montagne, l'Amérique du Sud*)

20. Meine Partys sind lustiger als die Partys meines Bruders. (*la fête, amusant*)

21. Ich finde, seine Freunde sind die langweiligsten Burschen der Stadt. (*le garçon, ennuyant*)

22. Findet Ihre Tochter im Ausverkauf auch immer die schönsten und billigsten Sachen? (*trouver, bon marché, les affaires, aux soldes*)

23. Seine Kinder führen die längsten Gespräche mit ihren Freunden am Telefon. (*avoir une conversation*)

24. Meine Mutter sagt, dass die Mädchen in unserem Alter anstrengender sind als die Burschen. (*de notre âge, fatigant*)

25. In Wirklichkeit werden unsere Eltern immer schwieriger. (*devenir, de plus en plus, difficile*)

26. Ja, weil sie um vieles älter als wir sind. (*être âgé*)

27. Ich denke, sie finden, dass ihr Leben weniger amüsant ist als unseres. (*la nôtre*)

28. Meine Mutter wollte immer ein besseres Leben als ihre Mutter. Aber ihr Leben wurde nicht leichter. (*devenir*)

# 2. KAPITEL: *L'ADVERBE* – das Umstandswort (Adverb)

## (A) BILDUNG

- An die **weibliche Form des Adjektivs** kommt die **Endung -ment**.

| Adjektiv | m. | w. | Adverb | |
|---|---|---|---|---|
| | doux | douce | **doucement** | leise, sanft |
| | franc | franche | **franchement** | offen |

- Endet **die männliche Form des Adjektivs auf einen ausgesprochenen Vokal**, so wird die Endung *-ment* an diese Form gehängt.

| | *poli* | *polie* | *poliment* | höflich |
|---|---|---|---|---|
| | *gentil* | *gentille* | *gentiment* | nett, freundlich |
| **Ausnahme** | *gai* | *gaie* | *gaiement* | fröhlich, lustig |

- **Besonderheiten**: Einige Adjektive bilden das Adverb auf **-ément**.

| énorme | énorme | **énormément** | enorm |
|---|---|---|---|
| profond | profonde | **profondément** | tief, zutiefst |
| précis | précise | **précisément** | genau |

Adjektive mit der Endung **-ant (-ent)** haben für das Adverb eine erweiterte Form auf **-amment (-emment)** (wie *-amment* ausgesprochen!).

| élégant | élégante | **élégamment** | elegant |
|---|---|---|---|
| fréquent | fréquente | **fréquemment** | häufig, oft |

- **Sonderformen**

| | bon | bonne | **bien** | gut |
|---|---|---|---|---|
| | mauvais | mauvaise | **mal** | schlecht |
| **Achtung** | rapide | rapide | **rapidement, vite** | schnell |
| | seul (allein) | seule | **seulement** | nur |

**Adverb = unveränderliche Wortform**, wird **mit nichts und niemandem übereingestimmt**.

**Umschreibungen**
Da nicht aus jedem Adjektiv ein Adverb auf *-ment* werden kann, gibt es **Umschreibungsmöglichkeiten**, die man sogar verwendet, wenn es ein abgeleitetes Adverb gäbe!

| *d'une façon (de façon) ...* | Das Adjektiv wird dann **mit façon bzw. manière** |
| *d'une manière (de manière) ...* | **übereingestimmt!** Beide sind **weiblich**. |
| *Jean se conduit d'une façon étrange.* | Hans benimmt sich **eigenartig**. |
| *Il parle de façon lente.* | Er spricht **langsam**. |
| *Il rit d'une manière folle.* | Er lacht **verrückt**. |
| *Il chante de manière affreuse.* | Er singt **entsetzlich**. |

## (B) VERWENDUNG DES ADVERBS

### (1) ES KANN EIN VERB NÄHER BESTIMMEN (VGL. LAT. AD VERBUM = ZUM VERB)

*Muriel travaille lentement.*   **Wie arbeitet** Muriel?   **Langsam!**

Um **nach dem Adverb zu fragen**, brauche ich **das Fragewort WIE und das Verb**, das bestimmt wird!

In einigen Wendungen haben die **Adjektive die Funktion eines Adverbs** und bleiben **unverändert**.

| Adjektiv statt Adverb | | | |
|---|---|---|---|
| coûter cher | teuer sein | parler haut, fort | laut sprechen |
| sentir bon | gut riechen | sentir mauvais | schlecht riechen |
| parler bas | leise sprechen | chanter fort | laut singen |
| chanter faux | falsch singen | (y) voir clair | klar sehen, durchschauen |
| travailler dur | hart arbeiten | | |

**Unterscheide:**   *sentir* = riechen  /  *se sentir* = sich fühlen!
   *Il se sent bien parce qu'il sent bon.*   Er fühlt sich wohl, weil er gut riecht.

## 2. KAPITEL: *L'ADVERBE* – das Umstandswort (Adverb)

### (2) DAS ADVERB KANN EIN ADJEKTIV NÄHER BESTIMMEN

*Elle est **vraiment** belle.*   **Wie schön?**   **Wirklich** schön!

### (3) EIN ADVERB KANN EIN ANDERES ADVERB NÄHER BESTIMMEN

*Elle dessine **particulièrement bien**.*   **Wie gut** zeichnet sie?   **Ausgesprochen** gut.

Zur **Frage** nach dem Adverb braucht man **das Wort, das näher bestimmt wird**.

## (C) DIE STELLUNG DER ABGELEITETEN ADVERBIEN

- **Adverb bestimmt Verb näher**

    - bei einfacher Zeit: Adverb **nach** dem Verb
      *Il **travaille lentement**.*

    - bei zusammengesetzter Zeit bzw. Infinitivkonstruktionen:
      Adverb **vor** oder **nach dem *participe passé*** bzw. **dem Infinitiv**
      *Il **a travaillé lentement**. Il **a lentement travaillé**. Il **va travailler lentement**.*

    - ***bien*** und ***mal*** stehen meist **vor dem *participe passé*** bzw. **dem Infinitiv**.
      *Aujourd'hui, il **a bien travaillé**. Demain, il **va bien travailler**.*

- **Adverb bestimmt Adjektiv (Adverb) näher:** Adverb **vor Adjektiv (Adverb)**
  *Il est **vraiment** lent. Il travaille **vraiment** lentement.*

- **Adverb bezieht sich auf ganzen Satz:** Adverb vor dem Satz
  ***Malheureusement**, il travaille lentement.*

## (D) DIE STEIGERUNG DES ADVERBS UND DER VERGLEICH

- **Gleichheit (=):** *aussi* + **Adverb** + *que* + Vergleichsperson, -tier oder -gegenstand
  *Mon frère travaille **aussi vite qu'**un escargot.* (so schnell wie eine Schnecke)

- **Komparativ**
  **mehr (+):**   *plus* + **Adverb** + *que* + Vergleichsperson, -tier oder -gegenstand
  *Je travaille **plus vite que** lui.* (Ich arbeite schneller als er.)
  **weniger (–):**   *moins* + **Adverb** + *que* + Vergleichsperson, -tier oder -gegenstand
  *Il travaille **moins vite que** moi.* (Er arbeitet weniger schnell als ich.)

- **Superlativ**
  am meisten (++):   *le plus* + **Adverb**   *Je travaille **le plus vite**.* (am schnellsten)
  am wenigsten (– –):   *le moins* + **Adverb**   *Notre sœur travaille **le moins vite**.*

**Adverb ist unveränderlich:** der Artikel „le" ändert sich bei der Steigerung von Adverbien **nicht**.
*Anne court **le plus vite**, Eve nage **le plus vite**, les deux mangent **le plus vite**.*

- **gut – besser – am besten**

| | | | | |
|---|---|---|---|---|
| **Adjektiv** | Positiv: | *bon(ne), bon(ne)s* | **Adverb** | *bien* |
| | Komparativ: | *meilleur(e), meilleur(e)s* | | *mieux* |
| | Superlativ: | *le/la meilleur(e), les meilleur(e)s* | | *le mieux* |

*Anne nage **bien**. Eve nage **mieux**. Berta et Isabelle nagent **le mieux**.*

- **viel – mehr – am meisten:** *beaucoup – plus – le plus*
  *Je lis **beaucoup**, Bernadette lit **plus**, mais Catherine, elle lit **le plus**.*

## 2. KAPITEL: L'ADVERBE – das Umstandswort (Adverb)

**7** **Nicht jedes Wort auf -ment ist ein Adverb! Unterstreiche die Adverbien und schreib das männliche Adjektiv daneben.** (Kennst du die anderen Wörter?)

exemple: appartement  <u>heureusement</u>  vêtement  ▶  *heureux*

| | | | |
|---|---|---|---|
| 1. rapidement | régiment | firmament | ............................... |
| 2. joliment | sentiment | bâtiment | ............................... |
| 3. médicament | simplement | serment | ............................... |
| 4. commencement | gouvernement | doucement | ............................... |
| 5. testament | gentiment | certainement | ............................... |
| 6. ment | dément | actuellement | ............................... |
| 7. finalement | ciment | serpent | ............................... |

**8** **Zur Auflockerung ein Rätsel. Viel Spaß beim Raten!**

1. Lies es, und du weißt, wer erbt: ...............................ment

2. Nicht zweifach: ...............................ment

3. Du brauchst es, wenn es kalt wird und der Badeanzug nicht mehr reicht: ...............................ment

4. Nein, ich lüge nicht, es ist so: ...............................ment

5. Es ist wenig. Es ist … ...............................ment

6. Wird statt „Gott sei Dank" und „zum Glück" verwendet: ...............................ment

7. Die Spanierinnen sind angeblich voll damit: ...............................ment

8. Meine Kinder spielen selten so: ...............................ment

9. Einen Iglu bezeichnet man nicht so, aber er ist für seine Bewohner ähnlich: ...............................ment

10. Wenn jemand sanft und leise säuselt, braucht man dieses Wort: ...............................ment

11. Lehrer lieben Menschen, die so grüßen: ...............................ment

12. Es reimt sich auf Bett und fett: ...............................ment

13. Übersetzt kommt es vom Leiden und der „schlechten Stunde": ...............................ment

14. Das steht am Ende: ...............................ment

## 2. KAPITEL: *L'ADVERBE* – das Umstandswort (Adverb)

### 9 Übersetze. (Vokabelhilfe im grauen Kasten)

*saluer, s'habiller, expliquer, le repas, plaire à q, rouler, expliquer, demander, faire du ski, faire du sport, dormir, attendre, se sentir, sentir, louer; affreux, prudent, courant, suffisant, profond, impatient, sûr, soigneux, franc*

1. Er kleidet sich *elegant*. ...............................................................................................................
2. Sie grüßen uns nie *nett*. .............................................................................................................
3. Sie weiß *genau*, was sie will. .....................................................................................................
4. Das Essen war *extrem* gut. ........................................................................................................
5. Die Stadt gefällt ihm *gut*. ..........................................................................................................
6. Der Film ist *schlecht* gemacht. ..................................................................................................
7. Er spricht *interessant*. ...............................................................................................................
8. Sie singt *abscheulich*. ................................................................................................................
9. Der Minister fuhr zu *schnell*. .....................................................................................................
10. Ich kann dir alles *leicht* erklären. ............................................................................................
11. Er bittet mich *höflich* um Geld. ...............................................................................................
12. Er isst immer *mehr* als du. ......................................................................................................
13. Das ist *wirklich* wichtig. ..........................................................................................................
14. Fahre *vorsichtig* Schi! ..............................................................................................................
15. Sie spricht *fließend* Englisch. ..................................................................................................
16. James Bond lebt *gefährlich*. ....................................................................................................
17. Wir betreiben *ausreichend* Sport. ...........................................................................................
18. Ich fühle mich nicht *gut*. .........................................................................................................
19. Ich warte *ungeduldig* auf dich. ...............................................................................................
20. Du musst *laut* sprechen. .........................................................................................................
21. Opa hört dich nicht mehr *gut*. ................................................................................................
22. Mein Mann riecht immer sehr *gut*. .........................................................................................
23. Er wird dich *bestimmt* loben. ..................................................................................................
24. Du arbeitest *gut* und *sorgfältig*. ...........................................................................................
25. Er spricht nie *offen* über sein Projekt. ....................................................................................
26. Er fragt *charmant*, ob er mich begleiten kann. ......................................................................
................................................................................................................................................
27. Sprich *leise*! Das Baby schläft nicht *tief*. .............................................................................
................................................................................................................................................

## 2. KAPITEL: L'ADVERBE – das Umstandswort (Adverb)

### 10 Adjektiv oder Adverb?

1. Notre voisine est très .................... (*gentil*). Elle nous salue .................... (*gentil*) et quelquefois elle donne un peu d'argent. Elle est .................... (*vrai*) .................... (*généreux*).

2. Nicole a eu de .................... (*mauvais*) résultats cette année. Elle n'a pas .................... (*bon*) travaillé.

3. Les concerts ne coûtaient rien. Nous avons pu entrer .................... (*gratuit*).

4. Cette fille est une .................... (*mauvais*) actrice. Elle joue .................... (*mauvais*), mais elle ne le sait pas.

5. Tu connais le chef de ma mère? Il est .................... (*fatigant*). Il mange .................... (*bruyant*), il parle toujours .................... (*fort*) et il ne répond que .................... (*méchant*) si quelqu'un lui pose une question.

6. Moi, je préfère voyager en train. On peut voyager .................... (*tranquille et agréable*).

7. Vous savez si M. Poillier va .................... (*bon*)? Hier, il nous a expliqué .................... (*distrait*) ce qu'il voulait faire et il n'a même pas remarqué que personne ne l'écoutait .................... (*attentif*). – Oh, je connais ça. Depuis peu de temps, il est devenu .................... (*joli*) .................... (*étrange*). La vie avec lui devient .................... (*extrême*) .................... (*embêtant*).

8. Valérie est très .................... (*amoureux*) de Jules. Elle l'attend .................... (*impatient*), elle prépare des repas .................... (*cher*) et elle essaie de deviner tout ce qu'il veut. Elle le gâte .................... (*incroyable*).

9. Cyrille m'énerve. Il rentre .................... (*régulier*) en retard, il ne s'habille plus .................... (*élégant*), il n'a plus d'idées .................... (*génial*) et il est tellement .................... (*bruyant*) que les voisins se plaignent déjà.

10. Pour son premier roman, Béatrice s'est .................... (*admirable*) débrouillée. Le livre s'est très .................... (*bon*) vendu. C'est un succès .................... (*phénoménal*).

11. Einstein est un savant .................... (*mondial*) connu. Mais ses théories ne sont pas .................... (*facile*) .................... (*compréhensible*).

12. Les enfants se sont réveillés tôt et ont .................... (*gentil*) attendu leur maman dans le salon. Ils sont .................... (*adorable*).

13. Cette femme est vulgaire. Elle s'habille toujours .................... (*provocant*).

## 2. KAPITEL: L'ADVERBE – das Umstandswort (Adverb)

### 11 Wohin mit Adjektiv oder Adverb?

exemple: *(patient)* Il m'a expliqué la grammaire. ▶ *Il m'a patiemment expliqué la grammaire.*
oder: *Il m'a expliqué la grammaire patiemment.*

1. (rare) Il vient nous voir.
2. (joli) Ta jupe est jolie, ma chérie, tu es habillée.
3. (sûr) Où est Sévérine? – Elle est montée pour coucher Rodrigue.
4. (courant) Véronique sait parler l'allemand.
5. (naturel) Ces profs sont super, mais ils ont aussi leurs défauts.
6. (bas) Je ne le comprenais pas. Il a parlé trop.
7. (franc) Il m'a demandé si je pouvais lui prêter de l'argent.
8. (absolu) Elle m'a montré sa voiture que je trouvais moche.
9. (bon) Elle sait expliquer la grammaire française.
10. (rapide) On mange avant d'aller au cinéma.
11. (soigneux) Nelly range ses affaires.
12. (civil) Luc et Nadia se sont mariés.
13. (fou) Les enfants se sont amusés chez Trixie.

### 12 gut / besser / am besten – viel / mehr / am meisten

1. Nous mangeons vraiment …, mais M. Prince mange … (+)
2. Quand je parle français, tous mes élèves me comprennent …, mais Tim me comprend … (++)
3. Il travaille … (+) que les autres.
4. Quel est, pour toi, le … (++) moment de la journée?
5. Rodrigue dort 15 heures par nuit. Il dort … (+) que les autres bébés.
6. Emile joue … au tennis, mais c'est Didier qui joue … (++).
7. Colette va me rendre visite. Je l'aime … (+) que son amie Caroline.
8. Valérie est une … (+) élève que Géraldine, mais elle n'est pas … (++)
9. Trixie aime jouer du saxophone, mais son marie joue … (+). Lui, il est … (++) musicien de la famille.
10. Tu vas …? – Oui, depuis que je fais du jogging, je vais … (+)
11. Martine n'est pas bavarde. Elle ne parle pas … – Son frère parle … (+)
12. Comment trouvez-vous le vin? – Oh, il est … (+) que l'autre.
13. Yvette est malade, elle ne mange pas et elle devrait boire … (+)
14. Hier, je me suis levé de … heure.
15. Ma sœur voyage avec … de bagages. Mais moi, j'en emporte toujours … (++)
16. Tu connais les Larousse? – Oui, ce sont … (++) amis de mes parents.

## 2. KAPITEL: *L'ADVERBE* – das Umstandswort (Adverb)

### 13 Bilde Sätze nach folgendem Muster.

exemple: Elle (+), il, s'endormir, rapide ▸ *Elle s'endort plus rapidement que lui.*

1. Ariane (–), il, travailler, sérieux
2. Robert (+), sa femme, faire la cuisine, bon
3. votre sœur (+) je, parler, mais vous (++), parler, beaucoup
4. Papa (–), tu, me donner de l'argent, régulier
5. cet ordinateur (++), graver les DVD, rapide
6. ta nouvelle couleur de cheveux (+), le blond, te aller, bon
7. nous (++), voyager, souvent
8. les garçons de la classe (+), les filles, parler l'italien, courant
9. le métro (+), le bus, passer, fréquent
10. mon entretien (– –), durer, longtemps

### 14 Adjektiv oder Adverb?

1. Notre voyage en Italie a coûté ............... (*cher*) parce que louer la voiture coûtait très ............... (*cher*). C'était ............... (*cher* +) que chez nous.

2. Tu dois parler ............... (*doux* +), quand tu parles trop ............... (*fort*) on ne te comprend pas ............... (*bon*).

3. J'ai mal à la tête, je me sens ............... (*mauvais*). Et en plus, il y a quelque chose ici qui sent ............... (*mauvais*).

4. Je connais ............... (*bon* +) les problèmes maintenant! Nous en avons ............... (*long*) parlé avec tous ceux qui sont concernés.

5. Etienne travaille toujours ............... (*dur* +) que sa sœur, mais il n'a pas de résultats ............... (= *bon*).

6. Ces exercices sont ............... (*facile*). On peut les faire ............... (*facile* +) que les autres.

7. Je vais prendre la voie ............... (*rapide*). Nous arriverons ............... (*rapide* +) à l'aéroport.

8. Elle enfile vite un maillot de bain et plonge ............... (*immédiat*) dans la piscine.

9. Explique-moi ............... (*précis* +) le bon usage de la grammaire française.

10. Vous n'avez pas roulé ............... (*doux*) si vous avez fait Paris-Vienne en seulement 8 heures!

## 2. KAPITEL: *L'ADVERBE* – das Umstandswort (Adverb)

### 15 Übersetze.

1. Meine Eltern können weniger gut kochen als ich. (*savoir faire la cuisine*)
2. Ich liebe die französische Küche. Sie ist wirklich gut.
3. Die Mahlzeiten sind gut zubereitet.
4. Ich habe am besten gespielt! – Aber nein, du hattest nur die besten Karten! (*juste*)
5. Christophe hat sich nicht gut auf seine Prüfung vorbereitet. (*se préparer, pour*)
6. Mein neuer Kollege ist besser. Er arbeitet mehr und redet weniger als der andere.
7. Yvonne ist nicht mehr so schüchtern wie früher. (*timide, qu'avant*)
8. Sie redet lauter, sie lacht mehr und antwortet herzlicher. (*chaleureux*)
9. Man kann sich wirklich gut mit ihr verstehen. (*s'entendre*)
10. Leider treffe ich sie jetzt seltener.
11. Habt ihr immer noch euren alten Chef? – Ja, aber er ist freundlicher geworden. (*ancien, devenir, gentil*)
12. Wenn ihm etwas nicht gefällt, erklärt er höflich und präzise, was er will. (*poli, précis*)
13. Das muss ja viel angenehmer sein. Warum hat er sich so verändert? (*tant, changer*)
14. Wir wissen es nicht genau, aber wir glauben, dass er verliebt ist.
15. Die Suppe meiner Mutter roch heute sehr gut. Sie kann sie besser zubereiten als ich. (*la soupe, savoir, préparer*)
16. Gestern war schlechtes Wetter. Es regnete länger als letzte Woche. (*faire mauvais temps, pleuvoir*)
17. Mein Hund läuft schneller, wenn er andere Hunde sieht. (*courir, d'autres*)
18. Martin und Frédéric finden, dass fast alle Professoren interessant unterrichten. (*presque, enseigner, de manière*)
19. In ihren Augen sind sie exzellent und können alles verständlich erklären. (*à leurs yeux, expliquer, de manière, compréhensible*)
20. Die anderen verstehen nicht genau, warum die beiden so zufrieden sind. (*comprendre, satisfait*)
21. Max und Michel spielen selten ruhig. (*jouer, rare, calme*)
22. Meistens sind sie so laut, dass sie die Nachbarn stören. (*la plupart du temps, bruyant, déranger*)
23. Milan beobachtete gestern an der Bushaltestelle eine elegante Dame. (*l'arrêt de bus, observer*)
24. Nervös suchte sie etwas in ihrer Handtasche. (*nerveux, chercher, le sac à main*)
25. Er fragte sie höflich, ob er ihr helfen könne. (*poli, demander, aider*)
26. Aber die Dame antwortete ihm nicht nett. (*répondre, gentil*)
27. Vor einigen Tagen unterhielten wir uns länger mit den Ausländern, die im Nachbarhaus wohnen. (*s'entretenir, les étrangers, la maison voisine*)
28. Sie luden uns liebenswürdig ein, Tee mit ihnen zu trinken. (*aimable*)
29. Beide haben in ihrer Heimat Jus studiert und mussten eines Tages fluchtartig das Land verlassen. (*étudier, le droit, quitter, précipité*)
30. Glücklicherweise gewährte man ihnen bei uns Asyl. (*accorder*)

# 3. KAPITEL: *LE PRONOM* – das Pronomen

| Vertreter, die Personen vertreten | | | | |
|---|---|---|---|---|
| **Subjekt** | **indirektes Objekt** | **direktes Objekt** | **betonte Pronomen** | **rückbez. Pronomen** |
| *je* | *me* | *me* | *(pour) moi* | *me* |
| *tu* | *te* | *te* | *(avec) toi* | *te* |
| *il* | *lui* | *le* | *lui* | *se* |
| *elle* | | *la* | *elle* | |
| *nous* | *nous* | *nous* | *nous* | *nous* |
| *vous* | *vous* | *vous* | *vous* | *vous* |
| *ils* | *leur* | *les* | *eux* | *se* |
| *elles* | | | *elles* | |

## (A) DAS PRONOMEN Y

- *y* ist unveränderlich und vertritt (**weibliche, männliche, Einzahl-, Mehrzahl-)Objekte, die mit *à* eingeleitet sind, und Ortsergänzungen**.

    - Verben, die **Objekte mit *à*** verlangen, die **keine Personen** sind:

| denken an | **penser à** | *Tu penses au cadeau?* | *Oui, j'y pense!* |
|---|---|---|---|
| sich interessieren für | **s'intéresser à** | *Il s'intéresse à la maison?* | *Oui, il s'y intéresse.* |
| sich gewöhnen an | **s'habituer à** | *On s'habitue au vent?* | *Oui, on s'y habitue.* |
| teilnehmen an | **participer à** | *Tu participes au concours?* | *Oui, j'y participe.* |
| festhalten an | **tenir à** | *Il tient à ce projet?* | *Oui, il y tient.* |

> ***y* kann keine Personen vertreten!** Wenn Personen vertreten werden sollen, muss man bei diesen Verben „*à*" + **betontes Fürwort** verwenden.
> *Il pense     à Miriam?     Oui, il pense     à elle.*
> *Tu t'intéresses à Kevin?     Oui, je m'intéresse à lui.*

- Verwendung von *y* als **Ortsergänzung** (gebräuchlicher)
Hier vertritt *y* nicht nur Ergänzungen mit dem Vorwort „*à*", sondern auch solche **mit anderen Vorwörtern (außer *de*!)**, wenn sie eine **Ortsbestimmung** einleiten! (*dans, en, sur, sous, devant* etc.)

| *Vous habitez* | ***à Paris?*** | *Oui, nous* | *y* | *habitons.* | Wir wohnen dort. |
|---|---|---|---|---|---|
| *Vous allez* | ***en France?*** | *Oui, nous* | *y* | *allons.* | Wir fahren dorthin. |
| *Tu mets le livre* | ***sur la table?*** | *Oui, j'* | *y* | *mets le livre.* | Ich lege das Buch darauf/dorthin. |

In der Stellung im Satz unterscheidet sich *y* nicht von den anderen Pronomen! Es steht entweder

- **vor der Personalform** (wo es von den **Teilen der Verneinung** mit eingerahmt wird)   *Elle y est allée.*
  *Elle n'y est pas allée.*
- **vor dem Infinitiv** (wo es von den Teilen der Verneinung nicht betroffen ist)   *Elle veut y aller.*
  *Elle ne veut pas y aller.*
- **hinter der bejahenden Befehlsform**   *Allez-y!*
- **vor der verneinenden Befehlsform**   *N'y allez pas!*

**Zwei Vertreter:** Wenn es im Satz auch einen Objektvertreter des ***objet indirect*** oder des ***objet direct*** gibt, so kommt *y* nach diesem Objektvertreter.
*Tu rencontres **ton père devant le cinéma?** – Je l'y rencontre.*

## (B) DAS PRONOMEN *EN*

- *en* vertritt Ergänzungen mit *de*, wobei es sich (hauptsächlich) um die Vertretung von **Dingen/Orten** handelt. (Personen sind nicht immer ohne Sinnänderung durch *en* ersetzbar.)

| *Tu viens* | *de la gare?* | | |
|---|---|---|---|
| *Oui, j'* | *en* | *viens.* | Ich komme von dort. |
| *Tu parles* | *de tes films?* | | |
| *Oui, j'* | *en* | *parle.* | Ich spreche davon. |
| *Tu te moques* | *de la photo?* | | |
| *Oui, je m'* | *en* | *moque.* | Ich mache mich darüber lustig. |

## 3. KAPITEL: *LE PRONOM* – das Pronomen

- *en* vertritt Ergänzungen, vor denen ein Teilungsartikel oder der unbestimmte Mehrzahlartikel steht.
  (Hier kann *en* meist mit „welche, welches" übersetzt werden.)

| Tu as | *des cigares?* | | |
|---|---|---|---|
| Oui, j' | *en* | ai. | Ich habe welche. |
| Tu prends | *du sel?* | | |
| Oui, j' | *en* | prends. | Ich nehme welches. |
| Vous avez | *de la chance?* | | |
| Oui, nous | *en* | avons. | Wir haben welches. |

Bei diesen Sätzen könnte man **nach dem Verb** noch eine **genauere Mengenangabe** setzen!

*Tu fumes des cigares? – Oui, j'en fume beaucoup.*
*Tu as de l'argent? – Oui, j'en ai assez.*
*Tu prends du sel? – Oui, j'en prends un peu.*

- *en* vertritt **direkte Ergänzungen**, deren **Begleiter ein unbestimmter Artikel oder ein anderes unbestimmtes Zahlwort ist**. Ist dies der Fall, **wiederholt** man **nach dem Verb den Artikel oder setzt eine andere Mengenangabe** dazu. Dies gilt aber **nicht, wenn der Satz verneint ist**!

| Tu prends | *une revue?* | | | Nimmst du eine Zeitschrift? |
|---|---|---|---|---|
| Oui, j' | *en* | prends | *une.* | Ja, ich nehme eine. |
| Ils ont | *plusieurs voitures?* | | | Haben sie mehrere Autos? |
| Oui, ils | *en* | ont | *plusieurs.* | Ja, sie haben mehrere. |
| Il a | *des cartes?* | | | Hat er Karten? |
| Non, il n' | *en* | a pas. | | Nein, er hat keine. |

**Stellung:**
Hier gelten alle Regeln, die auch bei *y* gelten! Sollten jedoch **beide Pronomen**, nämlich *y* und *en*, **in einem Satz** vorkommen, so steht *y* **vor** *en*!
*Elle a une maison à Rome? – Oui, elle y en a une.*

### 16 *Y* oder *en*? Beantworte die Fragen.

exemple: *Avez-vous des tomates?* ▶ *Oui, j'en ai.*

1. Tu as **assez de temps libre**? – Non, je ...................................................................................................................
2. On va **au marché**? – Oui, on ...................................................................................................................
3. Elle est partie **de Londres**? – Oui, elle ...................................................................................................................
4. Véronique a vraiment dormi une heure **au travail**? – Oui, elle ...................................................................................................................
5. Vous avez écrit **des livres**? – Oui, j(e) ................................................................................................... même trois.
6. Max a mangé **des épinards**? – Non, il ...................................................................................................................
7. Wolfgang va participer **au congrès**? – Oui, il ...................................................................................................................
8. Tu t'intéresses aussi **à cette musique**? – Non, je ...................................................................................................................
9. Elle écoute **du Chopin**? – Oui, elle ................................................................................................... beaucoup.
10. Ils songent à aller **au Québec**? – Non, ils ................................................................................................... encore.
11. La voiture consomme beaucoup **d'essence**? – Oui, elle ................................................................................................... beaucoup.
12. Alors vous allez changer **de voiture**? – Non, nous ................................................................................................... pour le moment.

## 3. KAPITEL: *LE PRONOM* – das Pronomen

**17** Entscheide bei den Antworten, welches Pronomen zu verwenden ist und wohin es gehört. Es stehen alle zur Auswahl! (Wir bleiben jedoch in der Gegenwart!)

exemple: *Vous organisez **ce congrès à Baden**?* ▶ *Oui, je l'y organise.*

1. Tu rencontres **mon petit frère à la piscine**? – Oui, je …
2. Vous prenez rarement **le train** pour aller **à Vienne**? – Oui, nous …
3. Il connaît **Michael Haneke**? – Non, il …
4. Tes parents vont **en Argentine** avec **toi**? – Oui, ils …
5. Ils s'intéressent **à ce pays**? – Oui, ils …
6. Tu paies le téléphone **à tes enfants**? – Non, je …
7. Vous recevez **des lettres anonymes**? – Oui, nous …
8. Noëlle est très attachée **à sa région**? – Oui, elle …
9. Elle aime se mesurer **à sa copine**? – Non, elle …
10. Tu me rejoins **à la cafétéria** tout de suite? – Oui, je …
11. Pense **à me rapporter un paquet de riz**! – D'accord, j(e)…
12. Les enfants sont **dans la forêt avec leur chien**? – Non, ils …
13. Le chien est **à la maison**? – Oui, il …
14. Ne t'inquiète pas pour **tes enfants**! Ils savent revenir **de la forêt** seuls! – Mais si, je … Ils … (ne … pas)

**18** Das Gleiche nochmals – nur diesmal mit allen Zeiten …

1. Papa a déjà acheté **des légumes**? – Oui, il …
2. Elle est sortie **de l'hôpital**? – Non, elle …
3. Vous allez vendre **votre voiture**? – Oui, nous …
4. Elle a longtemps vécu **en Indochine**? – Oui, elle …
5. Yvonne est née **à Madrid**? – Oui, elle …
6. Tu as vidé **la bouteille**? – Non, je …
7. Elle va sortir **de la douche** bientôt? – Oui, elle …
8. Tu as besoin **de la douche** maintenant? – Oui, j(e) …
9. Vos pères se sont mis **à la cuisine**? – Oui, ils …
10. Et vous êtes fiers **de vos pères**? – Oui, nous …
11. Vos voisins s'habituent **à leur nouvel appartement**? – Non, ils …
12. Avant ils avaient **une maison**? – Oui, avant ils …
13. **Elsa** va prendre **un café**? – Non, elle …
14. Elle veut **un morceau de tarte** alors? – Non, elle …
15. Elle est **au régime** ou quoi? – Oui, elle …
16. Pensez **à fermer la porte**! – Oui, on …
17. Vous avez fermé **la porte** à clé? – Oui, nous …
18. Tu es allé **à la poste**? – Oui, j(e) …
19. Tu reviens **de la poste** par le centre commercial? – Non, je …
20. Tu as rencontré **Fabienne**? – Oui, je …

## 3. KAPITEL: *LE PRONOM* – das Pronomen

# (C) DIE PRONOMEN UND DER IMPERATIV (DIE BEFEHLSFORM)

- Überblick/Erinnerung

| Aufforderung geht | | | | Ausnahmen | |
|---|---|---|---|---|---|
| an dich | 1. P. Sg. | Regarde. | Ne regarde pas. | **Ausnahmen** | |
| an uns | 1. P. Pl. | Regardons. | Ne regardons pas. | être | sois, soyons, soyez |
| an Sie/an euch | 2. P. Pl. | Regardez. | Ne regardez pas. | aller | va (aber: *vas*-y) |

- **Bejahende Befehlsform: Objektvertreter hinter dem Verb!** (Mit **Bindestrich**!)

  Außerdem wird  *me*  zu  *moi*  **Donne-moi** un verre.  (Gib mir ein Glas!)
  und  *te*  zu  *toi*  **Lève-toi** plus tôt.  (Steh früher auf!)

- Die anderen Formen bleiben die der **unbetonten Pronomen**:

| indirektes Objekt | Je donne le livre *à Paul*? | Oui, **donne-lui** le livre. |
|---|---|---|
| | Je *vous* prépare un pastis? | Oui, **préparez-nous** un pastis. |
| direktes Objekt | Je présente *Sylvie* à Paul? | Oui, **présente-la** à Paul. |
| | Je présente *mes parents* à Paul? | Oui, **présente-les** à Paul. |
| en, y | Je mets *du sel*? | Oui, mets-**en** un peu. |
| | Je vais *à la maison*? | Oui, vas-**y**. |

**Verneinende Befehlsform:** Pronomen sind auf ihrem gewohnten Platz, also **vor** der Personalform!

| Gib ihm das Buch nicht. | Ne **lui** donne pas le livre. |
|---|---|
| Bereiten Sie uns keinen Pastis zu. | Ne **nous** préparez pas de pastis. |
| Stell sie Paul nicht vor. | Ne **la** présente pas à Paul. |

**19** **Beantworte die Fragen mit einer Aufforderung und ersetze das kursiv geschriebene Objekt durch seinen Vertreter.**

exemple: Je *te* donne le sel? (Soll ich …) ▶ *Oui, donne-moi le sel.*

1. Je demande *à Papa* s'il me donne de l'argent? – Oui, ...............................................

2. Je dis *à Gabrielle* de se lever? – Non, ...............................................

3. Nous allons *au cinéma*? – Oui, ...............................................

4. Nous faisons signe *au taxi* de s'arrêter? – Non, ...............................................

5. Vous allez vous préparer pour la fête? – Oui, ...............................................

6. On invite *tes cousines*? – Oui, ...............................................

7. Je parle *de ta panne de réveil* au prof? – Non, ...............................................

8. Nous demandons de l'aide *à la police*? – Oui, ...............................................

9. Maman, je peux aller *à la piscine*? – Oui, ...............................................

10. Je dois me taire? – Oui, ...............................................

11. Je dois sonner avant d'entrer chez *toi*? – Oui, ...............................................

## 3. KAPITEL: *LE PRONOM* – das Pronomen

**20** **Beantworte die Fragen.** (Achtung: Es können alle Pronomen vorkommen, und es kann sich auch um Aufforderungen handeln! Achte auf eventuelle Übereinstimmungen des *p. p.*!)

1. Vous êtes rentrés *à l'hôtel*? – Oui, nous …
2. Nous donnons notre clé *à Madame Haute*? – Oui, …!
3. Elle a donné *son numéro de téléphone* à Pascal? – Non, elle …
4. Les touristes ont encore montré *leurs passeports* aux douaniers? – Non, ils … (ne … plus)
5. Est-ce que tu as vraiment envoyé tous ces SMS *à Bernadette*? – Oui, je …
6. Tu as mis *la valise sur l'armoire*? – Non, je …
7. Les gens reviennent déjà *du concert*? – Oui, ils …
8. Elle a perdu *sa clé USB* dans le train? – Oui, elle …
9. Je peux prendre *ton parapluie*? – Oui, …
10. Tu *me* rapportes mes DVD demain? – Non, je …
11. On peut aller *dans la piscine*? – Oui, vous …
12. Vous donnez *votre billet* à l'hôtesse? – Oui, nous …
13. Elle pense *à son avenir*? – Non, elle …
14. Les gendarmes ont demandé *à Odile* de souffler dans le ballon? – Oui, ils …
15. Tu vas passer *à la banque*? – Oui, je …
16. Tu vas prendre beaucoup *d'argent*? – Non, je …
17. Je *te* garde une place au premier rang? – Oui, …
18. Et je peux donner du pop-corn *à Fabrice*? – Oui, …
19. Vous habitez loin *de votre travail*? – Non, nous …
20. Ces chanteurs font partie *de la nouvelle génération*? – Oui, ils …
21. Dominique va faire *des crêpes*? – Oui, elle …
22. Ils montrent leur nouvelle voiture *aux voisins*? – Non, ils …
23. Eve *nous* a envoyé *une carte postale*? – Non, elle …
24. Armelle pense souvent *à ses amis*? – Oui, elle …
25. Le Parlement a voté *cette nouvelle loi*? – Oui, il …
26. Je donne un coup de fil *à Nadine*? – Oui, …
27. Je préviens *Nadine* que nous arrivons? – Oui, …
28. Mais elle sait déjà *que nous venons*? – Non, elle …
29. Quand se sont-ils rendus compte *de la disparition du chat*? – Ils … hier.
30. Ils se mettent *à sa recherche* quand? – Ils … maintenant.
31. Vous prenez *les choses* en main? – Oui, nous …
32. Nous *vous* apportons un café? – Non, …
33. Vous allez prendre *votre café* ici? – Oui, nous …
34. *Combien de CD* as-tu commandés? – J(e) … deux.
35. *Combien de robes* est-ce que tu as mises *dans ta valise*? – J(e) … une dizaine.
36. Vous comprenez *le français*? – Oui, nous … très bien.
37. Et vous connaissez beaucoup *de vocabulaire*? – Oui, nous …
38. Vous êtes déjà allés *en France*? – Non, nous … (ne … jamais)
39. Mais vous avez entendu parler *de Paris*? – Bien sûr, nous …

# 3. KAPITEL: *LE PRONOM* – das Pronomen

## (D) ZWEI OBJEKTVERTRETER

Wenn zwei Objektvertreter im Satz sind, muss eine bestimmte Reihenfolge eingehalten werden. Man kann sie sich zB in Form dieses Dreiecks einprägen!

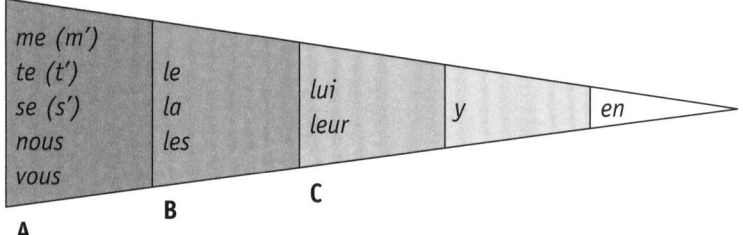

**Folgende Kombinationen** sind möglich:   **A – B**   *Je **te le** donne, je **vous les** montre* etc.
                                            **B – C**   *Je **le lui** donne, je **les leur** montre* etc.

**A – C ist nicht möglich!** *Je te présente à Paul. – (Je ~~te lui~~ présente) Je te présente à lui.*

*y* und *en* kommen immer **am Ende**, wobei *y* vor *en* steht.

### 21  Setze die richtigen Pronomen ein.

1. Chérie, tu **nous** ouvres **la bouteille**? – Non, je ne .................... ouvre pas, vous buvez trop.

2. Elle a écrit **ces messages à ton mari**? – Oui, elle .................... a écrits. Elle est bête.

3. Yvonne, tu **nous** prêtes **ta voiture**! – Non, je ne .................... prête pas! Vous roulez trop vite.

4. Tu **nous** fais suivre **le mail**? – Oui, je .................... fais suivre.

5. Delphine a trouvé **du travail à ses enfants**? – Non, elle ne .................... a pas trouvé.

6. Elle pose souvent **des questions à son prof**? – Oui, elle .................... pose souvent.

7. Tu **m'**as donné **le nouveau code d'entrée**? – Oui, je .................... ai donné.

   Tu .................... as déjà oublié?

8. Les passagers montrent **leurs bagages aux douaniers**? – Oui, ils .................... montrent.

9. L'enfant accroche **ses vêtements au portemanteau**? – Oui, il .................... accroche.

10. L'écrivain a dédicacé **son dernier roman à ses fans**? – Oui, il .................... a dédicacé.

11. Vous avez laissé **vos clés à vos amis**? – Non, nous ne .................... avons pas laissées.

12. Loïc va emporter **la bouteille de champagne chez ses amis**? – Oui, il va .................... emporter

    .................... .

13. Tu **te** présentes **aux parents de ta fiancée** demain? – Non, je ne ....................

    présente pas .................... Je me présente aux grands-parents!

14. Tu donnes **la main à ta baby-sitter** pour traverser! – Non, je ne .................... donne

    pas! Je suis assez grand.

15. Monsieur, vous pouvez **me** signer **ces chèques**? – Oui, je .................... signe tout de suite.

## 3. KAPITEL: *LE PRONOM* – das Pronomen

**22** **Beantworte die Fragen und verwende dabei die Objektvertreter.**

1. Il *vous* explique bien *la grammaire*? – Non, il …
2. Jacqueline parle *de ses problèmes à ses parents*? – Oui, elle …
3. Elizabeth va acheter *une voiture à sa fille*? – Oui, elle …
4. Vous allez *nous* présenter *à vos parents*? – Non, nous …
5. Nadine a déjà renvoyé *les livres au propriétaire*? – Oui, elle …
6. Vous *vous* êtes moqués *de ce film*? – Non, nous …
7. Il a imprimé *cette photo sur son imprimante*? – Oui, il …
8. Vous *m'*envoyez *vos catalogues de locations de vacances*? – Oui, je … aujourd'hui.
9. Les profs se sont aperçus *de la tricherie*? – Oui, ils …
10. Justine écrit *une carte postale à sa copine*? – Non, elle …
11. Il en veut beaucoup *à sa mère*? – Oui, il …
12. Les candidats envoient *leurs CV à ce consultant*? – Non, ils …
13. Vous faites confiance *à votre femme de ménage*? – Bien sûr, je …
14. Elle donne aussi *le bain aux enfants*? – Oui, elle …
15. Elle *vous* repasse *vos vêtements* aussi? – Oui, elle …
16. Et elle fait *la vaisselle*? – Non, elle … Il y a un lave-vaisselle.
17. Mathieu va acheter *un graveur de DVD à son fils*? – Oui, il …
18. Il a déjà *un graveur de DVD*? – Oui, il … un!
19. Papa, tu *me* passes *le ketchup*, s'il te plaît? – Oui, je …
20. Josiane s'est inscrite *au cours d'aquagym*? – Non, elle …
21. Elle veut faire *du stretching*? – Oui, elle …
22. Vous *me* donnez *votre nom*, Madame? – Non, je …
23. Papa a oublié *ses papiers dans la voiture*? – Oui, il …
24. Tu expliques *le problème à tes élèves*? – Oui, je …
25. Vous déposez *le dossier sur le bureau du directeur*? – Oui, je …
26. Sophie indique *le chemin aux touristes*? – Non, elle …
27. Il va jouer *son argent à la roulette*? – Oui, il …
28. L'inspecteur rend *le sac à la victime*? – Non, il …
29. Le coupable a avoué *son crime aux policiers*? – Non, il …
30. On a retrouvé *des cartes de crédit dans sa poche*? – Oui, on … une dizaine.
31. La victime a essayé de téléphoner *à sa sœur*? – Oui, elle …
32. Le coupable a pris *le téléphone* immédiatement *à sa victime*? – Oui, il …
33. On a déjà assez *de preuves*? – Oui, on …
34. Tu n'avais plus *de nouvelles de Maurice*? – Non, je …
35. Il ne *t'*envoyait plus *de messages*? – Non, il …
36. Je te demande *les détails de votre dispute*? – Non, tu …
37. Tu fais aussi *des reproches à ses frères*? – Non, je …

## 3. KAPITEL: *LE PRONOM* – das Pronomen

# (E) ZWEI OBJEKTVERTRETER BEIM IMPERATIV

**In der verneinenden Befehlsform** bleibt alles so, **wie du es schon kennst**!

| *Je donne le verre à Eugène?* | *Non, ne le lui donne pas.* | Gib es ihm nicht. |
| *Je te montre les photos?* | *Non, ne me les montre pas.* | Zeig sie mir nicht. |
| *Je vous parle de mon projet?* | *Non, ne m'en parlez pas.* | Sprechen Sie nicht mit mir darüber. |

**In der bejahenden Befehlsform** stehen die Pronomen **hinter dem Verb** und werden **mit diesem mit einem Bindestrich verbunden**!

Gewohnte Reihenfolge ändert sich: Das direkte Objekt steht dem Verb am nächsten.

Außerdem wird aus *me* ▶ *moi* (*Donne-le-moi.*) und aus *te* ▶ *toi* (*Prépare-la-toi.*)

| *Je vous montre le film?* | *Montre-le-nous.* | Zeig ihn uns. |
| *Je leur apporte les fleurs?* | *Apporte-les-leur.* | Bring sie ihnen. |
| *Je te donne la photo?* | *Donne-la-moi.* | Gib es mir. |
| *Je me prépare la soupe?* | *Prépare-la-toi.* | Bereite sie dir zu. |

### 23 Beantworte die Fragen mit einer Aufforderung.

exemple: *Je te montre mon livre?* ▶ *Oui, montre-le-moi.*

1. Monsieur, nous *vous* parlons *de notre projet*? – Oui, ...........................................................

2. Les enfants, je *vous* achète *ce puzzle*? – Oui, Maman, ...........................................................

3. Nous *vous* passons *le beurre*? – Oui, ...........................................................

4. Je *te* dis *ce que je veux faire*? – Oui, ...........................................................

5. Je *vous* verse encore *un peu de café*? – Oui, ...........................................................

6. On *te* donne *le journal*? – Oui, ...........................................................

7. J'offre *les bonbons aux enfants*? – Oui, ...........................................................

8. Les filles, je *vous* présente *mon prof de gym*? – Oui, ...........................................................

9. Je prête *ma voiture à Vincent*? – Oui, ...........................................................

10. On *vous* livre *les meubles* demain? – Oui, ...........................................................

11. Nous donnons *le chèque à la concierge*? – Oui, ...........................................................

12. Papa, je peux reprendre *ma valise à l'hôtesse*? – Oui, ...........................................................

13. Nous *vous* réservons *la chambre*? – Oui, ...........................................................

14. On peut *se* servir *l'apéritif*? – Oui, ...........................................................

15. Je tiens *la porte à ton père*? – Oui, ...........................................................

16. Je *vous* ouvre *le coffre*, Madame? – Oui, ...........................................................

17. Nous *vous* donnons *vos livres* maintenant? – Oui, ...........................................................

## 3. KAPITEL: *LE PRONOM* – das Pronomen

### 24 Ersetze alles, was möglich ist, durch die passenden Vertreter.

exemple: *Maman interdit à ton petit frère de regarder ce film?* ▶
*Elle lui interdit de le regarder…* oder *Elle le lui interdit…*

1. Maman, je mets ton permis de conduire dans la voiture? – Oui, … ! (imper.)
2. Papa, tu as vu mes lunettes dans la cuisine? – Non, je …
3. Marguerite va s'occuper des tes plantes pendant que tu n'es pas chez toi? – Oui, elle …
4. Vous avez dû montrer vos passeports au douanier? – Non, nous …
5. Pépé vous a raconté toutes ses aventures? – Oui, il …
6. Michel aimerait vendre des peintures dans une grande galerie? – Oui, il …
7. Nous devons dire la vérité à nos parents? – Oui, … (imper.)
8. Tu t'es attachée à Marseille? – Oui, je …
9. Tous tes amis habitent dans cette ville? – Non, … tous.
10. Tu vas donner ta nouvelle adresse à tes meilleurs amis? – Oui, je …
11. Sophie revient de l'aéroport sans sa sœur? – Non, elle …
12. Elle a déposé sa sœur à la pharmacie? – Oui, elle …
13. Martine achète trois bouteilles d'après-soleil? – Oui, elle …
14. Elle a pris beaucoup de soleil en Espagne? – Oui, elle … beaucoup.
15. Toi, tu préfères les sports d'hiver? – Oui, je …
16. On t'emmène avec nous l'hiver prochain? – Oui, … (imper.)
17. Je laisse la clé de l'appartement à tes parents? – Oui, …
18. Sophie pense souvent à son amie du Havre? – Oui, elle …
19. Je mets de l'essence dans la voiture? – Oui, tu …
20. Les footballeurs redonnent la balle à l'adversaire? – Oui, ils …
21. Elle a parlé de sa maladie à son entraîneur? – Non, elle …
22. Il doit t'envoyer ces exercices par Internet? – Oui, il …

### 25 Übersetze.

1. Du musst uns deinen Freund vorstellen. Stell ihn uns morgen vor. Wir wollen ihn sehen.
2. Ich habe es ihm heute gesagt. Und er war nicht glücklich darüber. (*content de*) (p. c.)
3. Die CD? Ich habe sie dir am Computer gebrannt. (*graver*)
4. Wer hat meine Schlüssel gesehen? – Ich habe sie dir vor fünf Minuten gegeben. Erinnerst du dich nicht mehr daran? Du findest sie nie, deine Schlüssel. Nicht wahr?
5. Gib mir den Teller. Und sag mir, wo ich die anderen finde. Ich mag sie nicht suchen.
6. Ich will Mehdi und seine Frau in Paris treffen. Soll ich es ihnen per E-Mail mitteilen? – Ja, sag es ihnen!
7. Wann zeigst du mir die Papiere? Zeig sie mir.
8. Das Auto? Fred hat es ihr zum Geburtstag geschenkt. (*offrir*)
9. Sie ist nicht heimgekommen. Sie hatte es uns aber versprochen.
10. Wir verstehen den Satz nicht. Könnten Sie ihn uns nochmals erklären?
11. Du willst wissen, warum ich den Brief kenne? Papa hat ihn mir vorgelesen.

# 4. KAPITEL: *L'INTERROGATION* – die Frage

## (A) *L'INTERROGATION TOTALE* – DIE ENTSCHEIDUNGSFRAGE

### (1) INTONATIONSFRAGE

**Wortstellung wie im Aussagesatz**, durch **besondere „Intonation" am Satzende** gekennzeichnet (hauptsächlich im gesprochenen Französisch).

*Tu es déjà arrivée?*

### (2) FRAGE MIT *EST-CE QUE*

Die Stellung der Satzglieder bleibt so wie im Aussagesatz.

*Tu es déjà arrivée?*      ***Est-ce que*** *tu es déjà arrivée?*
*Tu prendras un taxi?*     ***Est-ce que*** *tu prendras un taxi?*

### (3) INVERSIONSFRAGE

- **Das Subjekt des Satzes wird umgestellt.** Es steht **nicht mehr vor der Personalform**, sondern **hinter ihr**. Das Subjekt wird, wenn es ein Pronomen ist, mit einem **Bindestrich ans Verb** gehängt.

  *Tu es Française.*     *Tu es arrivée.*
  ***Es-tu*** *Française?*     ***Es-tu*** *arrivée?*

  - Endet in der Inversionsfrage **die Personalform mit einem Vokal** und ist das **Subjekt** *il/elle* oder *on*, so **fügt man** (der Aussprache wegen) *-t-* ein!

    *Il a faim.*     *Elle fume.*
    *A-**t**-il faim?*     *Fume-**t**-elle?*

- **Die einfache Inversionsfrage**
  **Das Subjekt ist ein Personalpronomen** (*je, tu, elle* etc.) oder *ce* (das) oder *on* (man). Bei der einfachen Inversion steht es dann „einfach" hinter der Personalform.

  *Vous parlez* français?     *Il va* au cinéma?
  ***Parlez-vous*** français?     ***Va-t-il*** au cinéma?

  - Ist das **Prädikat ein rückbezügliches Verb**, bleibt das rückbezügliche Fürwort vor dem Verb, nur das **Subjekt wandert hinter das Verb**!

    *Il s'appelle Max.*     ***S'appelle-t-il*** *Max?*

- **Die komplexe Inversionsfrage**
  **Das Subjekt ist ein Nomen oder ein Eigenname:**
  **Du beginnst mit dem Nomen** und bildest **anschließend die eigentliche Inversion**, wobei du das **Subjekt mit Hilfe des persönlichen Fürwortes wiederholst.**

  | Wird deine Mutter morgen ankommen? | Ta mère | arrivera | demain? |
  |---|---|---|---|
  | | **Ta mère** | **arrivera-t-elle** | demain? |
  | Haben deine Eltern dieses Auto gekauft? | Tes parents | ont acheté | cette voiture? |
  | | **Tes parents** | **ont-ils acheté** | cette voiture? |

  Stehen **vor der Personalform Pronomen**, sehen die komplexen Inversionsfragen so aus:

  | Max | les | a rencontrés | à Paris. |
  |---|---|---|---|
  | **Max** | les | **a-t-il** rencontrés | à Paris? |
  | Les Meyer | se | sont bien amusés. | |
  | **Les Meyer** | se | **sont-ils** bien amusés? | |

## 4. KAPITEL: *L'INTERROGATION* – die Frage

## (4) FRAGEN MIT VERNEINUNG

**est-ce que:** *Est-ce que tu **n'es pas** fatigué?*

Intonation: *Tu **n'es pas** fatigué?*   Antwort: *Si!* (Doch!)

**Inversion:**
einfach: ***N'es-tu pas** fatigué?*   *ne ... pas* rahmt die Personalform und das Pronomen ein, das durch Bindestrich mit der Personalform verbunden ist!

komplex: *Tes parents **ne sont-ils pas allés** en France?*
*Tes parents **ne se sont-ils pas rencontrés** en Espagne?*

**26** Bilde aus den folgenden Intonationsfragen Inversionsfragen.

1. Tu vas m'accompagner au cinéma?
2. Le dernier film de Woody Allen a obtenu un prix?
3. Mes enfants jouent à l'ordinateur?
4. Il va au stade demain?
5. Ils habitaient dans les Vosges?
6. Marie est née à Bayonne?
7. Le succès de son roman a été phénoménal?
8. Il avait du succès?
9. Elle a fait ses études à la Sorbonne?
10. Nous avons lu cette bande dessinée?
11. Les enfants vont manger tous les gâteaux?
12. Tu feras la vaisselle?
13. Claude a décidé de changer de vie?
14. Le premier festival de Cannes a eu lieu en 1946?
15. Sa mère ne travaille pas comme institutrice?
16. Vous n'êtes pas rentrés trop tard?
17. Elle a dû le savoir?
18. Il ne pouvait pas nous inviter?
19. Elle est tombée amoureuse de son prof de chimie?
20. Tu feras une excursion à Prague demain?
21. Elle a offert sa place à la vieille dame dans le bus?
22. Vous rentrez toujours tard le soir?
23. Elle a gardé le bébé de sa voisine?
24. Ils vont manger de la choucroute au lard?
25. Nous avons vraiment gagné le prix?
26. Elle ferait la vaisselle à la place de sa sœur?
27. Vous connaissez la ville?
28. Vous êtes rentré tôt?
29. Ta grand-mère a attrapé de la fièvre?
30. Tu adores surtout les roses?

## 4. KAPITEL: L'INTERROGATION – die Frage

# (B) L'INTERROGATION PARTIELLE – DIE ERGÄNZUNGSFRAGE

- Wichtige Fragewörter

| wann | quand | warum | pourquoi | wo, wohin | où |
|---|---|---|---|---|---|
| bis wann | jusqu'à quand | wie | comment | von wo | d'où |
| seit wann | depuis quand | | | bis wohin | jusqu'où |
| **wie viele** | **combien*** | \* *combien* gilt als Mengenangabe und verlangt daher **de**! | | | |
| wie oft | combien de fois | | | | |
| wie lange | combien de temps | | | | |

Das **Interrogativpronomen** (Fragefürwort „welcher" etc.) stimmt in Zahl und Geschlecht mit dem Nomen überein, das es begleitet.

| m. Sg. | **quel** | quel homme? | welcher Mann? |
|---|---|---|---|
| f. Sg. | **quelle** | quelle femme? | welche Frau? |
| m. Pl. | **quels** | quels hommes? | welche Männer? |
| f. Pl. | **quelles** | quelles femmes? | welche Frauen? |

- Verwendung

**attributiv**  direkt beim Nomen: *Quelle adresse a-t-il?*

**prädikativ**  vom Nomen durch *être* getrennt, mit diesem aber ebenfalls übereingestimmt. (Übersetzung auch mit „was" oder „wie")

| *Quelle est son adresse?* | Wie ist seine Adresse? |
|---|---|
| *Quel est votre plat préféré?* | Was ist Ihr Lieblingsessen? |

## (1) INTONATIONSFRAGE

**Die Fragewörter** werden **ans Ende des Satzes** gestellt. (Meist im gesprochenen Französisch!)
*Papa arrive **quand**? Il est parti **pourquoi**? Il mange **où**? Il prend **quel CD**?*

## (2) FRAGE MIT EST-CE QUE

**Das Fragewort steht am Anfang**, dann folgt **est-ce que** und der Satz wird **mit gerader Wortfolge** (= Subjekt vor Prädikat vor anderen Ergänzungen) beendet.

| *Pourquoi* | est-ce que | *vous êtes restés chez vous?* |
|---|---|---|
| *Quand* | est-ce que | *vous rentrerez?* |
| *Combien d'amis* | est-ce qu' | *on peut inviter?* |
| *Quels romans* | est-ce qu' | *il aime lire?* |

## (3) DIE INVERSIONSFRAGE

- **Die einfache Inversion**

  **Subjekt = Personalpronomen: einfache Inversion**

  Das heißt, man dreht Subjekt ▶ Personalform um in **Personalform ▶ Subjekt**.

| Intonation | | | Inversion | | |
|---|---|---|---|---|---|
| **Vous êtes** | arrivés | quand? | Quand | **êtes-vous** | arrivés? |
| **Tu vas** | | comment? | Comment | **vas-tu**? | |
| **Tu lis** | | quel roman? | Quel roman | **lis-tu**? | |

Der Aussprache wegen fügt man wieder ein -t- ein, wenn die Personalform mit einem Vokal endet und das Subjekt des Satzes *il/elle* oder *on* ist:

*Comment **va-t-il**?*

*Quand **a-t-elle** lu ce livre?*

## 4. KAPITEL: *L'INTERROGATION* – die Frage

**Subjekt = Nomen/Eigenname: einfache Inversion möglich,** wenn der Satz **kein weiteres Objekt** enthält.

| Où    | habitent    | vos parents? |
|-------|-------------|--------------|
| Quand | est arrivée | Sarah?       |

- **Die komplexe Inversion**

    Wenn das **Subjekt ein Nomen** oder **ein Eigenname** ist und der **Satz ein Objekt** enthält, muss man die **komplexe Inversion** verwenden:

| Quand   | tes amis  | ont-ils écrit    | cette carte?    |
|---------|-----------|------------------|-----------------|
| Où      | Kofi      | a-t-il trouvé    | cette bouteille?|
| Comment | les Meyer | sont-ils arrivés | à Paris?        |

 Bei *pourquoi*: **immer die komplexe Inversion**, wenn nicht Umschreibung mit *est-ce que*.

| Pourquoi | Robert      | est-il venu trop tard?      |
|----------|-------------|-----------------------------|
| Pourquoi | tes parents | ont-ils gardé cette clé?    |

Wenn du dir unsicher bist (und wenn es nicht direkt verlangt wird!), ist es das Beste, die Frage immer mit *est-ce que* zu bilden, da kann nichts schiefgehen!

### 27 Frage nach den fett gedruckten Satzgliedern. Verwende immer die Inversionsfrage.

exemple: *Paul joue au football **au jardin**.* ▸ *Où Paul joue-t-il au football?*

1. Elle ne vient pas **parce qu'elle a mal à la tête**.
2. Tu partiras à la gare **vers midi**.
3. Mes parents aiment rester **à la maison** le soir.
4. Léon connaît la jeune fille depuis **trois semaines**.
5. Après son opération, Mémé va **mieux**.
6. Simon ne voulait pas aller **au lycée** à pied.
7. Votre mari préfère la musique **classique** à la musique pop.
8. Nous resterons jusqu'à **demain**.
9. Mon amie Sabine a **cinq** enfants.
10. Il a fait **mauvais** temps.
11. Lui, il adore Paris **en été**.
12. Vous allez rentrer **à Dijon** dimanche.
13. Mehdi vient **d'Iran**.
14. Notre ami achète de **vieux** appartements.
15. Vous avez trouvé l'article **dans je journal**?
16. Nous passerons les vacances **dans une ferme en Normandie**.
17. Elle a écrit au frère de son amie **parce qu'elle voulait le voir**.
18. Vous allez fêter l'anniversaire avec vos amis **demain**.
19. Nous inviterons notre tante et son mari **à Pâques**.
20. Il adore lire les romans **policiers**.
21. Les parents de Kofi viennent **du Liban**.
22. Ils vont rester **jusqu'à demain**.

## (C) DIE FRAGE NACH PERSONEN

### (1) FRAGE NACH DEM SUBJEKT (VGL. WER?)

| Inversionsfrage* | Frage mit *est-ce que* | | |
|---|---|---|---|
| *qui* | *qui est-ce qui* | **Wer** kommt heute Abend? | |
| | | *Qui vient ce soir?* | *Qui est-ce qui vient ce soir?* |

\* Diese Inversion ist keine echte, da *qui* ja Subjekt ist und vor dem Verb steht! In Bezug auf das Folgende ist es aber einfacher, sie so zu nennen.

### (2) FRAGE NACH DEM DIREKTEN OBJEKT (VGL. WEN?)

| Inversionsfrage | Frage mit *est-ce que* | | |
|---|---|---|---|
| *qui* | *qui est-ce que* | **Wen** hast du eingeladen? | |
| | | *Qui as-tu invité?* | *Qui est-ce que tu as invité?* |
| **Erstes** *qui* Zeichen für **Person**, **zweites** *qui* bzw. *que* zeigt den Fall an! | | | |

| *qui / qui est-ce qui* | Subjekt | vgl. **wer?** |
|---|---|---|
| *qui / qui est-ce que* | direktes Objekt | vgl. **wen?** |

Willst du selbst einen „sicheren" Text schreiben, verwende bei der **Frage nach dem Subjekt** immer **nur** *qui* und bei der **Frage nach dem direkten Objekt** die **Umschreibung**, also *qui est-ce que*.

| Wer | kennt | Véronique Chartier? | Wen | kennt | Véronique? |
|---|---|---|---|---|---|
| S | | O4 | O4 | | S |
| *Qui connaît Véronique Chartier?* | | | *Qui est-ce que Véronique connaît?* | | |
| *(Qui est-ce qui connaît V. Ch.?)* | | | *(Qui Véronique connaît-elle?)* | | |

### (3) FRAGE NACH DEM INDIREKTEN OBJEKT (VGL. WEM?)

Ein **indirektes Objekt** wird mit Hilfe der Präposition *à* in den Satz gehängt. (*Je montre la photo à Fabienne, au chef, à l'ami de mon frère, à la coiffeuse, aux élèves.*)

| Inversionsfrage | Frage mit *est-ce que* | |
|---|---|---|
| *à qui* | *à qui est-ce que* | Wem zeigt er das Bild? |
| | | *A qui montre-t-il la photo?* |
| | | *A qui est-ce qu'il montre la photo?* |

### (4) FRAGE NACH ANDEREN OBJEKTEN

| Inversionsfrage | Frage mit *est-ce que* | |
|---|---|---|
| *avec qui* | *avec qui est-ce que* | *Avec qui joue-t-il? Avec qui est-ce qu'il joue?* |
| *de qui* | *de qui est-ce que* | *De qui parles-tu? De qui est-ce que tu parles?* |
| *pour qui* | *pour qui est-ce que* | *Pour qui Lise a-t-elle apporté le cadeau?* |
| | | *Pour qui est-ce que Lise a apporté le cadeau?* |

**Übersicht: Die Frage nach Personen**

| | Inversionsfrage | *est-ce que* |
|---|---|---|
| wer? | *qui* | *qui est-ce qui* |
| wen? | *qui* | *qui est-ce que* |
| wem? | *à qui* | *à qui est-ce que* |
| mit wem? | *avec qui* | *avec qui est-ce que* |
| für wen? | *pour qui* | *pour qui est-ce que* |
| von wem? | *de qui* | *de qui est-ce que* |

## 4. KAPITEL: L'INTERROGATION – die Frage

### 28  Wer / wen?

1. .................................................. verra-t-il ce soir?
2. .................................................. avez-vous rencontré hier?
3. .................................................. tu rencontres au bal?
4. .................................................. m'appellera?
5. .................................................. a crié mon nom?
6. .................................................. est fâché?
7. .................................................. as-tu fâché?
8. .................................................. tu as insulté?
9. .................................................. lui a montré ces messages?
10. .................................................. s'est lavé ici?
11. .................................................. ne leur plaisait pas?
12. .................................................. a gagné le prix Nobel de littérature?
13. .................................................. cherchez-vous?
14. .................................................. vous cherchez?
15. .................................................. nous cherche?
16. .................................................. a sonné?
17. .................................................. chante «Granada»?
18. .................................................. faut-il encourager?
19. .................................................. vos voisines aident-ils?
20. .................................................. Aurélien aime revoir?
21. .................................................. t'aime?
22. .................................................. il aime?
23. .................................................. verra le nouveau film?
24. .................................................. prend le train pour Paris?
25. .................................................. cherche un livre au grenier?
26. .................................................. vous cherchez à la cave?
27. .................................................. t'a dit ça?
28. .................................................. tu vas inviter?
29. .................................................. a mangé la tarte?
30. .................................................. il souhaite voir?

## 4. KAPITEL: *L'INTERROGATION* – die Frage

### 29 Wer, wen oder wem?

1. ............................................. Marion a raconté toutes ces histoires?
2. ............................................. est Aurélien?
3. ............................................. ton père a-t-il invité ce soir?
4. ............................................. vous a invités?
5. ............................................. avez-vous invité?
6. ............................................. as-tu appelé?
7. ............................................. as-tu téléphoné?
8. ............................................. a téléphoné?
9. ............................................. offrez-vous des apéritifs?
10. ............................................. vous a offert des digestifs?
11. ............................................. a lu tous les romans policiers de Georges Simenon?
12. ............................................. a changé de vie peu après avoir pris sa retraite?
13. ............................................. a chanté cette chanson?
14. ............................................. vous montrez ce film?
15. ............................................. vous a aidé?
16. ............................................. ces touristes ont cherché?
17. ............................................. le guide a proposé un tour de la ville?
18. ............................................. reviendra le jour suivant?

### 30 Übersetze. (Achtung: Hier gibt es „Fallen"!)

1. Wer ist heute nicht gekommen?
2. Wem zeigst du dein Buch?
3. Wen rufst du an?
4. Wem helfen deine Eltern?
5. Wem hat er das (*ça*) geschrieben?
6. Wen wirst du fragen?
7. Wer heißt Maurice?
8. Wen nennst du „Baba"?
9. Wem sagt du das!
10. Wen holt ihr von der Schule ab?
11. Wer begleitet euch ins Kino?
12. Wem zahlen Sie den Aufenthalt?
13. Wem gefällt der Film nicht?

## 4. KAPITEL: L'INTERROGATION – die Frage

## (D) DIE FRAGE NACH SACHEN (INVERSION UND FRAGE MIT *EST-CE QUE*)

### (1) FRAGE NACH DEM SUBJEKT (VGL. WER/WAS?)

| Inversionsfrage | Frage mit *est-ce que* | |
|---|---|---|
| | *qu'est-ce qui* | *que*: Zeichen für Sachen, *qui*: Zeichen für Subjekt! |
| — | Was ist passiert? | *Qu'est-ce qui s'est passé?* |
| | Was amüsiert deinen Vater? | *Qu'est-ce qui amuse ton père?* |

### (2) FRAGE NACH DEM DIREKTEN OBJEKT (VGL. WEN/WAS?)

| Inversionsfrage | Frage mit *est-ce que* | |
|---|---|---|
| *que* | *qu'est-ce que* | Was machst du? |
| | | *Que fais-tu? Qu'est-ce que tu fais?* |

**Wissenswertes zur Inversionsfrage:**

Du kannst sie verwenden, wenn

- das **Subjekt ein persönliches Fürwort** ist:     *Que fait-il?*
- das **Subjekt ein Nomen** oder     *Que fait Nathan?*
  **ein Eigenname** ist und der Satz kein     *Que font tes parents?*
  weiteres Objekt enthält.

Wenn der Satz andere Objekte hat,
    verwende lieber die **Frage mit *est-ce que*.**     *Qu'est-ce que tu as dit à tes parents?*

| Überblick | | | | |
|---|---|---|---|---|
| | **Frage nach Personen** | | **Sachen** | |
| | Inversion | Umschreibung | Inversion | Umschreibung |
| Subjekt | *qui* | *qui est-ce qui* | — | *qu'est-ce qui* |
| Objekt | *qui* | *qui est-ce que* | *que* | *qu'est-ce que* |
| Ob **Person oder Sache**, sieht man am **ersten Wort**, ob **Subjekt oder Objekt**, sieht man am **letzten Wort**! | | | | |

| Intonationsfrage | | |
|---|---|---|
| Intonationsfragen, bei denen das **Fragewort am Ende des Satzes** steht, brauchen *quoi*. | | |
| Inversion | *est-ce que* | Intonation |
| *Que manges-tu?* | *Qu'est-ce que tu manges?* | *Tu manges quoi?* |
| *Que fait-il?* | *Qu'est-ce qu'il fait?* | *Il fait quoi?* |

### (3) FRAGE NACH SACHEN, DIE ETWAS ANDERES SIND ALS SUBJEKTE UND DIREKTE OBJEKTE

| Inversion | *est-ce que* | Intonation |
|---|---|---|
| *à quoi* | *à quoi est-ce que* | *à quoi* |
| *avec quoi* | *avec quoi est-ce que* | *avec quoi* |
| *de quoi* | *de quoi est-ce que* | *de quoi* |
| *A quoi pense-t-elle?* | *A quoi est-ce qu'elle pense?* | *Elle pense à quoi?* |
| *Avec quoi arrive-t-elle?* | *Avec quoi est-ce qu'elle arrive?* | *Elle arrive avec quoi?* |
| *De quoi parle-t-on?* | *De quoi est-ce qu'on parle?* | *On parle de quoi?* |

## 4. KAPITEL: L'INTERROGATION – die Frage

| | Überblick | | |
|---|---|---|---|
| | Inversion | Umschreibung | Intonation |
| **Frage nach Personen** | | | |
| **Subjekt** | *qui* | *qui* est-ce *qui* | *qui* |
| **dir. Objekt** | *qui* | *qui* est-ce *que* | *qui* |
| **Frage nach Sachen** | | | |
| **Subjekt** | ... | *qu'est-ce qui* | ... |
| **dir. Objekt** | *que* | *qu'est-ce que* | *quoi* |
| Ob **Person oder Sache**, sieht man **am ersten Wort**, ob **Subjekt oder Objekt am letzten Wort**! | | | |

| | | | |
|---|---|---|---|
| andere Objekte (Personen) | *à qui* | *à qui est-ce que* | *à qui* |
| | *de qui* | *de qui est-ce que* | *de qui* |
| | *avec qui* | *avec qui est-ce que* | *avec qui* |
| andere Objekte (Sachen) | | | |
| woran | *à quoi* | *à quoi est-ce que* | *à quoi* |
| wovon | *de quoi* | *de quoi est-ce que* | *de quoi* |
| womit | *avec quoi* | *avec quoi est-ce que* | *avec quoi* |
| Wer ruft dich an? | *Qui t'appelle?* | | |
| | *Qui est-ce qui t'appelle?* | | est-ce que |
| Wen rufst du an? | *Qui appelles-tu?* | | Inversion |
| | *Qui est-ce que tu appelles?* | | est-ce que |
| | *Tu appelles qui?* | | Intonation |
| Wem gibst du das Buch? | *A qui donnes-tu le livre?* | | Inversion |
| | *A qui est-ce que tu donnes le livre?* | | est-ce que |
| | *Tu donnes le livre à qui?* | | Intonation |
| Von wem sprichst du? | *De qui parles-tu?* | | Inversion |
| | *De qui est-ce que tu parles?* | | est-ce que |
| | *Tu parles de qui?* | | Intonation |
| Was gefällt dir? | *Qu'est-ce qui te plaît?* | | est-ce que |
| Was machst du? | *Que fais-tu?* | | Inversion |
| | *Qu'est-ce que tu fais?* | | est-ce que |
| | *Tu fais quoi?* | | Intonation |
| Woran denkst du? | *A quoi penses-tu?* | | Inversion |
| | *A quoi est-ce que tu penses?* | | est-ce que |
| | *Tu penses à quoi?* | | Intonation |
| Worüber sprichst du? | *De quoi parles-tu?* | | Inversion |
| | *De quoi est-ce que tu parles?* | | est-ce que |
| | *Tu parles de quoi?* | | Intonation |

## 4. KAPITEL: *L'INTERROGATION* – die Frage

### 31 *Qui* oder *que*?

1. .................................................. est absent? – C'est Steve.
2. .................................................. lisez-vous à l'école? – Roméo et Juliette.
3. .................................................. mange-t-il? – Des poires.
4. .................................................. t'a invitée? – Notre voisin David.
5. .................................................. allez-vous faire? – On va sortir avec des amies.
6. .................................................. veut te montrer sa collection de timbres? – C'est Jean-Luc.
7. .................................................. ferais-tu sans tes copains? Tu serais perdu.
8. .................................................. se passe-t-il? Les enfants sont trop calmes!
9. .................................................. accompagne grand-mère chez le docteur? C'est Pépé?
10. .................................................. se plaint toujours du mauvais temps? – Notre voisine.
11. .................................................. connaît tous ces coins du quartier? – M. Huber, il est agent de police.
12. .................................................. penses-tu?
13. .................................................. a lu le «Da Vinci Code»? Pas moi!
14. .................................................. se comporte comme un fou?

### 32 *que / qu'est-ce que / qu'est-ce qui?*

1. .................................................. voulez-vous de moi?
2. .................................................. ton père pense de Jean-Paul Confais?
3. .................................................. cherche ton frère?
4. .................................................. dessinez-vous, les enfants?
5. .................................................. brûle dans ton four, Maman?
6. .................................................. voulez-vous que je vous apporte?
7. .................................................. te plaît le plus?
8. .................................................. la police a trouvé dans la maison cambriolée?
9. .................................................. le criminel a raconté au commissaire de police?
10. .................................................. se trouve sur la table?
11. .................................................. vous avez dit?
12. .................................................. font les enfants?
13. .................................................. tu vas faire pendant les vacances?

## 4. KAPITEL: *L'INTERROGATION* – die Frage

### 33 *qui / qui est-ce que / qu(e)/ qu'est-ce qu(e) / qu'est-ce qui*

1. ............................................................ fait-il l'après-midi? – Il travaille.
2. ............................................................ va manger chez nous? – Je ne sais pas encore. Peut-être Marlène.
3. ............................................................ est parti? – Le TGV.
4. ............................................................ vous amuse, les enfants? – Votre chemise est drôle, Monsieur.
5. ............................................................ lisez-vous? – Le Monde.
6. ............................................................ les enfants n'ont pas vu depuis longtemps? Leur grand-père.
7. ............................................................ tu préfères regarder? Le match de foot ou un film?
8. ............................................................ avez-vous dit? – Rien.
9. ............................................................ arrive toujours la dernière? – C'est Monique. Elle se lève trop tard.
10. ............................................................ Papa a rencontré hier au café? – Oh, c'était son secrétaire.
11. ............................................................ il y a au cinéma? – Un film qui s'appelle «La Geisha».
12. ............................................................ tu as commandé au restaurant? Du poisson?
13. ............................................................ ne te plaisait pas dans l'exposition? – Les tableaux supermodernes.
14. ............................................................ quelques filles essaient d'imiter? – Paris Hilton. Tu la connais?
15. ............................................................ dort toujours sur notre canapé? – Notre chien.

### 34 Übersetze. (Wenn nichts dabeisteht: mit *est-ce que*-Umschreibung!)

1. Wer hat dieses Buch geschrieben?
2. Wem gefällt es? (Inv.) Wem hat es nicht gefallen? (p. c.)
3. Was machst du? (Inv.) Was werden wir am Wochenende machen? (Int.)
4. Wer wird gewinnen?
5. Was wollen die Studenten ändern? (*changer*)
6. Was geht uns nichts an? (*ne pas regarder*)
7. Wen willst du fragen? (Inv.)
8. Was riecht hier so merkwürdig? (*sentir, bizarre*)
9. Was sehen Sie? Was ist das?
10. Wen wirst du treffen?
11. Wem hat er die Blumen geschenkt? (Inv.)
12. Wer hilft seiner Schwester im Kindergarten?
13. Was bedeutet dieser Satz? (*signifier, la phrase*)
14. Wen hat der Kommissar verhaftet? (*arrêter*) (Inv.)
15. Was möchtest du in der Oper sehen?

## 4. KAPITEL: *L'INTERROGATION* – die Frage

### 35 Frage nach den fett gedruckten Satzgliedern. (Wenn keine Angabe: *est-ce que!*)

1. J'ai fait la connaissance d'**un acteur français**. (Int.)
2. Le héros de ce film vient d'être cambriolé **dans sa maison de Hawaii**.
3. Il n'a pas assez de temps pour **son fils**. (Int.)
4. Berlioz a écrit cette sonate **pour sa fiancée**.
5. Ils sont sortis **sans manteaux**. (Inv.)
6. Ce week-end, il va **faire de la planche à voile**. (Inv.)
7. Il préfère terminer notre conversation **loin des regards**.
8. **C'est Lionel** qui l'a mise dans cet état.
9. Nous recommandons **Nelly** pour ce job.
10. Elle peut commencer **demain**.
11. Sienna a eu la **mauvaise** idée **de raconter tout à sa voisine**. (Inv.)
12. La voisine a tout de suite parlé **à son mari**.
13. J'ai trouvé ce film **superbe**!
14. **Comme elle ne veut plus rester**, leurs chemins se séparent ici.
15. Sarah vient **d'Israël**. (Int.)
16. **Mon voisin** a embouti ma voiture. Il était ivre!
17. Elle a préféré prendre **le premier avion pour Paris**.
18. Ce livre parle **d'un village grec**.
19. On se connaît **depuis 25 ans**.
20. Les enfants se moquent **du SDF** (Sans Domicile Fixe).

### 36 Übersetze. (Frage mit *est-ce que*, wenn nichts anderes verlangt!)

1. Wen haben Sie getroffen? ...........................
2. Wann haben Sie ihn getroffen? (Inv.) ...........................
3. Woher kommt er? (Int.) ...........................
4. Was haben Sie ihm erzählt? ...........................
5. Wer hat Ihnen zugehört? ...........................
6. Warum sind Sie zu ihm gegangen? ...........................
7. Wem werden Sie es nicht erzählen? ...........................
8. Welche Geschichte haben Sie ihm erzählt? (Inv.) ...........................
9. Was macht er nun? (Inv.) ...........................
10. Seit wann kennen Sie ihn? (Int.) ...........................
11. Wie heißt der Mann? (Inv.) ...........................
12. Wo lebt er im Moment? ...........................
13. Erzählen Sie mir die Geschichte auch? ...........................

## 4. KAPITEL: *L'INTERROGATION* – die Frage

**37** Suche die passenden Fragen zu den folgenden Antworten (verwende immer *est-ce que*):

1. … ? De Naomi, il est tombé amoureux **de Naomi**.
2. … ? Non, ce pull ne me plaît pas, Madame.
3. … ? Ce **tailleur rouge**, il me plaît bien.
4. … ? Maman, elle préfère lire **les romans policiers suédois**.
5. … ? Nous avons voyagé **en train**.
6. … ? Je me suis dépêché **parce que je ne voulais pas arriver en retard**.
7. … ? Il a dîné **seul**.
8. … ? Nous l'avons rejointe **à l'entrée de l'hôtel**.
9. … ? Pour se payer le tour du monde, Pierre a vendu **sa voiture**.
10. … ? Elle a envie de regarder des films **récents**.
11. … ? Personne, on **n'**a invité **personne**.
12. … ? Je viens de parler **au directeur**.
13. … ? Il a dit **que tu te ne comportais pas mal**.
14. … ? Le dimanche, elle joue **au tennis**.
15. … ? Cet acteur a joué dans „**Léon**".
16. … ? Les enfants promettent **de ranger leurs chambres tout seuls**.
17. … ? Justine parle **avec Chloé**.
18. … ? Ma voiture est garée **devant le commissariat**.
19. … ? Renée, elle a interdit **à ses parents** d'apporter des tonnes de chocolat.
20. … ? Il a écrit **cinq** livres.
21. … ? Jean-Louis va chez le dentiste **parce qu'il a mal aux dents**!
22. … ? **Ma grand-mère** est sourde comme un pot.
23. … ? J'ai obtenu ce job **par l'ANPE** (L'Agence Nationale Pour l'Emploi).
24. … ? Il faut un signe plus **après le chiffre huit**.
25. … ? Mes parents reviennent des Antilles **demain**.
26. … ? Ils vont sûrement m'apporter **du piment**.
27. … ? **Je fais la cuisine** avec!
28. … ? Géraldine surfe souvent **sur le site du Musée d'Orsay**.
29. … ? Mes enfants apprennent la musique **depuis deux ans**.
30. … ? Ils apprennent la musique **dans un Conservatoire**.
31. … ? Les profs y sont **sympas et compétents** en général.
32. … ? Pour s'inscrire? **Il faut remplir un dossier**.
33. … ? Comme documents, il faut joindre **des photos et un chèque**.
34. … ? Non, ça ne coûte pas cher!
35. … ? Je te demande ça **parce que je veux m'inscrire aussi**!
36. … ? Marianne prépare un exposé **sur le Moyen-Âge**.
37. … ? La chambre simple coûte **70 €** pour une nuit.
38. … ? Il faut quitter les chambres **après le petit déjeuner**.
39. … ? Nous allons en Espagne **en car**.
40. … ? Nous y allons **trois fois par an**.
41. … ? Oui, nous aimons beaucoup Séville.

## 4. KAPITEL: *L'INTERROGATION* – die Frage

### 38 Lesend lernen.

La scène suivante se passe dans un bal. Madame Fabienne est adossée à la cheminée et elle soupire.
– Vous vous ennuyez, Madame? demande un voisin.
– Oui, Monsieur, et vous?
– Moi aussi.
– Alors, si nous nous en allions?
– Malheureusement, je ne peux pas, je suis le maître de la maison.


René téléphone aux renseignements de l'aéroport:
– Pourriez-vous me dire combien de temps mettait le Concorde pour aller à Londres, Mademoiselle?
– Une petite minute, Monsieur ...
– Oh, merci, c'est vachement rapide! dit René et raccroche.


Le petit Maurice est arrivé à l'âge de cinq ans sans avoir jamais prononcé un mot. Mais un jour, au cours du déjeuner, il dit:
Maman, s'il te plait, pourrais-tu me passer le sel et le poivre? La viande n'a aucun goût aujourd'hui.
Maurice, chéri, tu sais parler! Mais pourquoi ne l'as-tu pas fait plus tôt?
Jusqu'alors, explique le garçon, je n'en ai pas eu besoin. Le service a toujours été parfait.


Docteur, pas de grec, ni de latin. Dites-moi franchement ce que j'ai.
C'est simple: vous buvez trop, vous êtes un ivrogne. Vous ne travaillez pas, c'est à dire que vous êtes un paresseux. Et vous êtes un gourmand, vous mangez trop.
Merci, docteur. Et maintenant, pourriez-vous me traduire ce diagnostic en latin, au cas où ma femme voudrait savoir de quoi je souffre.


Un riche négociant en vins va voir le Pape.
Votre Sainteté, je suis venu pour vous proposer une affaire. Ne pourriez-vous pas changer la formule de la prière «Donnez-nous notre *pain* quotidien» pour «Donnez-nous notre *vin* quotidien»?
Le Pape appelle son secrétaire, ils se retirent, et après une demie heure, ils reviennent.
Je suis désolé, mon fils, dit le Pape, notre contrat avec les boulangers ne se termine qu'en 2020.


Le Président fait visiter le Louvre au Chancelier autrichien et à sa femme et il leur montre fièrement toutes les peintures magnifiques.
Au bout d'une heure, la femme du Chancelier dit: Tu sais, ce serait bien d'avoir quelques peintures comme celles-là à la maison.
Et le Chancelier répond:
Je ne te comprends pas. Comment veux-tu que je trouve le temps de peindre?

# 5. KAPITEL: *LES TEMPS* – die Zeiten

## (A) *L'IMPARFAIT* – DIE MITVERGANGENHEIT (PRÄTERITUM)

### (1) DIE BILDUNG DES *IMPARFAIT*

| Stamm | + Endung | |
|---|---|---|
| 1. P. Mehrzahl Gegenwart (*présent*) | -ais | -ions |
| | -ais | -iez |
| | -ait | -aient |

| | *aimer* | *finir* | *devoir* | *prendre* |
|---|---|---|---|---|
| nous | **aim**-ons | **finiss**-ons | **dev**-ons | **pren**-ons |
| j(e) | aim-**ais** | finiss-ais | dev-ais | pren-ais |
| tu | aim**ais** | finissais | devais | prenais |
| il/elle | aim**ait** | finissait | devait | prenait |
| nous | aim**ions** | finissions | devions | prenions |
| vous | aim**iez** | finissiez | deviez | preniez |
| ils/elles | aim**aient** | finissaient | devaient | prenaient |

**Ausnahme:** *être* — j'étais, tu étais, il était, nous étions, vous étiez, ils étaient

### (2) DIE VERWENDUNG DES *IMPARFAIT*

„*Imparfait*" bedeutet „**nicht perfekt**", nicht zu Ende gebracht, in der Vergangenheit nicht abgeschlossen.

Es wird verwendet, wenn eine **Handlung nicht abgeschlossen** ist (war), wenn man **ihren Anfang** und/oder **ihr Ende nicht kennt**. Das sind zB

- **vergangene Gewohnheiten bzw. in der Vergangenheit wiederholte Handlungen**

    *A cette époque-là, grand-père **se promenait** avec son chien le matin.*
    Zu dieser Zeit ging Großvater am Vormittag mit seinem Hund spazieren.

    *Après ses promenades, il **prenait** souvent un café chez Maurice.*
    Nach seinen Spaziergängen trank er oft Kaffee bei Maurice.

- **Beschreibungen**

    *Grand-père **était** un petit homme avec une barbe blanche.*
    Großvater war ein kleiner Mann mit einem weißen Bart.

- **Zustände oder Gefühle**

    *Grand-père **était** content de sa vie. Il se **sentait** tout à fait bien.*
    Großvater war zufrieden mit seinem Leben. Er fühlte sich völlig wohl.

- **unbestimmt oft wiederholte Handlungen der Vergangenheit**

    *A cette époque-là, **je dormais** jusqu'à dix heures, puis **je prenais** mon petit déjeuner avec des amis et après **on allait** (peut-être) à l'université. Le soir, **on se rencontrait** dans un café où **on discutait** de tout et de rien.*

Die beschriebenen Handlungen sind zwar aufeinanderfolgend und somit eine durch die andere „abgeschlossen". Da sie aber damals **immer wieder und unbestimmt oft** stattfanden, stehen sie trotzdem im *imparfait*!

## 5. KAPITEL: *LES TEMPS* – die Zeiten

**39** Die Formen des *présent* sind angegeben. Schreib ihre Infinitive auf und setze sie ins *imparfait*.

exemple: *je peux* ▶ *pouvoir; je pouvais*

1. elles descendent ..................
2. il chante ..................
3. elles finissent ..................
4. je trouve ..................
5. elle gagne ..................
6. je réagis ..................
7. tu dis ..................
8. vous appuyez ..................
9. je me souviens ..................
10. ils sautent ..................
11. il cuisine ..................
12. tu regardes ..................
13. je cours ..................
14. vous êtes ..................
15. nous jouons ..................
16. je commence ..................
17. elle perd ..................
18. ils réussissent ..................
19. nous plaisons ..................
20. vous vous taisez ..................
21. elles tiennent ..................
22. tu oublies ..................
23. je lis ..................
24. elle boit ..................
25. nous dormons ..................
26. elles suivent ..................

**40** Gesucht sind die Formen der 1. P. Plural des *présent* und die der verlangten Person des *imparfait*.

exemple: *pouvoir (je)* ▶ *nous pouvons; je pouvais*

1. partir (il) ..................
2. faire (vous) ..................
3. dire (ils) ..................
4. regarder (nous) ..................
5. déjeuner (je) ..................
6. amener (tu) ..................
7. tenir (il) ..................
8. boire (elles) ..................
9. étudier (je) ..................
10. lire (nous) ..................
11. s'étonner (tu) ..................
12. être (nous) ..................
13. aller (nous) ..................
14. appeler (je) ..................
15. venir (il) ..................
16. sourire (tu) ..................
17. finir (elle) ..................
18. vouloir (nous) ..................
19. prendre (vous) ..................
20. manger (je) ..................
21. se reposer (tu) ..................
22. sortir (il) ..................
23. croire (elles) ..................
24. avoir (tu) ..................

## 5. KAPITEL: *LES TEMPS* – die Zeiten

# (B) *IMPARFAIT* ODER *PASSÉ COMPOSÉ*?

| *imparfait* | *passé composé* |
|---|---|
| ▪ in der Vergangenheit **nicht abgeschlossen** | ▪ in der Vergangenheit **abgeschlossen** |
| ▪ Dauer **unbegrenzt** | ▪ Dauer **begrenzt** |
| ▪ Anfang, Ende **unbekannt** | ▪ Anfang, Ende **bekannt** |
| zur Beschreibung von<br>▪ **Gewohnheiten, Zuständen, Gefühlen** und<br>▪ **wiederholten Handlungen**, bei denen man nicht weiß, wann sie begonnen oder geendet haben. | ▪ zur Darstellung einer **Handlungskette** (abgeschlossene aufeinanderfolgende Handlungen) |
| Il **faisait** froid.<br>Il y **avait** un vent énorme.<br>Moi, j'**avais** la grippe. | J'**ai dormi** jusqu'à dix heures et puis j'**ai pris** mon petit déjeuner. |

## (1) BEISPIELE DER VERWENDUNG

▪ *Pendant que **je prenais** mon petit déjeuner, Papa **est arrivé**.*

Eine **im Verlauf befindliche Handlung** (*imparfait*) wird **von einer anderen – einmaligen** (*passé composé*) **– unterbrochen.**

▪ *Papa **a dit**: «La voiture ne marche pas». Puis il **a téléphoné** au dépanneur. Après il **a bu** une tasse de café avec moi.*

**Hier handelt es sich um mehrere aufeinanderfolgende Aktionen, die abgeschlossen sind** (*passé composé*) (vgl. „und dann … und dann … und dann").

▪ *Pendant que **nous étions** à la maison, **Maman travaillait** au bureau, **mon frère était** à l'école et **Mémé faisait** les courses. Elle **voulait** me préparer une bonne soupe.*

**Hier werden Handlungen** beschrieben, die **gleichzeitig verlaufen** und **deren Anfang und Ende unwichtig bzw. unbekannt sind.** Daher: *imparfait*

▪ *Mon père **a joué** à la Playstation jusqu'à l'âge de 46 ans, puis, **il a trouvé** le jeu ennuyeux.*

Sind die in der Vergangenheit wiederholten Handlungen **durch irgendeine Angabe begrenzt**, verwendet man das *passé composé*!

## (2) SIGNALWÖRTER

Es gibt **„Signalwörter"**, die dir die Entscheidung, welche Zeit du verwenden musst, abnehmen:

| *imparfait* | souvent, toujours, normalement, d'habitude, tous les jours, chaque jour, pendant que, quelquefois, rarement etc. |
|---|---|
| *passé composé* | un jour, tout à coup, soudain, à ce moment-là, alors, d'abord, puis, ensuite etc. |

## 5. KAPITEL: *LES TEMPS* – die Zeiten

**41** **Setze die folgenden Texte in die Vergangenheit und überlege, welche Zeit du verwenden musst. (Signalwörter beachten!)**

1. Quand Théo (*naître*) ............................................ , sa mère (*avoir*) ............................................ déjà 35 ans.

2. Comme nous (*adorer*) ............................................ Catherine Deneuve, nous (*appeler*)

   ............................................ notre fille Catherine aussi.

3. Pendant que Muriel (*attendre*) ............................................ Max devant le café, lui, il (*boire*)

   ............................................ déjà une bière dans le café.

4. Le jour de son mariage, Eric (*avoir*) ............................................ une crise cardiaque et l'ambulance (*venir*)

   ............................................ le chercher.

5. Quand Raoul (*passer*) ............................................ son bac, il (*avoir*) ............................................ la jambe

   dans le plâtre.

6. Quand le chanteur (*entrer*) ............................................ sur scène, tout le monde (*hurler*)

   ............................................ et (*applaudir*) ............................................ .

7. Pendant que ses parents (*s'inquiéter*) ............................................, Julie (*danser*)

   ............................................ et (*s'amuser*) ............................................ chez une voisine.

8. Papa (*vouloir prendre*) ............................................ sa retraite, mais comme Maman (*décider*)

   ............................................ de l'aider au bureau, il (*ne pas encore prendre*) ............................................ sa

   retraite.

9. Le cambriolage (*avoir*) ............................................ lieu le 22 janvier. Deux hommes (*voler*)

   ............................................ tous les bijoux qu'ils (*pouvoir*) ............................................ trouver

   dans la maison. Quand ils (*quitter*) ............................................ la maison, une voisine (*les voir*)

   ............................................ . Elle (*appeler*) ............................................ la police.

10. Madame Bloom (*disparaître*) ............................................ . Elle (*être*) ............................................ propriétaire

    d'une pension de famille. Sa fille lui (*téléphoner*) ............................................ cinq fois, mais Mme Bloom

    (*ne pas répondre*) ............................................ .

11. La femme que M. Clair (*observer*) ............................................ au théâtre (*être*) ............................................

    très belle. Elle (*porter*) ............................................ une robe rouge et (*avoir*) ............................................

    de longues cheveux noirs.

12. Tous les ans, les Berger (*partir*) ............................................ en vacances en Normandie. Mais l'année dernière,

    ils (*aller*) ............................................ en Alsace. Ils (*choisir*) ............................................ un tout petit

    village où ils (*louer*) ............................................ une chambre privée chez une famille qui (*s'appeler*)

    ............................................ Meyer. Ils (*revenir*) ............................................ très contents.

## 5. KAPITEL: *LES TEMPS* – die Zeiten

**13.** Mon père (*faire*) .................... du vélo chaque jour, il (*vouloir*) ....................

rester en forme. Mais un jour, il (*avoir*) .................... un accident. Après, il (*ne plus pouvoir*)

.................... faire de vélo.

**14.** A 32 ans, Ilse (*changer*) .................... de métier. Elle (*travailler*) ....................

dans une boutique, mais elle (*ne plus aimer*) .................... son job. Elle (*s'ennuyer*)

.................... . Ainsi elle (*s'inscrire*) .................... à l'université et après

cinq ans, elle (*terminer*) .................... ses études en sociologie. Pour gagner sa vie et pour payer

ses études, elle (*faire*) .................... du baby-sitting et elle (*aider*) ....................

dans le restaurant de sa tante. Depuis deux ans, elle est le chef d'un grand service du personnel.

**15.** Hier, ma fille Annie (*se lever*) .................... à sept heures. Comme toujours, elle (*être*)

.................... de mauvaise humeur. Elle (*boire*) .................... son thé sans

rien dire. Comme toujours, elle (*avoir*) .................... son walkman sur la tête. A huit heures,

elle (*quitter*) .................... la maison. Il (*pleuvoir*) .................... légèrement

et il (*faire*) .................... froid, mais Annie (*ne pas prendre*) .................... son

manteau. On (*pouvoir voir*) .................... son ventre nu. Je (*fermer*) ....................

la porte derrière elle et je (*soupirer*) ....................

**16.** Aurélie qui (*avoir*) .................... 17 ans à cette époque-là (*suivre*) ....................

.................... un cours intensif en Autriche parce qu'elle (*ne pas encore bien savoir*) ....................

.................... faire du ski. Elle (*avoir*) .................... souvent peur et pour

cette raison, elle (*être*) .................... toujours la dernière du groupe. Les autres (*se moquer*)

.................... d'elle et elle (*attendre*) .................... la fin de la semaine avec

impatience. Mais un jour, la situation (*changer*) .................... complètement. Le matin déjà, il y (*avoir*)

.................... un brouillard énorme. Pourtant, le groupe (*monter*) .................... en

télésiège et (*descendre*) .................... une piste bleue. Aurélie (*perdre*) ....................

le groupe. Tout d'un coup, elle (*entendre*) .................... quelque chose. Elle (*s'approcher*)

.................... et elle (*remarquer*) .................... un petit garçon en larmes. Il (*dire*)

....................: «J'ai perdu mes parents.» Aurélie (*lui promettre*) ....................

de le ramener à la maison. Pour la remercier, les parents du garçon (*inviter*) ....................

Aurélie à manger avec eux. Ainsi, elle (*faire*) .................... la connaissance de Christian, le frère

du garçon. Les deux (*tomber*) .................... amoureux tout de suite. Cette histoire (*se passer*)

.................... en 1995 – et depuis 2000, les deux sont mariés.

## 5. KAPITEL: *LES TEMPS* – die Zeiten

**17.** Il y a une semaine, je (*attendre*) .................................. une amie et ma mère (*arriver*) .................................. . Elle (*critiquer*) .................................. mon appartement. Elle (*jeter*) .................................. les revues qui (*être*) .................................. sur mon bureau. Elle (*contrôler*) .................................. les livres que je (*lire*) .................................. Elle (*partir*) .................................. finalement, mais elle (*oublier*) .................................. quelque chose dans le couloir: une petite valise. Je (*l'ouvrir*) .................................., il y (*avoir*) .................................. un chat dedans. Je (*descendre*) .................................. l'escalier, je (*prendre*) .................................. ma voiture et je (*chercher*) .................................. ma mère dans tout le quartier. Elle (*être*) .................................. déjà à la station de bus quand je (*la retrouver*) .................................. .

**18.** L'année dernière, je (*passer*) .................................. une semaine en Italie. Nous y (*aller*) .................................. en voiture. Nous (*habiter*) .................................. dans un petit hôtel bien sympa. La chambre (*donner*) .................................. sur la mer. Je (*faire*) .................................. la connaissance d'un jeune Anglais qui (*parler*) .................................. plusieurs langues. Quand nous (*partir*) .................................. il (*me promettre*) .................................. de m'écrire. Mais il (*ne pas m'écrire*) .................................. .

**19.** Nous (*perdre*) .................................. nos clés pendant que nous (*se promener*) .................................. au Bois de Bologne. Nous (*chercher*) .................................. deux heures, mais nous (*ne pas les trouver*) .................................. . Après nous (*aller*) .................................. à la maison. Notre mère (*être*) .................................. fâchée.

**20.** Lisa (*faire*) .................................. la connaissance de Gérard pendant qu'elle (*voyager*) .................................. au Portugal. Il (*travailler*) .................................. à Lisbonne. Elle (*tomber*) .................................. amoureuse toute de suite. Et il (*la trouver*) .................................. aussi très sympa.

**21.** Quand nous (*arriver*) .................................. au cinéma il y (*avoir*) .................................. déjà beaucoup de gens qui (*attendre*) .................................. . Nous (*se mettre*) .................................. dans la file d'attente. Une vieille dame (*arriver*) .................................. et elle (*passer*) .................................. devant tout le monde. Elle (*ne rien dire*) .................................. Quelle impudence.

## 5. KAPITEL: *LES TEMPS* – die Zeiten

22. Hier, Elise (*rater*) .................... son permis de conduire. Elle (*conduire*) ....................

    en ville et sur l'autoroute. En ville, elle (*griller*) .................... un feu rouge, sur l'autoroute, elle

    (*doubler*) .................... à droite. Quand même, elle (*être*) .................... très

    satisfaite et quand elle (*s'arrêter*) ...................., elle (*demander*) ....................

    pourquoi on (*ne pas lui donner*) .................... le permis.

23. Soraya (*naître*) .................... en France, mais ses parents (*naître*) ....................

    au Maroc. Cet été, ils (*aller*) .................... en car à Casablanca en vacances. Mais le car (*ne pas

    être*) .................... pas climatisé, alors le voyage (*être*) .................... très

    pénible. En plus, il y (*avoir*) .................... une grève des marins à Marseille, alors ils (*passer*)

    .................... deux jours dans le car. Quel voyage!

24. Philippe (*aller*) .................... voir un film super qui (*s'appeler*) ....................

    «Fauteuils d'Orchestre». Ça (*raconter*) .................... l'histoire d'une fille qui (*devenir*)

    .................... serveuse en face du théâtre des Champs Elysées. Elle (*rencontrer*)

    .................... un pianiste qui (*ne plus vouloir*) .................... jouer de piano,

    un homme riche qui (*vendre*) .................... toutes ses œuvres d'art et une comédienne qui (*faire*)

    .................... tout pour obtenir le rôle de Simone de Beauvoir. Enfin, le fils de l'homme riche

    (*devenir*) .................... son copain.

25. Ce matin, nous (*aller*) .................... à la piscine, mais le petit bassin (*être*)

    .................... fermé. Il y (*avoir*) .................... un problème technique. Alors Justine

    (*nager*) .................... dans le grand bassin avec nous. Elle (*avoir*) ....................

    un peu peur au début, mais ensuite elle (*se bien amuser*) .................... .

    Elle (*être*) .................... fière de pouvoir nager avec les grands.

# 5. KAPITEL: *LES TEMPS* – die Zeiten

## (C) ZUR WIEDERHOLUNG: *LE PASSÉ COMPOSÉ*

| Bildung | |
|---|---|
| Personalform | *Je suis allé(e)* |
| *être/avoir*   +   *participe passé (= p. p.)* | *J'ai parlé* |

### (1) VERBEN, DIE DAS *PASSÉ COMPOSÉ* MIT *ÊTRE* BILDEN

- Verben der Bewegungsrichtung: Frage: **wohin** (*où*), **woher** (*d'où*)

| *aller / (re)venir* | gehen / (zurück)kommen | *je suis allé(e)* |
|---|---|---|
| *partir / arriver* | abreisen / ankommen | *tu es parti(e)* |
| *sortir / entrer* | (hin)ausgehen / eintreten | *il est sorti* |
| *monter / descendre* | hinaufgehen / hinuntergehen | *elle est montée* |
| *retourner* | zurückgehen | *nous sommes retourné(e)s* |
| *rentrer* | heimgehen | *vous êtes rentré(e)s* |
| *tomber* | fallen | *ils sont tombés* |

 Die Verben der **Bewegungsart** (*danser, courir, marcher, nager* etc.) werden mit *avoir* abgewandelt: *j'ai dansé, tu as couru, il a marché* etc.

- **außerdem u. a.:** *rester* (bleiben), *devenir* (werden), *mourir* (sterben) und *naître* (geboren werden): *je suis resté(e), tu es devenu(e), elle est morte, nous sommes né(e)s* etc.

- **Alle rückbezüglichen Verben**

| *je* | *me* | *suis* | *amusé(e)* | *nous* | *nous* | *sommes* | *lavé(e)s* |
|---|---|---|---|---|---|---|---|
| *tu* | *t'* | *es* | *appelé(e)* | *vous* | *vous* | *êtes* | *habillé(e)(s)* |
| *elle* | *s'* | *est* | *blessée* | *ils* | *se* | *sont* | *coiffés* |

### (2) *AVOIR* UND *ÊTRE*

Einige Verben bilden ihr *passé composé* mit *avoir* und *être*. Wenn sie als **Verben der Bewegungsrichtung** auftreten, verwendet man *être,* wenn sie jedoch von einem **Objekt gefolgt** werden, bildet man ihr *p. c.* mit *avoir*!

| *sortir* (ausgehen) | Elle **est sortie** avec ses amis. |
|---|---|
| *sortir* (herausnehmen, ausführen) | Elle **a sorti** le chien. |
| *descendre* (hinuntergehen) | Je **suis descendu(e)**. |
| *descendre* (hinuntertragen) | J'**ai descendu la valise** de ma mère. |
| *monter* (hinaufgehen) | Nous **sommes montés** sur la Tour Eiffel. |
| *monter* (hinauftragen) | Papa **a monté** mon petit frère. |

## 5. KAPITEL: *LES TEMPS* – die Zeiten

# (D) *L'ACCORD DU PARTICIPE PASSÉ* – DIE ÜBEREINSTIMMUNG DES MITTELWORTES

**Regel 1:** Wird ein *passé composé* mit *être* gebildet, so kommt es zur **Übereinstimmung des Mittelwortes mit dem Subjekt!**

| Ist das Subjekt | | | | |
|---|---|---|---|---|
| weibl. Sg. | *p. p.* + *e* | *allée* | *Elle est allée.* | *Elle s'est bien amusée.* |
| männl. Pl. | *p. p.* + *s* | *allés* | *Ils sont allés.* | *Nous nous sommes lavés.* |
| weibl. Pl. | *p. p.* + *es* | *allées* | *Elles sont allées.* | *Elles se sont coiffées.* |

***Vous*** kann ein Anredefürwort sein und meint damit verschiedene Subjekte!
*Bonjour, **Madame**, quand est-ce que vous êtes arrivée?*
*Bonjour, **Messieurs**, quand est-ce que vous êtes arrivés?*
*Bonjour, **Mesdames**, quand est-ce que vous êtes arrivées?*

**Regel 2:** Das *participe* wird übereingestimmt, wenn sich ein *objet direct* vor dem *participe passé* befindet! Es wird **mit diesem Objekt übereingestimmt, auch wenn das *passé composé*** des Verbes mit *avoir* gebildet wird!

**Ein *objet direct* kann vor dem *participe* stehen**

- ... als Objektvertreter (*me, te, le, la, nous, vous, les*)

| Il | m' | *a vu(e)* | *me* = Einzahl männlich oder weiblich |
|---|---|---|---|
| Il | t' | *a vu(e)* | *te* = Einzahl männlich oder weiblich |
| Il | l' | *a vu* | *l'* = *le* = Einzahl männlich |
| Il | l' | *a vue* | *l'* = *la* = Einzahl weiblich |
| Il | nous | *a vu(e)s* | *nous* = Mehrzahl männlich oder weiblich |
| Il | vous | *a vu(e)(s; es)* | *vous* = Mehrzahl männlich oder weiblich; Anrede |
| Il | les | *a vu(e)s* | *les* = Mehrzahl männlich oder weiblich |

| **Achtung bei den rückbezüglichen Verben** | | | |
|---|---|---|---|
| Sie hat | sich | | gewaschen. | *Elle **s'est lavée**.* |
| Sie hat | sich | die Haare | gewaschen. | *Elle **s'est lavé** les cheveux.* |
| | Wem? | Wen/was? | | *objet direct* |

Wenn das rückbezügliche Fürwort **nicht direktes Objekt** ist, sondern ein **indirektes Objekt**, weil hinter dem Verb ein **anderes direktes Objekt** folgt, wird **nicht mit dem Subjekt** übereingestimmt!

**Andere Beispiele:**

| | |
|---|---|
| *Elle s'est cassé la jambe.* | Sie hat sich das Bein gebrochen. |
| *Elle se l'est cassée. (l' = la)* | Sie hat es (das Bein) sich gebrochen. |
| *Nous nous sommes demandé quand ...* | Wir haben uns gefragt, wann ... |
| (*nous* = *objet indirect*! Man sagt: *demander à q.*) | |

- ... als Relativpronomen *que*

| | |
|---|---|
| *Voilà **la voiture** que j'ai **achetée*** | *Voilà **les voitures** que j'ai **achetées*** |
| *Voilà **le livre** que j'ai **acheté*** | *Voilà **les livres** que j'ai **achetés*** |

- ... in Fragesätzen als Nomen, das durch *quel* (*quelle* etc.) oder *combien* (wie viel) eingeleitet wird.

| | |
|---|---|
| ***Quelle voiture** est-ce que tu as **achetée**?* | ***Quelles voitures** avez-vous **achetées**?* |
| | ***Quels livres** est-ce que tu as **achetés**?* |

## 5. KAPITEL: *LES TEMPS* – die Zeiten

### 42 Mach aus dem Infinitiv ein *participe* und stimme überein ... wenn nötig.

exemple: *Cette lettre, je l'ai (*recevoir*) hier.* ▶ *reçue*

1. Où est la baguette que tu as (*acheter*)? .................................................
2. Les hommes sont (*partir*) vers deux heures du matin. .................................................
3. Ton adresse, je l'ai (*trouver*) sur Internet. .................................................
4. Voilà les montres qu'il m'a (*acheter*). .................................................
5. Quelle musique est-ce que vous avez (*écouter*). .................................................
6. Le soleil a (*réchauffer*) les bouteilles de bière. .................................................
7. Les photos, vous les avez (*prendre*)? .................................................
8. On ne lui a pas (*demander*) son avis. .................................................
9. Quels hôtels as-tu (*choisir*) pour ton voyage? .................................................
10. Elle ne les a pas (*lire*), ces livres-là. .................................................
11. On ne leur a pas (*donner*) la permission de partir. .................................................
12. Quels pays n'avez-vous pas encore (*visiter*)? .................................................
13. Les arguments que tu as (*donner*) ne sont pas bons. .................................................
14. Louis a (*présenter*) ses excuses pour son retard au prof. .................................................
15. Où est la clé USB que j'ai (*acheter*)? .................................................

### 43 Übersetze.

1. Die Kinder haben sich die Hände noch nicht gewaschen. (*se laver, la main*)
2. Ich zeige meinen Eltern die Geschenke, die mir meine Freunde gebracht haben. (*montrer, le cadeau, apporter*)
3. Meine Damen, wann sind Sie von daheim weggefahren? (*partir, de chez vous*)
4. Die Querflöte, die wir Bernadette gekauft haben, war sehr teuer. (*la flûte traversière*)
5. Unter welchen Umständen habt ihr euch wiedergesehen? (*dans, la circonstance, se revoir*)
6. Was ist aus ihnen / Ihnen geworden? (*que, devenir*)
7. Welche Hosen hast du seit Langem nicht mehr getragen? (*le pantalon, depuis longtemps, porter, ne ... plus*)
8. Die beiden haben am letzten Samstag geheiratet. (*se marier, samedi dernier*)
9. Deine Schwester? Ich habe sie heute noch nicht gesehen.
10. Wir haben uns nicht über dich lustig gemacht. (*se moquer de*)
11. Meine Damen und Herren, habe ich Sie überzeugt? (*convaincre*)
12. Ich liebe diese Orte, die ich letzten Sommer entdeckt habe. (*adorer, un endroit, découvrir, l'été dernier*)

# 5. KAPITEL: *LES TEMPS* – die Zeiten

## (E) *LE PLUS-QUE-PARFAIT* – DIE VORVERGANGENHEIT (PLUSQUAMPERFEKT)

### (1) BILDUNG DES *PLUS-QUE-PARFAIT*

| *passé composé* | | *plus-que-parfait* | |
|---|---|---|---|
| haben / sein **in der Gegenwart** | Mittelwort der Vergangenheit (= *participe passé*) | haben / sein **im Präteritum** | Mittelwort der Vergangenheit (= *participe passé*) |
| ich habe | gekauft | ich hatte | gekauft |
| *j' ai* | *acheté* | *j' avais* | *acheté* |
| ich bin | gegangen | ich war | gegangen |
| *je suis* | *allé(e)* | *j' étais* | *allé(e)* |

### (2) VERWENDUNG DES *PLUS-QUE-PARFAIT*

Das *plus-que-parfait* verwendet man, um etwas zu erzählen, was noch vor der Vergangenheit liegt, von der man erzählt. (*plus-que-parfait* bedeutet sinngemäß **„mehr als vergangen"**. Im Deutschen nennt man die Zeit **„Vorvergangenheit"**.)

Klar wird das Ganze, wenn man es sich bildlich vorstellt:

Ich erzähle jetzt (25. Mai):

Er zeigte mir die Uhr (24. Mai), die er gekauft hatte. (zB 20. Mai)
*Il m'**a montré** la montre qu'il **avait achetée**.*

Ich erzähle jetzt (25. Mai):

Nachdem er mir die Uhr gegeben hatte (24. Mai, 15.00), sagte er (24. Mai 15.05): „Ich liebe dich."
*Après qu'il m'**avait donné** la montre, il **a dit**: «Je t'aime».*

**44** Setze die folgenden Verben ins *plus-que-parfait*.

1. je bois .................................................
2. il a .................................................
3. il s'appelle .................................................
4. je sors .................................................
5. il propose .................................................
6. tu fais .................................................
7. elle offre .................................................
8. je vais .................................................
9. vous arrivez .................................................
10. nous écoutons .................................................
11. tu prends .................................................
12. nous ouvrons .................................................
13. ils vendent .................................................
14. ils sont .................................................
15. elles pensent .................................................
16. vous dites .................................................
17. nous voulons .................................................
18. ils mangent .................................................
19. tu aimes .................................................
20. elles tombent .................................................

## 5. KAPITEL: *LES TEMPS* – die Zeiten

**45** Weiter geht es in der Formenlehre: *imparfait, passé composé, plus-que-parfait.*

|  | *imparfait* | *p. c.* | *plus-que-parfait* |
|---|---|---|---|
| 1. pouvoir (tu) | | | |
| 2. être (vous) | | | |
| 3. tenir (elle) | | | |
| 4. aller (je) | | | |
| 5. savoir (nous) | | | |
| 6. montrer (tu) | | | |
| 7. venir (elles) | | | |
| 8. entendre (il) | | | |
| 9. rentrer (je) | | | |
| 10. monter (elle) | | | |

**46** Übersetze!

1. ich war … wir waren gewesen … du hast gedacht … er hat gehabt … wir hatten … du bist

   ........................................................................................................

2. ihr habt ausgewählt … wir wählen aus … sie sangen … du hast gegeben … sie sind … Sie sind

   ........................................................................................................

3. er läutet … wir brachten … sie ist gegangen … sie sind angekommen … wir möchten … ich bin

   ........................................................................................................

4. er dachte … er wollte … wir öffneten … sie hatten gesehen … er war gekommen … du hast

   ........................................................................................................

5. wir verbringen … er hatte gekonnt … sie bevorzugen … sie hat gefragt … ihr hattet gehört

   ........................................................................................................

6. wir lesen … sie hatten gekauft … ich habe verkauft … sie hat angeboten … wir hatten gelernt

   ........................................................................................................

7. er trifft … wir erzählten … sie zeigten … er stieg ein … sie spielen … er war gewesen

   ........................................................................................................

8. sie kennen … wir haben gearbeitet … sie zählten … ich glaube … sie hatten gesucht … er fand

   ........................................................................................................

## 5. KAPITEL: *LES TEMPS* – die Zeiten

## (F) ZUR WIEDERHOLUNG: VERNEINUNGEN

... *ne* und *pas* rahmen die **Personalform** ein.

| *présent* | *imparfait* | *passé composé* | *plus-que-parfait* |
|---|---|---|---|
| *Il **ne** boit **pas** de coca.* | *Il **ne** buvait **pas** de coca.* | *Il **n'a pas** bu de coca.* | *Il **n'avait pas** bu de coca.* |

## (G) ZUR WIEDERHOLUNG: OBJEKTVERTRETER IM SATZ

Objektvertreter stehen  (1) **vor der Personalform**
(2) **außer bei Infinitiv-Konstruktionen, da stehen sie vor dem Infinitiv**

**(1)** «*Henri donne les fleurs à Séverine*» wird zu

| | | |
|---|---|---|
| *présent* | *Il **lui donne** les fleurs.* | *Il **ne** lui donne **pas** les fleurs.* |
| *imparfait* | *Il **lui donnait** souvent des fleurs.* | *Il **ne** lui donnait **pas** souvent de fleurs.* |
| *passé composé* | *Il **lui a** donné les fleurs.* | *Il **ne** lui a **pas** donné les fleurs.* |
| *plus-que-parfait* | *Il **lui avait** donné les fleurs.* | *Il **ne** lui avait **pas** donné les fleurs.* |

**(2) Infinitiv-Konstruktionen**

| | | |
|---|---|---|
| *présent* | *Il veut **lui donner** les fleurs.* | *Il **ne** veut **pas** lui donner les fleurs.* |
| *imparfait* | *Il voulait **lui donner** les fleurs.* | *Il **ne** voulait **pas** lui donner les fleurs.* |
| *passé composé* | *Il a voulu **lui donner** les fleurs.* | *Il **n'a pas** voulu lui donner les fleurs.* |
| *plus-que-parfait* | *Il avait voulu **lui donner** les fleurs.* | *Il **n'avait pas** voulu lui donner les fleurs.* |

**47** **Beantworte die Fragen. Ersetze dabei das fett gedruckte Nomen durch seinen Vertreter.**

1. Christine a acheté le vélo **à sa fille**? – Oui, elle ..................
2. Ils avaient regardé **les films** à la maison? – Non, ils ..................
3. Ils ont visité **la Tour Eiffel**? – Non, ils ..................
4. Nous devons écrire **ces articles** pour cette revue? – Oui, nous ..................
5. Catherine connaît **les histoires de Harry Potter**? – Oui, elle ..................
6. Elle avait décrit son idée **à ses amies**? – Non, elle ..................
7. Il a mangé **les croissants de sa sœur**? – Oui, il ..................
8. Tu as offert **les apéritifs** aux invités? – Non, je ..................
9. Il montrait les curiosités de Vienne **aux touristes**? – Oui, il ..................
10. Max avait pris **la voiture du père**? – Non, il ..................
11. Vous allez inviter **vos amis**? – Non, nous ..................
12. Vous avez rangé **vos chambres**? – Non, nous ..................
13. Ils vont acheter **l'ordinateur** dans ce magasin? – Oui, ils ..................
14. Il a posé cette question **au directeur**? – Non, il ..................
15. Tu aidais **ta mère** à la maison? – Oui, je ..................
16. Elle a fait la tisane **à Papa**? – Non, elle ..................

## 5. KAPITEL: *LES TEMPS* – die Zeiten

**48** Setze die folgenden Sätze ins *imparfait*, *passé composé* und *plus-que-parfait*.

1. Papa nous aide à ranger le garage.
2. Nous voulons le faire ensemble.
3. Mes enfants ne mangent pas de choucroute.
4. Je ne vais pas au cinéma.
5. On les invite.
6. Tu lui dis la vérité.
7. Où est-ce que tes frères passent leurs vacances?
8. Vous ne leur écrivez plus de messages.
9. Elle leur offre du café.
10. Tu viens chez nous.
11. Nous nous amusons chez toi.
12. Ils ont de la chance.
13. Vous êtes en retard.
14. Je prends le bus le matin.
15. Elle sait tout.

**49** Die folgenden Sätze „spielen" in der Vergangenheit und verlangen unterschiedliche Zeiten! (*imparfait*, *passé composé* und *plus-que-parfait*)

1. Pendant que Bernadette (*jouer*) à l'ordinateur, elle (*manger*) les biscuits que je lui (*acheter*).
2. Après que les parents (*partir*) pour le week-end, Isabelle (*inviter*) plusieurs amies.
3. Elle (*préparer*) les endives qu'elle (*acheter*) au marché.
4. Nathalie (*adorer*) les peintures que Martine (*lui faire*).
5. Ils (*ne pas pouvoir*) trouver le calme qu'ils (*chercher*).
6. Nous (*se souvenir*) bien de l'homme qui (*quitter*) la maison des voisins.
7. Les deux femmes (*arriver*) à l'heure. Elles (*se dépêcher*) vraiment.
8. Il (*ne pas nous raconter*) ce qui (*se passer*).
9. Le garçon (*ne pas savoir*) traduire le texte que son prof (*lui donner*).
10. Hier, nous (*rencontrer*) M. Gruber qui (*être*) notre prof d'histoire au lycée.
11. Vous (*ne pas se rendre*) à cette réunion parce que vous (*oublier*) d'acheter des tickets?
12. Après qu'elle (*perdre*) tout son argent au Casino, son mari (*ne plus lui donner*) d'argent.
13. Maurice (*revenir*) de vacances parce que quelqu'un (*lui voler*) son argent.
14. Le touriste (*ne pas comprendre*) ce que le guide lui (*expliquer*).
15. L'élève (*bien réussir*) l'examen parce qu'il (*travailler*) énormément.
16. Le petit (*ne pas vouloir*) aller à l'école. Il (*ne pas préparer*) l'interrogation.
17. Julie (*être*) très contente quand elle (*regarder*) par la fenêtre. Il (*neiger*) pendant toute la nuit.
18. Elle (*se dépêcher*) pour rentrer à la maison. Le chien (*attendre*) pour faire sa promenade.
19. Les enfants (*avoir*) faim. Ils (*jouer*) longuement dans le jardin.
20. La voiture (*s'arrêter*) brusquement. Un enfant (*quitter*) le trottoir pour attraper son ballon.
21. Le garçon (*devoir*) se rendre chez le directeur. Il (*insulter*) un professeur.

# 5. KAPITEL: *LES TEMPS* – die Zeiten

## (H) NACHDEM: *APRÈS QUE*

Ein mit *après que* eingeleiteter Satz ist in Bezug auf den Hauptsatz **vorzeitig**, d. h., das Geschehen, das er beschreibt, liegt **zeitlich vor dem des Hauptsatzes**!

*Après que nos parents **étaient partis** pour le week-end, nous **avons invité** des amis.*
Nachdem unsere Eltern für das Wochenende **weggefahren waren**, **luden** wir Freunde **ein**.

 *„après que"* nur bei verschiedenen Subjekten!
Bei gleichem Subjekt: Infinitiv-Konstruktionen!

*Après que **Papa** avait annoncé leur retour par téléphone, **nous** avons rangé la maison.*
Nachdem **Papa** telefonisch ihre Heimkehr angekündigt hatte, räumten **wir** das Haus auf.

Aber: ***Après avoir rangé** la maison, **nous** avons regardé la télé.*
Nachdem **wir** das Haus aufgeräumt hatten, sahen **wir** fern.


## (I) ALS: *QUAND*

Die mit *quand* verbundenen Sätze können **gleichzeitig oder vorzeitig** sein!

gleichzeitig: ***Quand** Papa nous **a téléphoné**, nous **étions** en train d'essayer son cognac.*
Als Papa uns anrief, waren wir gerade dabei, seinen Cognac zu probieren.
vorzeitig: ***Quand** Papa nous **a téléphoné**, nous **avions** déjà **bu** son Armagnac.*
Als Papa uns anrief, hatten wir schon seinen Armagnac getrunken.

**(immer) wenn (zeitlich):** *quand*
*Quand mes parents **partaient** pour le week-end, ma sœur et moi, nous **invitions** des amis.*
(Immer) wenn meine Eltern zum Wochenende wegfuhren, luden meine Schwester und ich Freunde ein.

 Die Verwendung von *quand* oder *si* vgl. Seite 77!

**50** Verbinde die folgenden Infinitiv-Gruppen mit *après que* oder *quand* und setze sie in eine vergangene Zeit, je nachdem, in welchem Zusammenhang sie stehen.

exemple: *nous / être au cinéma – je / avoir mal à la tête* ▶
*Quand nous étions au cinéma, j'avais mal à la tête.*
oder: *Après que nous avions été au cinéma, j'avais mal à la tête.*

1. il / se changer – nous / aller au restaurant (*après que*)
2. André / raconter / une histoire de monstres / à Odile – elle / avoir peur (*quand*)
3. Rébecca / perdre au Monopoly – elle / commencer à pleurer (*après que*)
4. les parents / revenir – les amis des enfants / ne plus être là (*quand*)
5. Kévin / rentrer – sa mère / lui annoncer une bonne nouvelle (*quand*)
6. mon amie / faire la tête depuis des heures – je / rentrer chez moi (*après que*)
7. elle / être triste – son mari / perdre son alliance dans le train (*après que*)
8. Mona / entrer dans la cuisine – il y a / une épaisse fumée noire (*quand*)
9. je / découvrir beaucoup de vieilles photos – je / ranger le placard de ma tante (*quand*)
10. Max / manger toute la tarte – sa sœur / être fâché (*après que*)
11. Les Thaler / arriver à la frontière hongroise – ils / constater – ils / oublier les passeports (*quand*)

## 5. KAPITEL: *LES TEMPS* – die Zeiten

**51** **Setze die passenden Zeiten ein.** (*présent, imparfait, passé composé, plus-que-parfait*)

1. Ma sœur? Elle ………………………… (*partir*) pour Nantes il y a trois jours. Elle ………………………… (*habiter*) chez une vieille femme qui ………………………… (*s'appeler*) Courbet. Cette femme ………………………… (*être*) une amie de notre mère. Maman ………………………… (*la rencontrer*) il y a 30 ans. Elle ………………………… (*connaître*) aussi son mari qui ………………………… (*mourir*) l'année dernière.

2. Hier, Odile et Fabienne ………………………… (*aller*) dîner ensemble. Elles ………………………… (*choisir*) le restaurant que le père d'Odile ………………………… (*leur indiquer*). Elles ………………………… (*manger*) un repas excellent. Comme le propriétaire ………………………… (*fêter*) son anniversaire, on ………………………… (*servir*) du champagne pour tous les clients. Les filles ………………………… (*être*) très contentes.

3. Il y a une semaine, je ………………………… (*arriver*) chez Tarik et j(e) ………………………… (*apporter*) un sac avec des photos que j(e) ………………………… (*trouver*) au grenier. Après que nous ………………………… (*regarder*) toutes les photos, sa mère ………………………… (*nous inviter*) à l'accompagner au parc. Quand Tarik ………………………… (*descendre*) les escaliers, il ………………………… (*tomber*) et ………………………… (*se blesser*). Il ………………………… (*ne plus pouvoir*) se lever. Nous ………………………… (*téléphoner*) à l'ambulance qui ………………………… (*venir*) très vite. On ………………………… (*l'emporter*) à l'hôpital. Moi, je ………………………… (*aller*) à la maison. Après quatre heures, Tarik ………………………… (*rentrer*) avec son père. On ………………………… (*lui faire*) un plâtre parce qu'il ………………………… (*se casser*) la jambe.

4. Ma grand-mère ………………………… (*raconter*): A deux heures du matin, on ………………………… (*sonner*). Je ………………………… (*se dire*): «Mais qui ………………………… (*sonner*) à cette heure-là?» Comme je ………………………… (*vouloir*) connaître la réponse et grand-père ………………………… (*dormir*) comme une marmotte, je ………………………… (*se lever*) et j(e) ………………………… (*ouvrir*) la porte. J(e) ………………………… (*découvrir*) un grand paquet, mais je ………………………… (*ne pas l'ouvrir*) tout de suite. Le paquet ………………………… (*être*) tout en rose et quelqu'un ………………………… (*dessiner*) un gros cœur dessus. Après que j(e) ………………………… (*réfléchir*) quelques instants, une voix derrière moi ………………………… (*dire*): Je te souhaite un très bel anniversaire de marriage. Grand-père ………………………… (*m'acheter*) un sac merveilleux. Et dans ce sac, ………………………… (*il y avoir*) une bague. Et d'ailleurs, c(e) ………………………… (*être*) notre voisin qui ………………………… (*mettre*) le paquet devant la porte.

## 5. KAPITEL: LES TEMPS – die Zeiten

5. Hier, Paolo ................... (rendre visite) à son ami Max qui ................... (avoir) quatre sœurs. Quand Paolo ................... (arriver) chez lui, la mère de Max ................... (dire) à ses filles pendant qu'elle ................... (ranger) la cuisine: «Vous ................... (finir) vos devoirs? Nous ................... (partir) dans quinze minutes! Nicole, tu ................... (préparer) les sandwichs? Rébecca, ................... (se coiffer)? Bernadette, pourquoi tu ................... (tu ne pas encore nettoyer) tes chaussures? Catherine, tu ................... (prendre) les clés que j(e) ................... (mettre) sur cette chaise? Où ................... (être) Papa? Il ................... (sortir) le chien? Quand est-ce qu'il ................... (partir – futur) exactement?» Pendant qu'elle ................... (poser) mille questions, les filles ................... (regarder) un feuilleton à la télé et ................... (faire) la sourde oreille. Max ................... (sourire) tout le temps et puis il ................... (me dire): Nous ................... (se comporter) comme une des familles à la télé, n'est-ce pas?

6. Carole ................... (rencontrer) Christophe sur Internet. Après deux mois, elle ................... (avoir) l'impression de bien le connaître et elle lui ................... (téléphoner). Il lui ................... (dire) de l'attendre le lendemain, exactement au centre sous la Tour Eiffel. Pour cette occasion, Carole ................... (s'acheter) une robe. Elle ................... (demander) à sa copine Patricia ce qu'elle en ................... (penser). Comme la robe ................... (ne pas plaire) à Patricia, Carole ................... (annuler) le rendez-vous !

7. Hier, quand j(e) ................... (donner) à manger à Framboise, elle ................... (me mordre)! Après, elle ................... (vouloir) sortir de sa cage alors, j(e) ................... (laisser) la porte ouverte. Elle ................... (sortir) de sa cage. Comme je ................... (revenir) du marché, elle ................... (monter) dans mon panier et ................... (manger) ma salade et les carottes que je ................... (acheter).

# 5. KAPITEL: *LES TEMPS* – die Zeiten

8. Suzanne .................. (*devoir*) passer ses vacances dans un petit village parce que son père .................. (*souffrir*) de rhumatismes. Il .................. (*passer*) toute la journée à la piscine thermale pendant que Suzanne et sa mère .................. (*faire*) des promenades et .................. (*se coucher*) tôt. Mais après trois jours, elle .................. (*découvrir*) un cybercafé et comme ça, elle .................. (*ne plus s'ennuyer*).

9. Quand Marion .................. (*être*) petite, elle .................. (*jouer*) souvent à l'élastique. Elle .................. (*attacher*) son élastique entre deux arbres. Un jour, le facteur .................. (*arriver*) très vite en vélo et .................. (*ne pas voir*) l'élastique. Marion .................. (*ne pas avoir*) le temps de le prévenir. Il .................. (*foncer*) dedans et il .................. (*tomber*). Il .................. (*courir*) après Marion qui .................. (*s'enfuir*), mais il lui .................. (*juste demander*) de ne plus recommencer.

10. Quand Sophie .................. (*rentrer*) du bureau, elle .................. (*avoir*) envie de passer une soirée tranquille et agréable. La journée .................. (*être*) un cauchemar. Le patron lui .................. (*dire*) qu'il .................. (*vouloir*) renvoyer la collègue de Sophie parce qu'il .................. (*penser*) qu'elle .................. (*pouvoir*) faire tout le travail seule. Mais Sophie .................. (*se sentir*) déjà surchargée malgré sa collègue. Elle .................. (*penser*) aux journées de travail encore plus lourdes quand la concierge lui .................. (*adresser*) la parole. Elle lui .................. (*dire*) que quelqu'un .................. (*entrer*) dans son appartement par la fenêtre et .................. (*laisser*) tout dans un désordre complet. Mais la concierge lui .................. (*donner*) aussi la lettre d'un avocat. Sophie .................. (*ne pas vouloir*) l'ouvrir pour ne pas augmenter son malheur. Elle l'.................. (*ouvrir*) quand même après deux minutes et elle .................. (*ne pas pouvoir*) croire ce qu'elle .................. (*lire*). Sa tante riche d'Amérique .................. (*mourir*) et lui .................. (*laisser*) une fortune. Sophie .................. (*embrasser*) la concierge et elle .................. (*sauter*) de joie. Sophie .................. (*partir*) tout de suite en direction de l'aéroport. La concierge .................. (*ne plus rien comprendre*).

## 5. KAPITEL: *LES TEMPS* – die Zeiten

## (J) *LE FUTUR* – DIE ZUKUNFT (FUTUR)

### (1) *FUTUR COMPOSÉ (FUTUR PROCHE)* = „ZUSAMMENGESETZTE ZUKUNFT"

Das *futur composé* besteht aus der **Personalform** von *aller* + **Nennform** (*l'infinitif*)

　　　　　　　　　　　　　　　　　je vais　　　expliquer
　　　　　　　　　　　　　　　　　tu vas　　　 comprendre

### (2) *FUTUR SIMPLE* = „EINFACHE" (D. H. EINTEILIGE) ZUKUNFT

- **Bildung des *futur simple***

  Man braucht dazu die **Nennformen** der Verben: *parler, finir, dir(e), prendr(e)* etc.
  (Falls sie auf *-e* enden, lässt man es weg!)

  An die **Nennform** hängt man die Formen von *avoir* im *présent* an (jedoch ohne *-av*).
  (d. h. ***ai, as, a, (av)ons, (av)ez, ont***)

|      | parler     | finir    | dir(e) |
|------|-----------|----------|--------|
| je   | parler-ai | finir-ai | dir-ai |
| tu   | parler-as | finiras  | diras  |
| il   | parler-a  | finira   | dira   |
| nous | parler-ons| finirons | dirons |
| vous | parler-ez | finirez  | direz  |
| ils  | parler-ont| finiront | diront |

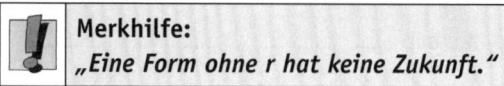 **Merkhilfe:**
„Eine Form ohne r hat keine Zukunft."

- **Unregelmäßige Futurformen**

| | | „Eselsbrücken": |
|---|---|---|
| *être* (sein) | *je serai* | |
| *avoir* (haben) | *j'aurai* | er hat eine gute „Aura" |
| *aller* (gehen) | *j'irai* | wie ein Irrer wird er herumgehen |
| *envoyer* (schicken) | *j'enverrai* | |
| *courir* (laufen) | *je courrai* | présent: je cours |
| *mourir* (sterben) | *je mourrai* | |
| *tenir* (halten) | *je tiendrai* | présent: je tiens |
| *venir* (kommen) | *je viendrai* | présent: je viens |
| *faire* (machen) | *je ferai* | |
| *devoir* (müssen) | *je devrai* | |
| *falloir* (nötig sein) | *il faudra* | présent: il faut |
| *pleuvoir* (regnen) | *il pleuvra* | |
| *pouvoir* (können) | *je pourrai* | |
| *savoir* (wissen) | *je saurai* | vgl. j'aurai |
| *voir* (sehen) | *je verrai* | Vera verra – Vera wird sehen |
| *vouloir* (wollen) | *je voudrai* | |

- **„Feinheiten" in der Futur-Bildung**
  - ***acheter, jeter, appeler*** etc.

    Bei diesen Verben verwendet man im Prinzip nicht den Infinitiv zur Bildung der Zukunft, sondern **den Präsensstamm**. Und bei diesem kommt es ja zu leichten **Änderungen in der Schreibweise, wenn die Form stammbetont ist** (d. h., wenn man die Endung nicht hört!)

    | acheter | ▶ | j'achète | j'achèterai | (accent grave!) |
    | jeter | ▶ | je jette | je jetterai | (Verdoppelung des |
    | appeler | ▶ | j'appelle | j'appellerai | Konsonanten) |

  - **y** wird **vor einem stummen -e** zu *-i-* bei Verben, deren Infinitiv auf *-yer* endet:
    *nettoyer　je nettoierai*

  - Wenn sie auf ***-ayer*** enden, können sie das **y** behalten, wenn sie wollen:
    *payer　▶　je payerai* oder *je paierai*

## 5. KAPITEL: *LES TEMPS* – die Zeiten

### 52 Finde die richtigen Futur-Formen.

1. tu promets .................................................... nous ....................................................
2. nous allons .................................................. il ........................................................
3. ils partent .................................................... tu ......................................................
4. je choisis .................................................... nous ..................................................
5. vous dites .................................................... nous ..................................................
6. ils boivent .................................................... on ....................................................
7. je veux ........................................................ nous ..................................................
8. je dois ........................................................ vous ..................................................
9. tu tiens ...................................................... je ......................................................
10. nous venons ................................................ il ......................................................
11. ils pensent .................................................. je ......................................................
12. elles lisent .................................................. je ......................................................
13. tu te moques ................................................ il ......................................................
14. je paie ........................................................ nous ..................................................

### 53 Beantworte die Fragen mit der jeweils verlangten Futurform (*futur simple* = *f. s.*; *futur composé* = *f. c.*) und ersetze die fetten Wörter durch Objektvertreter!

exemple: *Ta mère lit **ces livres**?* (f. c.; f. s.) – ▶ *Oui, elle va les lire ... elle les lira ...*

1. Hisako fait **ses études** à Paris? (f. s.) – Oui, elle ....................................................
2. Vous prenez **l'avion**? (f. c.) – Oui, nous ....................................................
3. On regarde **le match de boxe** ce soir? (f. c.) – Non, on ....................................................
4. Tu prêtes tes CD **aux enfants**? (f. s.) – Oui, je ....................................................
5. Nous ratons **le bus**? (f. s.) – Non, nous ....................................................
6. Tu manges **ces endives**? (f. c.) – Oui, je ....................................................
7. Tu dis la vérité **à ton amie**? (f. s.) – Oui, je ....................................................
8. Elle confie le secret **à son amie**? (f. s.) – Non, elle ....................................................
9. Vous rendez **le vélo** à votre cousine? (f. c.) – Oui, nous ....................................................
10. Tu regardes **la météo** ce soir? (f. c.) – Oui, je ....................................................
11. Tes parents vont comprendre **si tu les laisses seuls à Noël**? (f. s.) – Oui, ils ....................................................
................................................................................................................................

## 5. KAPITEL: *LES TEMPS* – die Zeiten

**54** Übersetze. (*présent, futur*)

1. du wirst sehen, er wird geben, wir werden sein, sie werden haben, er wird lachen

   ......................................................................................................................................................

2. ihr werdet laufen, Sie werden bringen, ich werde anrufen, du wirst fallen

   ......................................................................................................................................................

3. er wird sagen, ihr sagt, sie werden denken, er wird wissen, ich werde warten, wir warten

   ......................................................................................................................................................

4. du wirst heißen, er wird anrufen, wir werden abreisen, sie gehen aus, Sie werden kommen

   ......................................................................................................................................................

5. er will, sie wird können, ich werde zurückkommen, wir haben, sie werden öffnen, er raucht

   ......................................................................................................................................................

6. ich trinke, sie werden essen, er macht, sie werden begleiten, du wirst glauben, ich weiß

   ......................................................................................................................................................

7. ich finde, er wird bedecken, sie werden fliegen, er stiehlt, ihr werdet sehen, du wirst wollen

   ......................................................................................................................................................

**55** Übersetze. (*futur, imparfait, plus-que-parfait, passé composé*)

1. ich stand auf, ich hatte gelacht, du wirst lachen, wir werden sein, wir waren

   ......................................................................................................................................................

2. sie hatten, ich habe gesucht, sie riefen, wir werden bleiben, du wirst anbieten

   ......................................................................................................................................................

3. sie wollte, wir werden spazieren gehen, du brachtest, er heißt, du hattest getrunken

   ......................................................................................................................................................

4. sie sprang, er wird schwimmen, sie hatte gewohnt, ihr werdet kaufen, sie hat gewusst

   ......................................................................................................................................................

5. ich las, wir hatten gelernt, sie waren hinaufgestiegen, du wirst schlafen, er hat überlegt

   ......................................................................................................................................................

6. wir wünschen, er hat bestellt, sie hatten reserviert, sie werden erzählen, ich habe hergestellt

   ......................................................................................................................................................

7. sie verstecken sich, er hatte gestohlen, wir bleiben stehen, sie werden sich entspannen

   ......................................................................................................................................................

## 5. KAPITEL: *LES TEMPS* – die Zeiten

**56** Was die Zukunft wohl so bringt? Setze die richtigen Formen ein.

1. Lundi prochain, il (*pleuvoir*) .................................. , il (*faire*) .................. froid et il (*avoir*) .................................. du brouillard. Il (*falloir*) .................. prendre un parapluie.

2. Demain, nous (*aller*) .................................. à l'université en bus parce que Marie (*avoir*) .................................. besoin de notre voiture. Elle (*devoir*) .................. aller voir sa mère à l'hôpital.

3. Ce soir, je (*passer*) .................................. par le pressing pour récupérer mes habits et ensuite, je te (*rejoindre*) .................................. à la piscine.

4. En été, la famille Thaler. (*partir*) .................................. pour l'Espagne. Les enfants (*être*) .................. contents. Ils (*s'amuser*) .................. à la plage, ils (*nager*) .................., ils (*construire*) .................. de grands châteaux de sable, ils (*faire*) .................. de la planche à voile et ils (*ne pas se disputer*) .................. . M. Thaler (*lire*) .................. plusieurs livres, il (*apprendre*) .................. l'espagnol et il (*boire*) .................. plusieurs bouteilles de vin rouge. Mme Thaler (*écrire*) .................. cent cartes postales, elle (*téléphoner*) .................. à toutes ses amies et elle (*manger*) .................. toutes les spécialités espagnoles. Elle (*prendre*) .................. au moins cinq kilos et c'est pourquoi elle (*acheter*) .................. plusieurs nouvelles robes. Seule la fille aînée (*ne pas être*) .................. heureuse. Elle (*s'ennuyer*) .................. avec les petits frères et sœurs, elle (*ne pas aimer*) .................. les repas espagnols et son petit ami (*lui manquer*) .................. terriblement. Il (*l'appeler*) .................. plusieurs fois par jour et elle (*compter*) .................. les jours jusqu'au départ. Le séjour (*coûter*) .................. une fortune, mais Mme Thaler (*pouvoir*) .................. raconter à ses amies qu'elle a passé des vacances superbes.

5. Clotilde dit à sa fille: Quand tu (*être*) .................. grande, tu (*comprendre*) .................. que la vie n'est pas toujours facile. Il (*falloir*) .................. se battre pour réussir. Tu (*devoir*) .................. faire plus d'efforts que les garçons pour avoir le même poste. Mais d'ici là, j'espère qu'on (*faire*) .................. plus confiance aux femmes que maintenant. Tu (*être*) .................. même peut-être Présidente de la République.

## 5. KAPITEL: *LES TEMPS* – die Zeiten

**57** Entscheide, welche Zeit verwendet werden muss. Möglich sind *présent, futur, passé composé, imparfait, plus-que-parfait.*

M. Belingue est rentré. Il (*saluer*) .................................................. sa femme sans la voir et (*lui demander*) .................................................. : Comment (*aller-tu*) .................................................. ? Comment est-ce que tu (*passer*) .................................................. ta journée? Est-ce que tu (*téléphoner*) .................................................. à ma mère? Tu (*lui dire déjà*) .................................................. ce que nous (*acheter*) .................................................. pour son anniversaire? Elle (*être*) .................................................. contente? Imagine. Après que j(e) (*quitter*) .................................................. la maison ce matin, Mme Bajalan (*m'appeler*) .................................................. et elle (*nous inviter*) .................................................. à passer le week-end chez eux. C'est-à-dire que nous (*partir*) .................................................. vendredi soir. Nous (*prendre*) .................................................. le train et les Bajalan (*aller nous chercher*) .................................................. à la gare de Deauville. Il y a deux ans, ils (*acheter*) .................................................. une maison de vacances à Trouville, c'(*être*) .................................................. un petit village près de Deauville. Un vieux marchand de vêtements (*la bâtir*) .................................................. dans les années 60. Mais après qu'il (*mourir*) .................................................. , sa femme (*ne plus en vouloir*) .................................................. . Les Bajalan (*l'acheter*) .................................................. et (*la rénover*) .................................................. complètement.

Ils (*avoir*) .................................................. pas mal de problèmes au début et ils (*dépenser*) .................................................. une fortune. Mais maintenant, on (*pouvoir*) .................................................. voir le résultat. Tu (*aimer*) .................................................. la maison, j'en (*être*) .................................................. sûr. Et les Bajalan te (*plaire*) .................................................. . La femme, elle (*parler*) .................................................. trop, mais lui, il (*être*) .................................................. vraiment sympa et attentif.

Pendant que M. Belingue (*parler*) .................................................. , il (*prendre*) .................................................. une bouteille de bière dans le frigo, il (*l'ouvrir*) .................................................. et il (*se mettre*) .................................................. dans le grand fauteuil au salon. Puis il (*allumer*) .................................................. la télé et il (*chercher*) .................................................. un programme. Quand il (*trouver*) .................................................. un match de football, il (*se taire*) .................................................. , il (*regarder*) .................................................. le match et (*boire*) .................................................. sa bière.

Comme ça, il (*ne pas remarquer*) .................................................. que sa femme (*ne pas être*) .................................................. à la maison. Elle (*partir*) .................................................. voir une amie dix minutes avant le retour de son mari.

# 5. KAPITEL: *LES TEMPS* – die Zeiten

## (K) *LE CONDITIONNEL* – DIE MÖGLICHKEITSFORM (KONJUNKTIV)

### (1) *LE CONDITIONNEL PRÉSENT (CONDITIONNEL I)*

Er entspricht dem, was im Deutschen der 2. Konjunktiv (der Gegenwart) ist! Dieser besteht aus

| Stamm der 2. Stammform (also des Präteritums) + Endung || | |
|---|---|---|---|
| **gehen** || **lachen\*** ||
| ich **ginge** | wir **gingen** | ich **lachte** | wir **lachten** |
| du **gingest** | ihr **ginget** | du **lachtest** | ihr **lachtet** |
| er **ginge** | sie **gingen** | er **lachte** | sie **lachten** |

\* Bei den schwachen Verben (lachen) sieht der 2. Konjunktiv wie die Mitvergangenheit aus!

- **Bildung des *conditionnel présent***
  
  **Stamm** wie *futur*, Endungen kommen vom *imparfait*!

  Anders gesagt: Man braucht dazu die **Nennformen** der Verben, zB *parler, finir, dir(e)*
  (Falls sie auf *-e* enden, lässt man es weg!)

  An diese Formen hängt man die *imparfait*-Endungen an, also *-ais, -ais, -ait, -ions, -iez, -aient*.

|  | *parler* | *finir* | *dir(e)* |
|---|---|---|---|
| *je* | parler**ais** | finir**ais** | dir**ais** |
| *tu* | parler**ais** | finir**ais** | dir**ais** |
| *il* | parler**ait** | finir**ait** | dir**ait** |
| *nous* | parler**ions** | finir**ions** | dir**ions** |
| *vous* | parler**iez** | finir**iez** | dir**iez** |
| *ils* | parler**aient** | finir**aient** | dir**aient** |

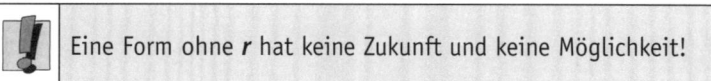 Eine Form ohne *r* hat keine Zukunft und keine Möglichkeit!

- **Unregelmäßige *Conditionnel*-Formen** (es sind dieselben Wörter wie im *futur*!):

|  |  | „Eselsbrücken": |
|---|---|---|
| *être* (sein) | *je serais* |  |
| *avoir* (haben) | *j'aurais* | er hat eine gute „Aura" |
| *aller* (gehen) | *j'irais* | wie ein Irrer wird er herumgehen |
| *envoyer* (schicken) | *j'enverrais* |  |
| *courir* (laufen) | *je courrais* | *présent: je cours* |
| *mourir* (sterben) | *je mourrais* |  |
| *tenir* (halten) | *je tiendrais* | *présent: je tiens* |
| *venir* (kommen) | *je viendrais* | *présent: je viens* |
| *faire* (machen) | *je ferais* |  |
| *devoir* (müssen) | *je devrais* |  |
| *falloir* (nötig sein) | *il faudrait* | *présent: il faut* |
| *pleuvoir* (regnen) | *il pleuvrait* |  |
| *pouvoir* (können) | *je pourrais* |  |
| *savoir* (wissen) | *je saurais* | vgl. *j'aurais* |
| *voir* (sehen) | *je verrais* | Vera verra – Vera wird sehen |
| *vouloir* (wollen) | *je voudrais* |  |

- **„Feinheiten" in der Bildung des *conditionnel* (vgl. ebenfalls *futur*)**

  - ***acheter, jeter, appeler* etc.**
  
    Zur Bildung der Zukunft wird der **Präsensstamm** verwendet. Und bei diesem kommt es zu leichten **Änderungen in der Schreibweise, wenn die Form stammbetont ist** (d. h., wenn man die Endung nicht hört!)

    | *acheter* | ► | *j'achète* | *j'achèterais* | (*accent grave*!) |
    | *jeter* | ► | *je jette* | *je jetterais* | (Verdoppelung des |
    | *appeler* | ► | *j'appelle* | *j'appellerais* | Konsonanten) |

  - ***y* wird vor einem stummen *-e* zu *-i-* bei Verben, dessen Infinitiv auf *-yer* endet:**

    *nettoyer* ► *je nettoierais*

    Wenn sie auf *-ayer* enden, können sie das *y* behalten, wenn sie wollen:

    *payer* ► *je payerais* oder *je paierais*

## 5. KAPITEL: *LES TEMPS* – die Zeiten

- **Die Verwendung des *conditionnel présent***

  - „*Je **pourrais** te poser une question?*" (Könnte ich dir eine Frage stellen?)
    Hier drückt das *conditionnel* **eine höfliche Bitte** aus.

  - „*Je **voudrais** (j'**aimerais**) te dire quelque chose*" (Ich würde dir gerne etwas sagen.)
    „*Je voudrais*" und „*j'aimerais*" drücken **persönliche Wünsche** aus und werden mit „gerne" übersetzt.

  - Der Satz „*Je t'**aiderais** ...*" (Ich würde dir helfen ...) beinhaltet hingegen einen **Vorschlag**.

  - Und „*Ça **devrait** aller*" (Das müsste gehen) zeigt, dass es sich um eine **Möglichkeit** handelt, die verwirklichbar ist.

  - „*Il **aurait** peur de cet examen?*" (Sollte er etwa Angst vor dieser Prüfung haben?) drückt eine **Vermutung** aus.

  - Verwendung des *conditionnel* bei den **Si-Sätzen:** ab Seite 77

### 58 Finde die richtigen *Conditionnel*-Formen:

1. je pars .................................................
2. nous vendons ......................................
3. je dois .................................................
4. il peut .................................................
5. je vais .................................................
6. nous tenons ........................................
7. elle rit .................................................
8. ils appellent ........................................
9. je m'amuse .........................................
10. nous disons .......................................
11. je suis ...............................................
12. il a ....................................................

13. vous choisissez .................................
14. tu prends .........................................
15. nous faisons ....................................
16. tu as eu ...........................................
17. vous êtes .........................................
18. tu es allé .........................................
19. nous faisons ....................................
20. tu chantais ......................................
21. il s'appelle .......................................
22. ils doivent .......................................
23. nous avons bu .................................
24. tu réagissais ....................................

### 59 Übersetze. (Immer *cond. présent*)

1. ich käme, ich könnte, ich wäre, du hättest, sie sänge, er gäbe
2. wir blieben, er wollte, er riefe an, sie müssten, Sie schrieben, er tränke, du fielst
3. ich schliefe, er machte, wir tanzten, sie würden lesen, du würdest denken, ich fände
4. du brächtest, wir liefen, sie gefielen, ich würde baden, sie würden verkaufen
5. er würde verbringen, ich würde kennen, sie würden sich erholen, du meintest
6. er würde springen, ihr würdet treffen, du würdest studieren, ich wüsste
7. sie würden kosten, ich begänne, du würdest bauen, er würde bezahlen
8. sie würde rauchen, er würde gehen, ihr würdet lernen, ich würde verstehen
9. du würdest vergessen, sie würden warten, es würde regnen, ich würde rufen

## 5. KAPITEL: *LES TEMPS* – die Zeiten

**60** Verschiedene Zeiten sind vorgegeben, bestimme sie und suche die passende *Conditionnel*-Form!

1. tu savais ..................................................
2. nous prenons ..........................................
3. il avait eu ...............................................
4. vous viendrez .........................................
5. il était ....................................................
6. je suis entrée .........................................
7. il faut ....................................................
8. tu étais arrivée .......................................
9. elle met .................................................
10. j'ai vécu ................................................
11. nous avons quitté ...................................
12. il avait cassé .........................................
13. elle est arrivée ......................................
14. vous portez ..........................................

15. j'aurai ..................................................
16. tu as vu ...............................................
17. il voudra ..............................................
18. vous faites ...........................................
19. j'avais pu .............................................
20. tu monteras .........................................
21. ils doivent ............................................
22. ils sont .................................................
23. nous allons ..........................................
24. tu as été ..............................................
25. il entrera ..............................................
26. tu écouterais ........................................
27. ils ont visité .........................................
28. ils discuteront ......................................

**61** Unterstreiche zuerst alle *Conditionnel*-Formen, bestimme danach auch alle anderen Zeiten und übersetze!

| | | | | |
|---|---|---|---|---|
| 1. je prendrais | tu verras | il sait | il savait | il saurait |
| 2. nous voyons | ils verraient | nous aurions | nous avions | nous ferons |
| 3. je croirai | il devra | on devrait | on devait | on devient |
| 4. nous finissons | nous finirons | nous finirions | je finissais | j'avais fini |
| 5. j'écrivais | tu pourras | ils entendent | vous savez | elle serait |
| 6. elles épouseraient | je décide | elle garderait | nous avons vu | je m'installe |
| 7. nous espérerons | tu salues | je montais | elle monterait | elle jouait |
| 8. ils s'entendent | elle a acheté | nous trouverons | tu avais pris | elles terminent |

## 5. KAPITEL: *LES TEMPS* – die Zeiten

### 62 Gute Tipps für all die anderen ...
### Setze die Infinitive in die richtige *Conditionnel*-Form!

1. Moi, je (*ne pas manger*) ................................................................................ de chocolat.

2. Nous, on (*ne pas inviter*) ................................................................................ les voisins.

3. Maman (*ne pas faire*) ................................................................................ de gâteau pour tous.

4. Il (*augmenter*) ................................................................................ les prix.

5. Notre chien (*ne pas aboyer*) ................................................................................ tout le temps.

6. Mes amies (*aller me voir*) ................................................................................ chaque jour.

7. Vous (*devoir lire*) ................................................................................ des meilleurs romans.

8. Je (*mettre*) ................................................................................ des lunettes de soleil.

9. Maman (*ne jamais payer*) ................................................................................ en carte de crédit.

10. Mémé (*ne jamais réserver*) ................................................................................ de voyage sur Internet.

11. Le patron (*embaucher*) ................................................................................ ce candidat aussitôt.

12. Il (*choisir*) ................................................................................ le russe.

13. Catherine lui (*expliquer*) ................................................................................ le symbolisme.

14. Nous (*pouvoir*) ................................................................................ nous voir tous les jours.

15. Vous (*ne pas faire*) ................................................................................ confiance à cette nourrice.

16. Vincent (*aimer*) ................................................................................ revoir sa prof d'anglais.

### 63 Übersetze.

1. Du solltest dich in die Klasse begeben! (*se rendre*)

2. Ihr solltet keine Pizza essen.

3. Könntest du mich am Nachmittag anrufen? (Intonation)

4. Ich würde ihn vergessen. (*oublier*)

5. Wir würden nicht mit diesen Typen ausgehen. (*sortir, le type*)

6. Ich würde die Grammatikregeln lernen. (*apprendre, la règle de grammaire*)

7. Meine Eltern würden nichts bei eBay kaufen. (*acheter, ne ... rien, sur eBay*)

8. Ich würde mir die Website von Amazon anschauen. (*regarder, le site*)

9. Sie würden von unserer Hilfe wirklich profitieren. (*profiter de, l'aide*)

10. Er würde mir nicht die Wahrheit sagen. (*dire, la vérité*)

11. An deiner Stelle wäre ich zufrieden. Ich würde nichts hinzufügen. (*à ta place, satisfait, ajouter*)

12. Ich käme rechtzeitig, aber du kannst machen, was du willst. (*venir, à temps*)

13. Bei diesen Preisen würden wir nicht zu diesem Konzert gehen. (*à ces prix-là, le concert*)

14. Ich wäre nicht gerne an deiner Stelle. (*à ta place*)

15. Meine Eltern würden jeden Tag ins Restaurant gehen.

# 5. KAPITEL: *LES TEMPS* – die Zeiten

## (2) *LE CONDITIONNEL PASSÉ (CONDITIONNEL II)*

Der (deutsche) **2. Konjunktiv der Vergangenheit** wird gebildet mit

| der **Personalform** von **haben/sein im 2. Konjunktiv** | + | **Mittelwort der Vergangenheit** (= Partizip Perfekt) |
|---|---|---|
| du | hättest | gegeben |
| ich | wäre | gegangen |

Im Französischen bildet man den *conditionnel passé* ebenso:

| **Personalform** von *avoir/être* im *cond. présent* | + | *participe passé* |
|---|---|---|
| tu | aurais | donné |
| je | serais | allé(e) |

| Zur Erinnerung: | j'**aurais** parlé | je **serais** allé(e) |
|---|---|---|
| | tu **aurais** parlé | tu **serais** allé(e) |
| | il **aurait** parlé | il **serait** allé |
| | nous **aurions** parlé | nous **serions** allé(e)s |
| | vous **auriez** parlé | vous **seriez** allé(e)(s) |
| | ils **auraient** parlé | ils **seraient** allés |

 Es sind immer **dieselben Verben**, die mit *être* (also hier mit *serais* etc.) **abgewandelt werden**!

**64** Gesucht sind die Formen des *conditionnel présent* und *passé*.
(Ausgangsformen: *présent, imparfait* oder *passé composé*)

| conditionnel présent | conditionnel passé |
|---|---|
| 1. je suis entrée .................... | .................... |
| 2. tu es .................... | .................... |
| 3. il a pris .................... | .................... |
| 4. tu venais .................... | .................... |
| 5. je me suis dit .................... | .................... |
| 6. elle a eu .................... | .................... |
| 7. nous faisons .................... | .................... |
| 8. vous vouliez .................... | .................... |
| 9. ils lisent .................... | .................... |
| 10. tu savais .................... | .................... |
| 11. je suis montée .................... | .................... |
| 12. je choisis .................... | .................... |
| 13. elles doivent .................... | .................... |
| 14. vous sortez .................... | .................... |
| 15. je rentre .................... | .................... |

## 5. KAPITEL: LES TEMPS – die Zeiten

### 65 Übersetze.

| 1. ich hätte gedacht | ich hatte gedacht | ich dachte | ich würde denken |
|---|---|---|---|
| 2. ich hatte | ich hatte gehabt | ich hätte gehabt | ich hätte |
| 3. sie käme | sie wäre gekommen | sie kam | sie wird kommen |
| 4. wir gingen | wir waren gegangen | wir gehen | wir wären gegangen |
| 5. du hast gelesen | du würdest lesen | du hättest gelesen | du liest |
| 6. wir müssten | wir hätten gemusst | wir mussten | wir werden müssen |
| 7. sie reisten ab (*ils*) | sie wären abgereist | sie waren abgereist | sie werden abreisen |
| 8. du wirst | du warst geworden | du würdest werden | du wärst geworden |
| 9. er kannte | er hätte gekannt | ich habe gekannt | ich würde kennen |
| 10. sie wäscht sich | sie würde sich waschen | sie wusch sich | sie hätte sich gewaschen |
| 11. wir stehen auf | er hätte beendet | wir haben gefunden | sie akzeptierten |
| 12. sie erzählte | sie werden eintreten | er repariert | Sie bereiteten zu |
| 13. wir arbeiten | sie blieb | er hatte getanzt | sie zogen weg |
| 14. sie hofften | sie hätte gezählt | sie brachte | du hättest dich gelangweilt |
| 15. ihr erwartet | sie stellt sich vor | ich werde bitten | wir hatten entdeckt |

## 5. KAPITEL: *LES TEMPS* – die Zeiten

### 66 Widerspruch … Bilde Sätze nach folgendem Muster.

exemple: *J'ai regardé le film «Caché».* ▶ *Je n'aurais pas regardé le film…*
*Je n'ai pas regardé le film «Caché».* ▶ *J'aurais regardé le film…*

1. Je n'ai pas aidé Valérie à faire son devoir. Toi, tu …
2. Nous n'avons pas appris les règles de grammaire. Vous, vous …
3. Théo a lu ce roman policier. Moi, je …
4. Nous nous sommes bien amusées chez Léon. Toi, tu …
5. On a reconnu Mme Silvère tout de suite. Lui, il …
6. Marlène voulait inviter Marco. Nous, nous …
7. Ils se sont dépêchés. Vous, vous …
8. Ils ont participé à un tour guidé. Toi, tu …
9. Hisako est rentrée au Japon. Son amie …
10. Nous avons décidé de ne pas partir. Vous, vous …
11. Nadine est montée à cheval. Ses sœurs …
12. Il a donné une gifle à son ami. Moi, je …
13. Les étudiants ont manifesté. Nous, on …
14. Des voyous ont tout cassé. Eux, ils …
15. Les policiers n'ont pas réagi. Moi, j'…

### 67 Bilde Sätze nach folgendem Muster. Ersetze aber diesmal die fett gedruckten Objekte durch ihre Vertreter. (Achtung: *accord*)

exemple: *Tu as demandé de l'argent à Céline?* ▶ *Moi, je ne lui aurais pas demandé d'argent.*

1. Il a passé un coup de fil **à ses amis**? Mon frère, il …
2. Ils ont fait **ce tour** ensemble? Nous, nous …
3. Tu n'es pas arrivée avant les autres? Ta sœur, elle …
4. Elle a proposé un séjour à trois **à ses parents**. Moi, je …
5. Les acteurs ont joué **cette pièce** seulement une fois. Nous, on …
6. Max ne s'est pas lavé **les mains** avant le dîner? Moi, je …
7. Elle n'a pas trouvé **la solution**. Vous, vous …
8. Ils ont inventé des excuses pour justifier leur absence. Vous, vous …
9. Stéphane n'a pas su changer **sa roue**. Sa copine, elle …
10. Les voyageurs n'ont pas osé monter dans l'avion. Mes parents, ils …
11. J'ai oublié de fermer **la porte** à clé. Julie, elle …
12. Vous avez envoyé votre courrier en recommandé. Nous, nous …
13. J'ai résilié **mon abonnement** au bout d'un an. Mathieu, il …
14. Nicole n'a pas encore pris de vacances. Moi, j'…
15. Hervé a raté **son examen**. Delphine, elle …
16. Les conducteurs de train ont fait la grève. Nous, nous …
17. Céline a épousé un milliardaire. Toi, tu …

## 5. KAPITEL: *LES TEMPS* – die Zeiten

# (L) ÜBERBLICK FRANZÖSISCH

| EINTEILIG | | ZWEITEILIG | |
|---|---|---|---|
| *présent* | | *passé composé* | |
| Stamm + | -e, -es, -e<br>-ons, -ez, -ent<br>-s, -s, -t(d) | ai/as/a<br>avons/avez/ont<br>suis/es/est<br>sommes/êtes/sont | **+ participe passé** |
| j'ai, tu as, il a,<br>ns avons, vs avez, ils ont<br>je suis, tu es, il est,<br>ns sommes, vs êtes, ils sont | | j'ai eu<br>j'ai été<br>je suis allé(e) | |
| *imparfait* | | *plus-que-parfait* | |
| Stamm<br>(1. P. Pl. +<br>*présent*) | -ais, -ais, -ait<br>-ions, -iez, -aient | avais/avais/avait<br>avions/aviez/avaient<br>étais/étais/était<br>étions/étiez/étaient | **+ participe passé** |
| j'avais<br>j'étais<br>j'allais | | j'avais eu<br>j'avais été<br>je suis allé(e) | |
| *futur* | | | |
| Stamm<br>(Infinitif) + | -ai, -as, -a<br>-ons, -ez, -ont | | |
| **Eine Form ohne *r* hat keine Zukunft!** | | | |
| j'aurai<br>je serai<br>j'irai<br>j'enverrai, je courrai, je viendrai<br>je tiendrai, je mourrai, je ferai<br>je devrai, je pourrai, je saurai<br>il faudra, il pleuvra, je verrai, je voudrai | | | |
| *conditionnel présent* | | *conditionnel passé* | |
| Stamm<br>(Infinitif) + | -ais, -ais, -ait<br>-ions, -iez, -aient | aurais/aurais/aurait<br>aurions/auriez/auraient<br>serais/serais/serait<br>serions/seriez/seraient | **+ participe passé** |
| j'aurais<br>je serais<br>j'irais<br>andere Ausnahmen: siehe Futur | | j'aurais eu<br>j'aurais eté<br>je serais allé(e) | |
| **Eine Form ohne *r* hat keine Zukunft … und keine Möglichkeit!** | | | |

## 5. KAPITEL: *LES TEMPS* – die Zeiten

# (M) ÜBERBLICK DEUTSCH

Stammformen:   gehen   ging   gegangen
              (Infinitiv)   (Präteritum)   (Mittelwort der Vergangenheit = Partizip Perfekt)

| EINTEILIG | ZWEITEILIG |
|---|---|
| **Gegenwart (Präsens)** | **Vergangenheit (Perfekt)** |
| Stamm<br>(Inf.) + -e, -st, -t, -en, -t, -en | habe/hast/hat<br>haben/habt/haben + Mittelwort der Vergangenheit<br>bin/bist/ist       (3. Stammform)<br>sind/seid/sind |
| ich habe, du hast, er hat etc.<br>ich bin, du bist, er ist etc.<br>ich lache, du lachst, er lacht etc. | ich habe gehabt, ich bin gewesen<br>ich habe gelacht, ich bin gegangen |
| **Mitvergangenheit (Präteritum)** | **Vorvergangenheit (Plusquamperfekt)** |
| 2. Stammform + -, -st, –, -en, -t, -en | hatte/hattest/hatte<br>hatten/hattet/hatten + Mittelwort der Vergangenheit<br>war/warst/war       (3. Stammform)<br>waren/wart/waren |
| ich hatte, ich war<br>ich ging, ich lachte | ich hatte gehabt, ich war gewesen<br>ich war gegangen, ich hatte gelacht |
|  | **Zukunft (Futur)** |
|  | werde/wirst/wird<br>werden/werdet/werden + Infinitiv |
|  | ich werde haben, ich werde sein<br>ich werde gehen, ich werde lachen |
| **Möglichkeitsform**<br>**Konjunktiv 2 (der Gegenwart)** | **Möglichkeitsform**<br>**Konjunktiv 2 (der Vergangenheit)** |
| 2. Stammform + -e, -est, -e, -en, -et, -en | hätte/hättest/hätte<br>hätten/hättet/hätten + Mittelwort der Vergangenheit<br>wäre/wärst/wäre       (3. Stammform)<br>wären/wärt/wären |
| ich hätte, ich wäre<br>ich ginge, ich lachte | ich hätte gehabt, ich wäre gewesen<br>ich wäre gegangen, ich hätte gelacht |

### 68 Übersetze.

1. ich hatte / ich habe gehabt / du hättest / er hatte gehabt / wir haben / Sie werden haben

2. du hast geschlafen / er schlief / du würdest schlafen / sie hätte geschlafen / schlaft!

3. er war / du wärst / ich wäre gewesen / wir werden sein / sie ist gewesen

4. sie wüssten / sie wussten / Sie haben gewusst / ich hätte gewusst / du wirst wissen

5. man wird sehen / sie sah / wir würden sehen / ihr habt gesehen / sie hatten gesehen

6. ich hätte gewollt / sie wollte / sie wollen / Sie würden wollen / er hat gewollt

7. ich ging / sie ist gegangen / er ginge / wir waren gegangen / du wirst gehen

8. er stand auf / sie ist aufgestanden / sie wäre aufgestanden / wir waren aufgestanden / steh auf!

9. ihr macht / ich werde machen / wir würden machen / du hattest gemacht / er hätte gemacht

10. ich könnte / sie konnte / wir können / wir haben gekonnt / Sie hätten gekonnt

11. wir werden geben / du gibst / er gäbe / sie hätte gegeben / wir haben gegeben / ich gab

## 5. KAPITEL: LES TEMPS – die Zeiten

**69** Setze folgende Verben in die verlangten Zeiten.

|  | *futur* | *cond. passé* | *passé composé* | *imparfait* |
|---|---|---|---|---|
| 1. partir (il) | | | | |
| 2. mourir (il) | | | | |
| 3. devoir (ils) | | | | |
| 4. prendre (je) | | | | |
| 5. se lever (je) | | | | |
| 6. avoir (tu) | | | | |
| 7. voir (ils) | | | | |
| 8. savoir (je) | | | | |
| 9. réussir (tu) | | | | |
| 10. dire (elle) | | | | |
| 11. tenir (ils) | | | | |
| 12. s'appeler (elle) | | | | |
| 13. manger (tu) | | | | |
| 14. faire (ils) | | | | |
| 15. être (je) | | | | |
| 16. aller (elle) | | | | |
| 17. rire (nous) | | | | |

**70** Noch eine Zeit-Übung ... Übersetze. (Alle *vous* mit „ihr".)

1. tu prendrais, il a vu, il aurait voulu, tu étais allé, nous sommes partis, ils sont
2. on avait su, je voulais, je voudrais, nous sommes, elle verrait, ils verraient, j'ai bu
3. nous aurions fait, elle avait nagé, tu t'es amusé, elle aime, elle avait aimé, nous buvons
4. ils sont descendus, ils ont descendu, je ris, tu suis, je suis, nous avions expliqué, elle avait
5. nous riions, vous riez, je lisais, vous avez lu, elles commandent, nous visiterons, il pleut
6. il faut, il fallait, vous discuteriez, ils étaient tombés, je suis monté, j'ai monté, nous avions
7. vous aviez perdu, vous êtes arrivés, je saute, tu as marché, ils cherchent, ils iront
8. vous avez préféré vous aviez osé, je montre, nous entrons, nous entrerons, nous entrerions
9. tu as quitté, tu t'es relaxé, ils se sont mis, ils ont mis, nous tenons, ils ont raté, il offre
10. vous appellerez, vous vous appelez, ils auraient téléphoné, je me serais approché, elle trouve
11. ils freinent, nous habitions, tu pourrais, elle avait dormi, elle s'était couchée, je sauve
12. il aurait traversé, ils étaient partis, tu partirais, je montrerai, je montrerais, tu as suivi
13. elle avait aidé, elles inviteraient, tu attends, tu apprenais, vous vous entendiez

## 5. KAPITEL: *LES TEMPS* – die Zeiten

**71** Setze die folgenden Sätze
   a) **in alle Zeiten** (*imparfait, futur simple, cond. présent, passé composé, plus-que-parfait, cond. passé*),
   b) **verneine sie in allen Zeiten und**
   c) **ersetze dabei etwaige Objekte durch ihre Vertreter.**

1. Elle répond **au professeur**.
2. Ses chaussures font du bruit sur les pavés.
3. J'adore marcher **dans les villes**.
4. Il connaît **ses résultats**.
5. Cette pièce plaît **aux spectateurs**.
6. Nous allons **à Paris** en été.
7. Je dois rester **dans ma chambre**.
8. J'achète **des roses à mes tantes**.
9. Ils nagent dans le lac.
10. Tu me dis au revoir.
11. Vous pouvez limiter **les dépenses**.
12. Ça prend du temps.
13. Il propose **à son amie** de jouer du piano avec lui.
14. Il me faut de l'argent.
15. L'ordinateur facilite **ma vie**.
16. Il aime avoir raison.
17. Nous mettons **les assiettes** dans le placard.
18. Elle ouvre **l'enveloppe**.
19. Vous admirez **les créations de Christian Lacroix**.
20. J'envoie une lettre **à Ali**.
21. Jeanne porte **son jean serré**.
22. Tu invites **tes amis au cinéma**.
23. Nous aidons **Ingrid** à déménager.
24. Fred occupe **les WC**.
25. Muriel s'occupe de mes enfants.
26. Mes filles dorment **avec leurs amies** dans une tente.
27. Vous jouez **au tennis**.
28. Tu prends **le bain**.
29. Elle fait **les courses**.
30. Nous souhaitons un bon anniversaire **à Oscar**.
31. L'entreprise licencie **ses employés**.
32. Ils sourient **aux jeunes filles**.
33. Elle adore **les macarons**.
34. Vous réservez **un voyage** sur Internet.
35. Je pense **à mon examen**.
36. Tu penses **à ton ami**.
37. Elles attrapent **la grippe**.
38. Nous nous promenons souvent avec **notre grand-mère**.

## 5. KAPITEL: *LES TEMPS* – die Zeiten

39. Ils entrent **à l'université**.
40. Tu attends **le retour de ta mère**.
41. Ils appellent **leurs amis** à midi.
42. Je téléphone **à mes amis** le matin.
43. Vous ratez **l'examen**.
44. Vous manquez **le train** souvent.
45. Je lis une histoire d'enfant **à mon cousin**.
46. Elles aiment porter **des pulls serrés**.
47. Elle nage **à la piscine**.
48. Maman permet **à Xénie** de sortir le soir.
49. Tu casses **les lunettes de ton frère**.
50. Ils prennent **l'avion pour Paris**.
51. Ils parlent **de leur beau voyage aux Etats-Unis**.
52. Nous aidons **la vieille dame** à traverser la rue.
53. Je suis **le cours de français** à la maison de la culture.
54. Il nous offre **un verre de vin**.
55. Bernadette apprend **le russe**.
56. Son livre vous plaît bien.
57. Maman se lève vers huit heures.
58. Je promets **aux enfants** de rester à la maison.
59. Yvonne finit **ses études à Madrid**.
60. Elles s'amusent chez lui.
61. Ils tiennent leur promesse.
62. Elisa écrit un roman policier.
63. Vous choisissez **ce voyage**.
64. Rébecca sait déjà lire.
65. Vous voulez rentrer.
66. Nous avons faim.
67. Tu es mon meilleur ami.
68. Ils boivent trop **de bière**.
69. Je mange quatre **croissants**.
70. Je tombe amoureux.
71. Tu me manques.
72. Elle quitte **son ami**.
73. Elle marche sur un crabe.
74. Il pleut.
75. Nous lui expliquons **la grammaire**.
76. Elle se lève tôt.
77. Je m'ennuie chez lui.
78. Les vacances se terminent.
79. Elle nous montre **sa maison**.
80. Je ne veux plus.

## 5. KAPITEL: *LES TEMPS* – die Zeiten

### 72 Übersetze.

1. Wir hatten Glück. ................................
2. Wir werden sehen. (*f. s.*) ................................
3. Wann bist du weggegangen? (*est-ce que*) ................................
4. Wer hat angerufen? ................................
5. Wo wollen Sie aussteigen? (*est-ce que*) ................................
6. Ich hatte sie nicht getroffen. ................................
7. Ich hätte es ihm erzählt. ................................
8. Ich werde mich nicht anpassen. ................................
9. Würdest du ihr schreiben? (Int.) ................................
10. Wir waren unglücklich. ................................
11. Sie hätten sich am Sonntag getroffen. ................................
12. Lesen Sie nie Zeitungen? (Int.) ................................
13. Du hast dich dort gelangweilt? ................................
14. Warum wollte er dich sprechen? (*est-ce que*) ................................
15. Wohin sollte ich gehen? (Inv.) ................................
16. Du musst dich um ihn kümmern. ................................
17. Das hat nicht funktioniert. ................................
18. Ich würde das Fenster öffnen. ................................
19. Du könntest zu mir kommen. ................................
20. Ich hätte es nicht getan. ................................
21. Er käme am Abend. ................................
22. Sie war hingefallen. ................................
23. Wir schwammen oft im See. ................................
24. Er hat Computer gespielt. ................................
25. Ich würde das Auto verkaufen. ................................
26. Wir teilen alles. ................................
27. Ihm wird der Film gefallen. ................................
28. Ich wüsste gerne, wo du dich befindest. ................................
29. Er hat sie angelächelt. ................................
30. Sie wird mir die Geschichte erzählen. ................................
31. Er hätte unser Freund sein können. ................................

**5. KAPITEL: *LES TEMPS* – die Zeiten**

## 73 Übersetze.

1. Il avait fait fortune.
2. Nous en avons assez.
3. Il se cacherait tout de suite.
4. On se verra demain.
5. Qu'est-ce qu'il est devenu?
6. Je ferais autre chose.
7. On n'aura pas le temps de sortir.
8. Avec toi, j'irais jusqu'au bout du monde.
9. Elle était toujours stressée.
10. Nous ne nous sommes pas bien préparés.
11. Nous avons monté le piano.
12. Le chat est monté sur le piano.
13. Ça te faisait du bien?
14. Elle aurait cherché un homme cultivé.
15. Notre conversation ne menait à rien.
16. Il ne me comprendra jamais.
17. Rien ne va plus.
18. Nous y gagnerions assez d'argent.
19. Si j'avais su!
20. Tu aurais pu nous demander.
21. Ça lui plaisait bien.
22. Il n'aurait pas voulu les inviter.
23. Tu t'es rendu compte?
24. J'avais horreur de ça.
25. J'adore ça.
26. Il dit qu'il était nul en piano.
27. Le monde ne s'est pas fait en un jour.
28. Ne faites pas cette tête-là.
29. On dit qu'il aurait perdu tout.
30. Ils nous en veulent.
31. Je faisais la sourde oreille.
32. Elle a perdu son MP3.
33. Nous avions repéré un coin tranquille.
34. Les filles regardaient les garçons bronzés.
35. Tu pousses un peu! (pousser = exagérer)
36. Nathan voudrait un nouveau DVD.
37. Vous auriez dû attendre.
38. Céline a appelé.
39. Le livreur sonnera certainement.

## 5. KAPITEL: *LES TEMPS* – die Zeiten

# (N) *LA PROPOSITION CONDITIONNELLE* – DAS BEDINGUNGSGEFÜGE („DIE SI-SÄTZE")

## (1) DAS REALE BEDINGUNGSGEFÜGE („HYPOTHESE FÜR DIE ZUKUNFT")

Grundidee: „Wenn das oder das so ist, wird das oder das passieren."

| Si-Satz | Hauptsatz |
|---|---|
| *présent* | *futur simple* |
| Si **tu arrives** à temps, | **nous mangerons** ensemble. |
| Wenn (falls) du rechtzeitig **kommst**, | **werden** wir gemeinsam **essen**. |

## (2) DAS IRREALE BEDINGUNGSGEFÜGE IN DER GEGENWART („HYPOTHESE FÜR DIE GEGENWART")

Grundidee: „Noch ist es möglich, aber durchaus nicht sicher."
Hier stellt man sich etwas vor, was (noch) nicht ist. Die Aussage dieser *Si*-Sätze ist zwar unwirklich (irreal), aber noch **könnte** sie verwirklicht werden, **wenn** bestimmte Umstände einträten!

| Si-Satz | Hauptsatz |
|---|---|
| *imparfait* | *conditionnel présent* |
| Si **tu arrivais** à temps, | **nous mangerions** ensemble. |
| Wenn (falls) du rechtzeitig **kämst**, | **würden** wir gemeinsam **essen**. |

## (3) DAS IRREALE BEDINGUNGSGEFÜGE IN DER VERGANGENHEIT („HYPOTHESE FÜR DIE VERGANGENHEIT")

Grundidee: „Nun ist alles zu spät – aber es hätte doch gewesen sein können ..."

| Si-Satz | Hauptsatz |
|---|---|
| *plus-que-parfait* | *conditionnel passé* |
| Si **tu étais arrivé(e)** à temps, | **nous aurions mangé** ensemble. |
| Wenn du rechtzeitig **gekommen wärst**, | **hätten** wir gemeinsam **gegessen**. |

*Les si n'aiment pas les -rais*! Daher: *imparfait*
Der Si-Satz mag keine Möglichkeitsform! Im Deutschen schon! Das heißt, du musst die deutsche Verbform vergessen, sobald du herausgefunden hast, um welchen Fall es sich handelt!

| Si-Satz | Hauptsatz |
|---|---|
| (1) *présent* | *futur simple* |
| (2) *imparfait* | *conditionnel présent* |
| (3) *plus-que-parfait* | *conditionnel passé* |

## (4) FEINHEITEN ZUM THEMA *SI*

- Um eine „**Allgemeingültigkeit**" auszudrücken, verwendet man *si + présent / présent*.
  *Si **je bois** trop, **j'ai** mal à la tête.* Wenn ich zu viel trinke, habe ich Kopfschmerzen.
- Um eine **Empfehlung** auszudrücken, verwendet man *si + présent / impératif*.
  *Si **tu as peur**, appelle-moi!* Wenn du Angst hast, ruf mich an!
- Verwechsle das *si* = **wenn/falls** nicht mit dem *si* = **ob** der indirekten Rede! Hier kann natürlich auch die Zukunft stehen!
  *Il me demande **si** je l'aiderai.* Er fragt mich, ob ich ihm helfen werde.

## (5) *SI* ODER *QUAND*?

| *quand + présent* = wenn (immer wenn) | *Quand il me voit, il me sourit.* |
|---|---|
| *quand + imparfait* = wenn (immer wenn) | *Quand il me voyait, il me souriait.* |
| *quand + futur* = dann wenn (Sicherheit) | *Quand je finirai ce travail, je boirai du champagne.* |
| *quand + passé comp.* = als | *Quand il est entré, tout le monde l'a regardé.* |
| *si + présent* = wenn/falls (Hypothese) | *S'il me demande, je lui dirai tout.* |

## 5. KAPITEL: *LES TEMPS* – die Zeiten

### 74 *Si* oder *quand*?

1. .................................... il est rentré chez lui, ses enfants étaient en train de faire la fête avec des amis.
2. .................................... ma mère invitait des amis, elle était très nerveuse.
3. .................................... notre tante Christine arrivera, nous lui chanterons une chanson.
4. .................................... tu sais la réponse, dis-la!
5. .................................... vous mangez autant de croissants, vous aurez mal au cœur.
6. .................................... elle attend ses enfants devant l'école, elle parle avec les autres mères.
7. .................................... tu me mens, je serai déçu.
8. .................................... il y a un orage, vous retournez tout de suite dans la maison.
9. .................................... il sera en retraite, il fera beaucoup de voyages avec sa femme.
10. .................................... vous partez, fermez la porte à clé!
11. .................................... elle parle de nouveau de ses maladies, je m'enfuirai.
12. .................................... nous entendons un saxophone, nous savons que Jules est à la maison.
13. .................................... tu demandes de l'argent à Papa, il t'en donnera.
14. .................................... les enfants étaient à l'école, Béatrice écrivait ses livres.
15. .................................... tu as raison, ça sera une catastrophe.
16. .................................... elle aura 7 ans, elle ira au Conservatoire.
17. .................................... vous en avez envie, prenez une douche!
18. .................................... ma voiture disparaissait, je serais très fâchée.
19. .................................... tu lui dis la vérité, il te pardonnera.
20. .................................... les hirondelles arriveront, ce sera le printemps.
21. .................................... la cigale chantait, la fourmi travaillait.
22. .................................... tu as peur, ne regarde pas ce film!
23. .................................... elle a ouvert le paquet, elle a vu qu'il y avait un livre dedans.
24. .................................... nous sommes arrivés, notre chambre était déjà prise.
25. .................................... la patronne n'arrange pas ça, nous changerons d'hôtel.
26. .................................... ils ont appelé, je n'ai pas entendu.
27. .................................... je l'ai vu, j'étais heureuse.
28. .................................... la chambre coûte trop cher, nous allons à la maison.
29. .................................... il vivait en Italie, il travaillait comme prof.
30. .................................... ils m'ont invité, ils n'ont pas dit qui viendrait aussi.
31. .................................... tu es fatigué, va au lit!
32. .................................... Rébecca était fatiguée, elle se couchait.

## 5. KAPITEL: *LES TEMPS* – die Zeiten

**75** **Übersetze. (Achtung: Die Regeln zur Verwendung der Zeiten sind im Deutschen nicht so streng!)**

1. Wenn er dann hereinkommt, überreichen wir ihm unser Geschenk. (*donner, le cadeau*)
2. Ihr sollt leise sein, wenn Papa schläft. (*être tranquille, dormir*)
3. Der Nachbar wird sich aufregen, wenn ihr um Mitternacht noch immer Lärm macht. (*s'enerver, faire du bruit, à minuit*)
4. Wenn du nicht anfängst zu lernen, wirst du nicht genügend Zeit haben. (*commencer à, assez de*)
5. Ich werde ihn dann fragen, wenn er daheim ist.
6. Wenn ich viel Arbeit habe, esse ich zu viel Schokolade. (*trop de*)
7. Wenn du dir diesen schwedischen Film anschaust, wirst du begeistert sein. (*fasciné*)
8. Wenn Sie Kopfschmerzen haben, wird Ihnen der Wein nicht guttun. (*mal à la tête, faire du bien*)
9. Als wir die beiden Mädchen einluden, waren sie erfreut. (*ravi*)
10. Wenn jemand die Regeln nicht versteht, werde ich sie nochmals erklären. (*quelqu'un, comprendre, expliquer, encore une fois*)
11. Wenn sie dann anruft, sage ich ihr, dass sie heimkommen soll. (*appeler, rentrer*)
12. Wenn ihr nicht höflich seid, werdet ihr Probleme mit ihm haben. (*poli*)
13. Ich habe keine Lust zu kochen, wenn niemand daheim ist. (*avoir envie, personne ne*)
14. Du wirst dich verkühlen, wenn du keine Handschuhe anziehst. (*s'enrhumer, les gants, mettre*)
15. Wenn du nicht zuhörst, wirst du nichts verstehen. (*écouter, comprendre*)
16. Wenn ihr mir auf die Nerven geht, werfe ich euch hinaus. (*énerver q., mettre dehors*)
17. Immer wenn das Telefon läutet, bellt unser Hund. (*sonner, aboyer*)
18. Wenn wir unsere Aufgaben nicht machten, verbot uns unsere Mutter fernzusehen. (*interdire*)
19. Wenn du die Musik weniger laut hörst, wirst du nicht taub werden. (*fort, sourd*)
20. Wenn Justine keinen Helm trägt, wird ihre Mutter den Scooter konfiszieren. (*le casque, confisquer*)
21. Wenn du nicht kommst, sag es mir. (*prévenir*)
22. Wenn du im Badezimmer bist, darfst du dort nicht eine Stunde bleiben. (*la salle de bain*)
23. Wenn alle es so wie du machen, werden wir alle zu spät zur Arbeit kommen. (*tout le monde, être en retard*)
24. Als die Polizisten sein Verschwinden bemerkten, war der Gefangene schon weit weg. (*s'apercevoir de, la disparition, le prisonnier, loin*)
25. Immer wenn Sandrine kocht, verbrennt sie sich. (*se brûler*)
26. Als der Baum umfiel, flüchteten die Passanten. (*s'enfuir*).
27. Wenn du nervös bist, musst du an etwas Angenehmes denken.
28. Als wir in Paris ankamen, regnete es.
29. Wenn er lernte, dachte er immer an die guten Noten.
30. Wenn du nicht mehr willst, beende die Übungen. (*terminer*)

## 5. KAPITEL: *LES TEMPS* – die Zeiten

**76** Mütter, die die Zukunft „kennen", sagen gerne solche Sätze. Natürlich nur zu kleinen Kindern! ... Setze die richtigen Verbformen ein.

1. Si vous (*être*) ............................ sages, Papa (*être*) ............................ content.

2. Si on (*avoir*) ............................ le temps ce soir, on (*jouer*) ............................ avec vous.

3. Si vous (*jouer*) ............................ dans le jardin, vous (*faire*) ............................ beaucoup de bruit. Et M. Murer (*s'énerver*) ............................ énormément si vous (*faire*) ............................ trop de bruit.

4. Et si sa femme et lui (*s'énerver*) ............................, ils (*me téléphoner*) ............................ trois fois.

5. Votre grand-mère vous (*faire*) ............................ une bonne tarte si vous lui (*rendre*) ............................ visite.

6. Si tu (*manger*) ............................ trop de chocolat, Jean-Pierre, tu (*avoir*) ............................ mal au cœur.

7. Si tu (*ne pas se sentir*) ............................ bien, tu (*ne pas pouvoir*) ............................ aller au lycée.

8. Si tu (*manquer*) ............................ l'école trop souvent, tu (*ne rien comprendre*) ............................ .

9. Si tu (*vouloir*) ............................ acheter ces nouveaux CD, Mathilde, tu (*devoir*) ............................ essayer de gagner de l'argent.

10. Si nous (*ne pas se dépêcher*) ............................ tout de suite, nous (*arriver*) ............................ en retard au lycée.

11. Votre père et moi, nous (*réduire*) ............................ votre argent de poche si vous (*ne pas ranger*) ............................ vos chambres tout de suite.

12. Si vous (*ne pas mettre*) ............................ votre linge sale dans la salle de bains, je (*ne pas le laver*) ............................ .

13. Si votre tante Cécile vous (*offrir*) ............................ de l'argent, vous lui (*dire*) ............................ merci.

14. Je (*ne pas vous permettre*) ............................ de manger une glace si vous (*avoir*) ............................ mal à la gorge.

15. Si vous (*ne pas cesser*) ............................ de vous quereller, je (*devenir*) ............................ folle.

## 5. KAPITEL: *LES TEMPS* – die Zeiten

### 77 Das könnten Schüler denken ...

1. Si nous (*apprendre*) ........................ plus, nous (*avoir*) ........................ de meilleures notes.

2. Si les sujets (*ne pas être*) ........................ si fatigants, on (*apprendre*) ........................ plus.

3. Si notre prof de maths (*tomber*) ........................ malade demain, nous (*ne pas devoir écrire*) ........................ d'interrogation.

4. Si je (*gagner*) ........................ au loto, je (*ne plus mettre*) ........................ les pieds au lycée.

5. Si Philippe (*être*) ........................ plus poli envers Madame Bérenger, elle (*ne pas appeler*) ........................ ses parents si souvent.

6. Si le directeur nous le (*permettre*) ........................, nous (*aller*) ........................ en Irlande en automne.

7. Corinne (*ne pas être*) ........................ si stressée si elle (*commencer*) ........................ à apprendre pour les examens à temps.

8. Si nous (*ne pas attendre*) ........................ jusqu'à la veille de l'épreuve pour étudier les textes, nous (*ne pas travailler*) ........................ jusque tard la nuit.

9. Si Hervé et moi, nous (*se mettre*) ........................ devant dans la salle de classe, nous (*pouvoir*) ........................ suivre les cours plus attentivement.

10. Si nous (*se lever*) ........................ plus tôt, nous (*ne pas manquer*) ........................ le premier cours si souvent.

11. Notre prof nous (*expliquer*) ........................ ces problèmes encore une fois si nous (*l'écouter*) ........................ plus attentivement.

12. Je (*être*) ........................ vraiment soulagé si j(e) (*être*) ........................ déjà en terminale. J(e) (*apprendre*) ........................ même de moi-même.

13. Si les amis de Jan (*m'intéresser*) ........................ seulement un peu plus, la fête (*me plaire*) ........................ .

14. Mme Jaudier (*nous aimer*) ........................ plus si Laurence et Valérie (*ne pas se moquer*) ........................ d'elle sans cesse.

15. Je (*pouvoir*) ........................ aussi rentrer si je (*continuer*) ........................ à rêver. Je devrais faire attention.

16. Si quelqu'un (*savoir*) ........................ ce que je pense ...

## 5. KAPITEL: *LES TEMPS* – die Zeiten

### 78 Zu spät, zu spät. Es wäre ja möglich gewesen, aber ...
### Mögliche Professoren-Gedanken?

1. Si Paul (*travailler*) ........................................................ seulement un peu plus, il (*ne pas être*) ........................................................ obligé de redoubler la classe.

2. Si mon collègue d'anglais (*ne pas tomber*) ........................................................ malade, je (*pouvoir*) ........................................................ rentrer plus tôt.

3. Ma classe et moi (*visiter*) ........................................................ la France si le directeur (*le permettre*) ........................................................ .

4. Si les élèves (*ne pas m'énerver*) ........................................................, je (*ne pas leur donner*) ........................................................ autant de devoirs.

5. Si les élèves (*faire*) ........................................................ plus attention, il (*ne pas être*) ........................................................ nécessaire de répéter tout.

6. Si les profs (*ausssi expliquer*) ........................................................ les méthodes pour mieux apprendre, les élèves (*avoir*) ........................................................ moins de problèmes.

7. Si Anne (*ne pas être*) ........................................................ bonne en latin, elle (*ne pas choisir*) ........................................................ le métier de professeur de latin.

8. Muriel (*ne pas changer*) ........................................................ de lycée si ses collègues (*l'apprécier*) ........................................................ plus.

9. Si notre directeur (*avoir*) ........................................................ plus de compétences sociales, nous (*aimer travailler*) ........................................................ avec lui.

10. Si le directeur (*ne pas prendre*) ........................................................ sa retraite l'année dernière, trois collègues (*changer*) ........................................................ d'école.

11. Notre vie (*rester*) ........................................................ agréable s'il (*ne pas y avoir*) ........................................................ de collègues intrigants.

12. Si je (*ne pas devoir corriger*) ........................................................ tous les devoirs, je (*pouvoir*) ........................................................ accompagner mes amis au théâtre.

13. Si la mère de Jeanne (*ne pas venir*) ........................................................ chez moi, je (*ne pas comprendre*) ........................................................ son comportement étrange.

14. Si la visite guidée (*ne pas plaire*) ........................................................ aux élèves, ils (*me le dire*) ........................................................ .

15. Si les deux (*participer*) ........................................................ à la classe de neige, ils (*trouver*) ........................................................ des amis dans la classe.

## 5. KAPITEL: *LES TEMPS* – die Zeiten

**79** **Finde die richtigen Verbformen (manchmal mehrere Möglichkeiten).**

1. Notre prof (*organiser*) .................................................. une réunion avec nos parents s'il y (*avoir*) .................................................. des problèmes graves. Mais tout le monde est content.

2. Si Mathieu (*ne pas pouvoir*) .................................................. participer au voyage en France à cause de problèmes financiers, l'école (*lui payer*) .................................................. le séjour. Mais sa grand-mère lui a donné de l'argent.

3. Si Pierre (*ne pas boire*) .................................................. tant de bière à la fête, il (*ne pas avoir*) .................................................. cet accident. Mais il avait trop bu.

4. Maurice (*oser*) .................................................. adresser la parole à Sibel si elle (*ne pas être*) .................................................. accompagnée par sa mère. Mais elle ne semble jamais sortir seule.

5. Je (*faire*) .................................................. des promenades plus longues avec le chien s'il (*faire*) .................................................. plus beau. Mais il pleut sans arrêt.

6. Si les chambres d'hôtel (*coûter*) .................................................. très cher, nous (*choisir*) .................................................. un hébergement moins onéreux pendant les vacances. Nous ne voulons pas dépenser trop d'argent.

7. Elle (*être*) .................................................. désespérée si ses copains (*ne pas s'occuper*) .................................................. d'elle. Mais ils l'ont aidée d'une façon adorable.

8. Nous (*se rencontrer*) .................................................. avec les deux si ceux-ci (*nous inviter*) .................................................. . Mais on attend toujours leur invitation.

9. Je pense que si un prof de français (*ne pas savoir*) .................................................. expliquer la grammaire, il (*devoir*) .................................................. chercher un autre job.

10. Elle (*s'entendre*) .................................................. bien avec sa sœur même si elle (*croire*) .................................................. que leurs parents la préfèrent.

11. Si Elise (*ne pas aller*) .................................................. en Grèce avec sa copine, elle (*ne pas faire*) .................................................. la connaissance de Gérard. Mais heureusement elle a décidé d'y aller.

12. Si Marie-Claire (*ne pas attendre*) .................................................. pendant une heure, elle (*être*) .................................................. plus gentille quand son ami est arrivé.

13. Les professeurs de ce lycée (*ne pas savoir*) .................................................. où se garer si on (*ne pas agrandir*) .................................................. le parking l'année dernière.

14. Si tu (*parler*) .................................................. à ta mère, elle te (*payer*) .................................................. le concert de rock.

## 5. KAPITEL: *LES TEMPS* – die Zeiten

15. Si Ludovic (*arriver*) .................................................................................................................... à faire des économies, il (*s'offrir*) .................................................................................................................... une nouvelle raquette de tennis. Mais il achète trop de jeux d'ordinateur.

16. Si les enfants (*laver*) .................................................................................................................... la voiture de leur père, il (*les payer*) .................................................................................................................... . J'espère qu'ils le feront.

17. Ils (*aller voir*) .................................................................................................................... leur oncle François plus souvent s'il (*ne pas leur raconter*) .................................................................................................................... toujours les mêmes histoires.

18. Max (*ne plus inviter*) .................................................................................................................... Charlotte si elle (*ne pas arrêter*) .................................................................................................................... de se moquer de lui.

19. Si je (*savoir*) .................................................................................................................... peindre, je (*prendre*) .................................................................................................................... un cours de peinture en Toscane.

20. Si on (*s'amuser*) .................................................................................................................... , on (*rester*) .................................................................................................................... . Mais on s'ennuyait énormément.

21. Si nous (*obtenir*) .................................................................................................................... une place en charter, nous (*partir*) .................................................................................................................... en voyage au Maroc. Nous sommes tous d'accord.

22. Mémé, si tu (*acheter*) .................................................................................................................... un lave-vaisselle, tu (*pouvoir*) .................................................................................................................... te faciliter la vie.

23. Si le travail (*l'intéresser*) .................................................................................................................... seulement un peu, elle (*accepter*) .................................................................................................................... ce poste. Mais il ne l'intéressait pas du tout.

24. Si vous (*lire*) .................................................................................................................... régulièrement, vous (*savoir*) .................................................................................................................... mieux écrire, je pense.

25. Elle (*ne jamais offrir*) .................................................................................................................... de gâteau surgelé à ses invités si elle (*ne pas réussir*) .................................................................................................................... à faire un gâteau elle-même. Mais heureusement, ses gâteaux étaient toujours délicieux.

26. Si tu (*réserver*) .................................................................................................................... à temps, nous (*pouvoir avoir*) .................................................................................................................... des places pour le concert des Rolling Stones. Mais tu t'y prends toujours au dernier moment.

27. Vous (*ne jamais devenir*) .................................................................................................................... pianiste si vos parents (*ne pas vous pousser*) .................................................................................................................... dans cette voie.

28. Les filles (*se baigner*) .................................................................................................................... avec les garçons si elles (*emporter*) .................................................................................................................... leurs maillots. Mais elles les avaient oubliés.

## 5. KAPITEL: *LES TEMPS* – die Zeiten

29. Nous (*pouvoir manger*) .................................................................................. une raclette si ma sœur (*me prêter*)

    .................................................................................. son appareil.

30. Si vous (*se laver*) .................................................................................. les dents tous les jours, vous (*voir*)

    .................................................................................. la différence. Regardez, elles sont toutes jaunes!

31. On (*se lever*) .................................................................................. et (*l'applaudir*)

    .................................................................................. s'il (*bien jouer*)

    .................................................................................. . Mais il était complètement saoul!

### 80 Übersetze.

1. Wenn ich den Film nicht gesehen hätte, hätte es mir *leidgetan*. (*regretter*)
2. Ich könnte dir *die Geschichte erzählen*, wenn sie dich interessieren würde. (*raconter, une histoire*)
3. Ich würde *es* ihm sagen, wenn ich es wüsste.
4. Wenn es *möglich* ist, werde ich dich *begleiten*. Und Papa käme auch *gerne*, wenn er Zeit hätte. (*possible, accompagner, aimer faire qch*)
5. Sie wären rechtzeitig aufgestanden, wenn du sie in der Früh angerufen hättest.
6. Ich würde ihm mein *Handy* borgen, wenn er mich darum *bitten* würde. (*le portable, demandér*)
7. Wenn es ihr besser geht, wird sie uns *besuchen*. (*rendre visite*)
8. Wenn ich *an eurer Stelle* gewesen wäre, hätte ich *kein Wort gesagt*. (*à votre place, dire aucun mot*)
9. Würdet ihr die Polizei *verständigen*, wenn ihr einen *verdächtigen Lärm hört*? (*informer, le bruit, suspect, entendre*)
10. Wenn sie *Vertrauen gehabt* hätte, hätte sie uns den Schlüssel gegeben. (*avoir confiance*)
11. Wenn er *wieder anruft*, sag ihm, dass ich nicht mit ihm ausgehen will. (*rappeler*)
12. Sie würden *abnehmen*, wenn Sie Sport betreiben würden. (*maigrir*)
13. Ihre Mutter wird *wütend* sein, wenn sie ihr Zimmer nicht *aufräumt*. (*s'énerver, ranger*)
14. Wir wären *enttäuscht*, wenn wir unsere Freunde nicht treffen könnten. (*déçu*)
15. Wenn Simon nach Frankreich kommt, wird er viele Crêperies besuchen. (*aller*)
16. Wenn er bei der Prüfung *durchfällt*, werden ihm seine Eltern die Reise nicht bezahlen. (*rater*)
17. Wenn Sie *sich müde fühlen*, zögern Sie nicht, *Vitamine* zu nehmen. (*se sentir fatigué, la vitamine*)
18. Sie würden nie nach Italien fahren, wenn sie nicht Italienisch sprechen würden.
19. Wenn sie nicht *mehrere Male pro Woche* joggen würde, wäre sie nicht in Form. (*plusieurs fois par semaine*)
20. Die beiden hätten weniger Probleme mit ihren Eltern, wenn diese weniger *streng* wären. (*ceux-ci, strict*)
21. Du wirst immer nervöser *werden*, wenn du nicht <u>mehr</u> schläfst. (*devenir, dormir*)
22. Wenn ich nicht so *müde* wäre, würde ich nicht so viel schlafen. (*fatigué*)
23. Wenn er dieses Buch lesen würde, wüsste er mehr über die Probleme der *Globalisierung*. (*en savoir, la globalisation*)
24. Viele meiner Schüler würden mehr Bücher kaufen, wenn sie nicht so teuer wären.
25. Du wärst eleganter, wenn du dich mehr um Mode *kümmern* würdest. (*s'occuper de*)
26. Unsere Nachbarn werden sich sicher bei unseren Eltern *beschweren*, wenn wir zu viel *Lärm machen*. (*se plaindre, faire du bruit*)

## 5. KAPITEL: *LES TEMPS* – die Zeiten

### 81 Bilde Sätze mit folgenden Angaben.
(1) = reales Bedingungsgefüge
(2) = irreales Bedingungsgefüge in der Gegenwart
(3) = irreales Bedingungsgefüge in der Vergangenheit

exemple: *si – Papa – ne pas apporter – nous – ce livre / nous – devoir chercher – le – une librairie (3)* ▶
*Si Papa ne nous avait pas apporté ce livre, nous aurions dû le chercher dans une librairie.*

1. Si – tu – arriver – avec ton ami Laurence / je – quitter – l'appartement (1, 2)
2. Si – Zoé – ne pas demander – ses parents – de prêter – lui – la voiture / on – prendre – le bus (2, 3)
3. Si – vous – ne pas s'intéresser – ce film / vous – rester – l'école (1)
4. Elle – ne pas pleurer / si – le film – ne pas plaire – lui (2, 3)
5. Si – Jean – inviter – me / je – aller – le restaurant – avec lui (2, 3)
6. Si – tes parents – accompagner – nous / je – ne pas aller – ce cocktail (1, 3)
7. Vous – maigrir – sûrement / si – vous – manger – moins de – le chocolat (2)
8. Si – ils – avoir envie de – rester – plus longtemps / on – préparer – la chambre de Bernadette (2, 3)
9. Si – les enfants – ne pas se dépêcher / ils – rater – le bus (1, 3)
10. Je – laisser – te – un mot / si – je – partir – avant six heures (1)
11. Nous – être – trop fatigué / si – nous – ne pas voyager – en couchette (2, 3)
12. Si – Béatrice – ne pas aimer – les élèves / elle – ne pas enseigner – au lycée (2)
13. Je – être perdu / si – Véronique et Christa – ne pas aider – me (2)
14. Fabienne – aimer plus – son job de prof / si – ne pas devoir corriger – tant de – les devoirs (2, 3)
15. Mon père – être heureux / s'il – ne pas devoir faire – ce voyage (2, 3)
16. Nous – prendre – le train / si – notre voiture – tomber en panne (1)
17. Elle – ne pas se paniquer / si – elle – ne pas regarder – ce film d'horreur (3)
18. Nous – se rappeler – l'incident / si – nous – le voir (3)
19. Elle – être soulagé / si – elle – trouver – un job (2, 3)
20. Ils – manger – les repas traditionnels – de – les Indiens / si – on – leur en offrir (2, 3)
21. Si – je – s'ennuyer – un jour / je – suivre – un cours de cuisine (1)
22. Elle – s'adresser – à – les voisins / si – elle – avoir – des problèmes (2, 3)
23. Vous – parler – parfaitement – l'anglais / si – vous – passer – une année – en Amérique (2)
24. Je – t'expliquer – les problèmes de maths / si – tu – ne pas les comprendre (1, 3)
25. Il – être renvoyé – de – le lycée / s'il – ne pas – aller – régulièrement (1, 2)
26. Nous – aller – à – les Seychelles / si – les tickets d'avion – ne pas coûter – trop cher (1, 2)
27. Elle – conduire – mieux / si – elle – prendre – la voiture – plus souvent (2)
28. Vous – obtenir – la permission – de sortir / si – vous – rentrer – à l'heure fixée (2, 3)
29. Elles – aider – les garçons – à faire – leurs devoirs / si – ceux-ci – ne pas être – si impertinent (2, 3)
30. Les jeunes – respecter plus – les adultes / si – les adultes – donner – meilleur exemple (2)
31. Si je – ne pas avoir – le temps de – faire la cuisine / je – aller à – le self – avec les enfants (2, 3)
32. Tu – devoir manger – des spaghettis – jusqu'à la fin de – le mois / si tu – acheter – ces vêtements de marque (2)
33. Si – je – vouloir acheter – de beaux vêtements / je – aller – dans – un magasin de marques (2, 3)
34. Si nous – vouloir – se détendre – le week-end / nous – le passer – un centre thermal (1, 2)
35. Ils – choisir – le plat du jour / si – le garçon – le recommander (1, 2)
36. Si – son fils – devenir – capitaine de bateau / elle – faire – le tour du monde (2)
37. Si elle – ne pas tomber amoureuse – de – le prof de musique / elle – ne pas aimer – la musique (3)

# 6. KAPITEL: *LE DISCOURS INDIRECT* – die indirekte Rede und die indirekte Frage

## (A) EINLEITENDES VERB IN EINER ZEIT DER „NICHT-VERGANGENHEIT"

**Keine Änderung der Zeiten im Gliedsatz!**

### (1) WIEDERGABE EINES AUSSAGESATZES

- Direkter Aussagesatz wird zu **Gliedsatz**, der (im Französischen **immer!**) mit *que* eingeleitet wird.
  *Je dis: «Je suis fatigué parce que j'ai mal dormi.»*
  *Je dis **que** je suis fatigué parce que j'ai mal dormi.*

- **Personalpronomen, Personalformen, besitzanzeigende Begleiter** und **Objektvertreter** können sich (wie im Deutschen) **ändern**!
  *Je dis à ma mère:*   «**Tu** es invitée chez nous parce que Ian veut **te** voir.
                         **Ton** ami Aurélien va venir aussi.»
  *Je dis à ma mère*    **qu'elle est** invitée chez nous parce que Ian veut **la** voir.
  *Je lui dis*          **que son ami** Aurélien va venir aussi.

- Manche **Orts- und Zeitangaben** können durch andere ersetzt werden, wenn es sinnvoll erscheint.

  | maintenant | ▶ | à ce moment-là | dans une semaine (etc.) | ▶ | une semaine plus tard |
  |---|---|---|---|---|---|
  | hier* | ▶ | la veille | il y a une semaine (etc.) | ▶ | une semaine plus tôt |
  | aujourd'hui* | ▶ | ce jour-là | | | |
  | demain* | ▶ | le lendemain | | | |
  | ici | ▶ | là, là-bas | | | |

  \* Sie bleiben erhalten, wenn die direkte Rede am gleichen Tag wiedergegeben wird.

  Diese Tabelle ist vor allem wichtig für jene Sätze, in denen das einleitende Verb in einer Zeit der Vergangenheit steht (siehe Seite 94).

### (2) WIEDERGABE EINES IMPERATIVS (EINER BEFEHLSFORM)

- **Indirekter Befehl** (oder Vorschlag), **indirekte Bitte** oder **Aufforderung**: werden zu einer **Infinitiv-Konstruktion**.
  Nach Verben wie *dire, demander, recommander, proposer* etc. kommt *de*, dahinter folgt der **Infinitiv des Verbs**, das in der direkten Äußerung steht.

  *Je dis à ma mère:*   «**Viens** chez nous.»        ▶  *Je dis à ma mère* **de venir** chez nous.
  *Je lui propose:*     «**Prends** le train!»         ▶  *Je lui propose*   **de prendre** le train.

- **Objektvertreter** oder **rückbezügliche Fürwörter**: zwischen *de* und dem Infinitiv:

  *Je lui dis:*    «Apporte-**moi** un café, s'il te plaît.»  ▶  *Je lui demande* **de m'apporter** un café.
  *Je dis à Max:*  «Lave-**toi**!»                              ▶  *Je dis à Max* **de se laver**.

- **Verneinende indirekte Befehle** oder **Bitten**:

  *demander* etc. + **de + ne pas** (plus/jamais etc.) (+ Objektvertreter) **+ Infinitiv**
  *Je dis à ma mère:*   «N'apporte pas de chocolat, s'il te plaît.»
  *Je dis à ma mère*    **de ne pas apporter** de chocolat.
  *Je dis à ma mère:*   «Ne m'apporte pas le manteau rouge.»
  *Je dis à ma mère*    **de ne pas m'apporter** le manteau rouge.

Diese Infinitiv-Konstruktionen kann man nur verwenden, wenn Haupt- und Gliedsatz dasselbe Subjekt haben bzw. wenn das Subjekt des Gliedsatzes als Objekt im Hauptsatz vorweggenommen ist.
(*je dis **à ma mère**; nous **leur** disons* etc.)

## 6. KAPITEL: *LE DISCOURS INDIRECT* – die indirekte Rede und die indirekte Frage

**Übersetzungen:** Im Deutschen verschiedene Übersetzungsmöglichkeiten.

*Je dis à ma mère **de ne pas nous apporter** de chocolat.*
  a) Ich sage meiner Mutter, dass sie uns keine Schokolade bringen soll.
  b) Ich bitte meine Mutter, uns keine Schokolade zu bringen.

## (3) INDIREKTE FRAGEN

**Keine Inversion und kein „*est-ce que*"** in der indirekten Frage!

- **Entscheidungsfragen**

  Mit *si* **(ob)** eingeleitet, „gerade" Satzstellung (= **Subjekt vor Prädikat**).

  | Je demande à ma mère: | «(Est-ce que) tu manges chez nous?» | |
  |---|---|---|
  | Je demande à ma mère | *si* | *elle* mange chez nous. |

  **Persönliche Fürwörter**, **Objektvertreter** und **besitzanzeigende Begleiter** ändern sich je nachdem, wer mit wem spricht.

  | Il demande à Marie: | «Est-ce que | *tu* peux | *m'*apporter | *mon* manteau?» |
  |---|---|---|---|---|
  | Il demande à Marie | *si* | *elle* peut | *lui* apporter | *son* manteau. |

- **Ergänzungsfragen**

  - **Fragen nach Personen**

    Frage nach Subjekt und direktem Objekt: *qui* (!)

    | Elle me demande: | «*Qui* est malade?» | Elle me demande | *qui est* malade. | (… wer krank ist.) |
    |---|---|---|---|---|
    | | «*Qui est-ce que* tu as invité?» | Elle me demande | *qui* j'ai invité. | (… wen ich eingeladen habe.) |

    Bei allen anderen Ergänzungen, die hinter irgendwelchen Präpositionen stehen:

    | **Präposition + *qui* + Subjekt und Prädikat** | | |
    |---|---|---|
    | Il me demande: | Il me demande | |
    | «*A qui* a-t-il acheté ce livre?» | … *à qui* il a acheté ce livre. | (… wem er das Buch gekauft hat.) |
    | «*Pour qui* fais-tu ce dessin?» | … *pour qui je fais* ce dessin. | (… für wen ich die Zeichnung mache.) |
    | «*De qui* est-ce que tu parles?» | … *de qui* je parle. | (… von wem ich spreche.) |

  - **Fragen nach Dingen**

    | aus | *qu'est-ce qui* (Subjekt) | wird | *ce qui* | |
    |---|---|---|---|---|
    | aus | *qu'est-ce que* (dir. Objekt) | wird | *ce que* | |
    | aus | *que* (dir. Objekt) | wird | *ce que* | kein *est-ce que*, keine Inversion! |
    | aus | *de quoi* (est-ce que) | wird | *de quoi* | |
    | aus | *à quoi* (est-ce que) | wird | *à quoi* etc. | |

    | Elle me demande: | Elle me demande | |
    |---|---|---|
    | «*Qu'est-ce qui* t'intéresse?» | … *ce qui* m'intéresse. | (… was mich interessiert.) |
    | «*Qu'est-ce que* tu fais?» | … *ce que* je fais. | (… was ich mache.) |
    | «*De quoi* parles-tu?» | … *de quoi* je parle. | (… wovon ich spreche.) |
    | «*A quoi* est-ce que tu penses?» | … *à quoi* je pense. | (… woran ich denke.) |

  - **Fragen nach Ergänzungen des Ortes, der Zeit etc.**

    **In der indirekten Rede** gibt es **kein *est-ce que* und keine Inversion**.
    Die Fragen werden **mit dem jeweiligen Fragewort eingeleitet** und haben dann **gerade Wortfolge**, also **Subjekt vor Prädikat**.

    | Elle lui demande: | Elle lui demande: |
    |---|---|
    | «*Quand* est-ce que tu arrives?» | … *quand* elle arrive. |
    | «*D'où* viens-tu?» | … *d'où* elle vient. |
    | «*Pourquoi* Papa n'est-il pas arrivé?» | … *pourquoi* Papa n'est pas arrivé. |
    | «*Combien de jours* est-ce que tu restes?» | … *combien de jours* elle reste. |

## 6. KAPITEL: *LE DISCOURS INDIRECT* – die indirekte Rede und die indirekte Frage

### 82 Setze die direkte Rede in die indirekte.

1. Je lui dis: «Ton père et moi, nous allons chez nos amis.»
2. Elle dit: «Je veux vous accompagner.»
3. Je lui réponds: «Nous restons trop longtemps et toi, tu dois aller à l'école demain.»
4. Elle se plaint: «Avec vous, c'est toujours la même chose.»
5. Je lui demande: «Pourquoi est-ce que tu n'es jamais contente?»
6. Elle répond: «J'en ai marre de rester seule.»
7. Je lui réponds: «Tu n'es pas seule! Le chat est à la maison.»
8. Elle dit: «Le chat ne peut pas parler avec moi.»
9. Je lui demande: «Appelle-nous si tu veux parler.»
10. Elle me répond: «Mon téléphone est bloqué, je ne peux plus téléphoner.»
11. Elle ajoute: «J'ai dépensé tout mon forfait.»
12. Je lui demande: «Pourquoi est-ce que ton forfait est déjà terminé?»
13. Elle me répond: «J'ai appelé mon amie Caroline pendant deux heures.»
14. Je lui dis: «Tu as déjà trop parlé. Lis ton français!»
15. Elle répond: «Je suis trop fatiguée pour lire, je vais me coucher.»

| Wiederholung: Pronomen | | | | |
|---|---|---|---|---|
| Subjekt | indirektes Objekt | direktes Objekt | betonte Pronomen | rückbez. Pronomen |
| je | me | me | (pour) moi | me |
| tu | te | te | (avec) toi | te |
| il | lui | le | lui | se |
| elle | lui | la | elle | se |
| nous | nous | nous | nous | nous |
| vous | vous | vous | vous | vous |
| ils | leur | les | eux | se |
| elles | leur | les | elles | se |

### 83 Mach aus den direkten Aufforderungen indirekte.

1. Je dis à mon fils: «N'écris pas tant de SMS à Marcel.»
2. Nous disons aux enfants: «Rangez vos affaires!»
3. Vous demandez à vos parents: «Venez nous aider!»
4. Je dis à ma copine: «Occupe-toi de tes affaires!»
5. Il crie au voleur: «Rendez-moi mon portable!»
6. Nous demandons à Maman: «Prête-nous ta voiture!»
7. Tu dis à ton copain: «Redonne-moi mes clés!»
8. L'entraîneur dit aux joueurs: «Attaquez!»
9. Ma sœur me dit: «Ne m'appelle plus à minuit!»
10. Les élèves demandent au prof: «Repoussez le contrôle!»
11. Le professeur leur dit: «Apprenez plus!»
12. Le policier dit à l'enfant: «Ne traverse pas!»
13. Il répète à l'enfant: «Fais attention avant de traverser!»

# 6. KAPITEL: *LE DISCOURS INDIRECT* – die indirekte Rede und die indirekte Frage

## 84 Bilde indirekte Fragen. (Personen und Sachen)

1. Maman te demande: «Qui t'a téléphoné?»
2. M. Valère demande aux garçons: «Qui est-ce que vous avez aidé à laver la voiture?»
3. Jacqueline veut savoir: «Vous vous êtes occupés de quoi?»
4. Félicie demande à Adrien: «Tu m'écriras une lettre tous les jours?»
5. Les filles demandent: «Qu'est-ce qu'on mange à la cantine?»
6. Son mari lui demande: «Qui vient dîner ce soir?»
7. Amélie se demande: «Contre qui est-ce que je vais jouer?»
8. Le patron veut savoir: «Qui est-ce qui est en vacances?»
9. Mon père me demande: «A quoi penses-tu?»
10. L'inspecteur demande à la victime: «Qu'est-ce qu'on vous a volé?»
11. Son fiancé veut savoir: «Avec qui est-ce que tu vas au cinéma ce soir?»
12. Maman nous demande: «Avec qui est-ce que vous êtes arrivés?»
13. Les recruteurs demandent toujours: «Qu'est-ce qui vous intéresse dans ce poste?»
14. Les jeunes parents s'interrogent: «A qui va ressembler notre bébé?»
15. La caissière demande: «Qui a oublié son porte-monnaie?»
16. Jérémie veut savoir: «Qu'est-ce qu'on mange à midi?»
17. Nous demandons: «A qui devons-nous rendre les clés?»
18. Céline se demande: «Qui m'a emprunté mon nouveau DVD?»
19. Vous vous demandez: «Qui peut nous indiquer notre chemin?»
20. Nous lui demandons: «Qu'est-ce que tu veux dire?»
21. Il nous demande encore: «A quoi vous sert ce plan alors?»
22. Nous demandons: «Qui a un plan dans le groupe?»
23. Il veut savoir: «Qui est-ce que vous avez aidé?»
24. Je lui demande: «Tu t'es amusé avec qui hier?»

## 85 Mach aus den direkten Fragen indirekte. (alle Fragen)

1. Elle veut savoir de ses élèves: «Qu'est-ce que vous avez lu?»
2. Nous demandons au chauffeur: «Nous devons descendre où pour voir Notre-Dame?»
3. Le chef du personnel demande: «Quand pouvez-vous être à Lyon?»
4. La sœur de la victime interroge le commissaire: «Est-ce qu'on a une trace de l'assassin?»
5. Elle se demande: «Pourquoi le réveil n'a-t-il pas sonné?»
6. L'avocat me demande: «Vous n'avez rien à ajouter?»
7. La grand-mère demande à sa petite-fille: «Qu'est-ce que tu aimerais pour Noël?»
8. L'entraîneur demande aux joueurs: «Vous avez fait la fête toute la nuit?»
9. Le médecin aimerait savoir: «Est-ce que vous vous sentez mieux?»
10. Un témoin veut savoir: «Quelqu'un connaît cette jeune fille?»
11. Armelle me demande: «Est-ce que tes enfants peuvent m'accompagner au musée?»
12. Le facteur demande: «A qui est-ce que je laisse ce paquet?»

## 6. KAPITEL: *LE DISCOURS INDIRECT* – die indirekte Rede und die indirekte Frage

13. Les Fortin se demandent: «Pourquoi les Dupont n'ont-ils pas encore répondu à notre invitation?»
14. Marion demande à Lili: «Où est-ce que tu vas fêter ton anniversaire?»
15. John demande: «Combien vaut un dollar?»
16. Nous nous demandons: «Comment allons-nous payer nos impôts?»
17. Tu demandes à ton père: «A qui as-tu donné ma webcam?»
18. Ton père te demande: «Quand est-ce que tu as acheté une webcam?»
19. David demande à Claudine: «Est-ce que tu veux sortir avec moi?»
20. L'agent de voyage demande à Jean-Claude: «Combien de jours voulez-vous rester en Grèce?»
21. Il lui demande aussi: «Comment voulez-vous être hébergé?»
22. Jean-Claude demande: «Est-ce qu'il existe des chambres d'hôte?»
23. Le client demande: «Est-ce que le petit déjeuner est compris dans le prix de la chambre?»
24. Les filles demandent aux garçons: «Qu'est-ce que vous allez faire l'après-midi? Nous pouvons rester dans votre chambre?»
25. Les garçons demandent: «Pourquoi est-ce que vous n'allez pas dans votre chambre?»
26. Les filles demandent: «On peut jouer à la Playstation avec vous?»
27. Les garçons demandent: «Vous ne voulez pas rester parce qu'on vous plaît?»
28. Elle se demande: «A qui est-ce que je peux confier mon chat pendant les vacances?»
29. Le chat se demande: «Sur qui est-ce que je vais tomber?»

### 86 Aus direkt mach indirekt. (Achtung: Fragen, Aufforderungen und Aussagesätze!)

1. *Clotilde raconte: «Avec mon mari Emmanuel, je suis tout à fait heureuse.»*
2. *Je lui demande: «Il fait quoi, ton mari? Est-ce qu'il lit tous tes souhaits dans tes yeux?»*
3. *Elle répond: «Non, mais il s'intéresse aux choses que je lui raconte.»*
4. *Elle ajoute: «Il me donne l'impression d'être la personne la plus intéressante au monde.»*

5. *Bernadette me demande: «Cette jupe rose me va bien?»*
6. *Je lui demande: «Où est-ce que tu l'as achetée?»*
7. *J'ajoute: «Tu ne penses pas qu'elle est trop courte?»*

8. *La mère demande à Jacqueline: «Tu as passé l'examen?»*
9. *La fille répond: «Oui, je l'ai passé. J'avais énormément appris.»*
10. *Sa mère lui dit: «Maintenant tu dois chercher un travail.»*
11. *La fille lui dit: «Laisse-moi tranquille, Maman.»*

12. *Maurice appelle ses amis et leur dit: «Venez me voir samedi soir!»*
13. *Ils lui demandent: «Qu'est-ce que tu vas faire samedi soir?»*
14. *Maurice répond: «Je ferai la fête chez moi.»*
15. *Les amis demandent: «Tes parents seront d'accord?»*
16. *Il répond: «Mes parents sont en train de faire le tour du monde.»*
17. *Il ajoute: «Ils ne vont rentrer que dans deux semaines.»*

## 6. KAPITEL: *LE DISCOURS INDIRECT* – die indirekte Rede und die indirekte Frage

18. *L'agent de police arrête un automobiliste et il lui dit:* «Montrez-moi votre permis de conduire!»

19. *Il lui demande:* «Vous savez pourquoi je vous ai arrêté?»

20. *L'automobiliste répond:* «Non, monsieur l'inspecteur, je n'en ai aucune idée.»

21. *L'agent de police dit:* «Votre permis est en règle, mais vous rouliez trop vite.»

22. *L'automobiliste demande:* «J'allais à plus de 50 kilomètres par heure?»

23. *L'agent de police:* «Non, mais ici, il y a une limitation de vitesse.»

24. *L'automobiliste:* «Je suis désolé, mais je n'ai pas vu de panneau.»

25. *L'automobiliste:* «Combien est-ce que je dois payer?»

26. *Il ajoute:* «Je ferai attention la prochaine fois.»

27. *L'agent de police:* «Bon, vous pouvez partir. Mais ne dépassez plus la vitesse indiquée.»

28. L'institutrice dit aux enfants: «Mettez vos manteaux et vos bonnets.»

29. Elle ajoute: «Nous allons faire une petite promenade en ville.»

30. Les enfants demandent: «Qu'est-ce que nous allons faire en ville?»

31. L'institutrice: «Nous allons visiter la boulangerie de Monsieur Grand.»

32. Elle demande: «Est-ce que vous connaissez sa boulangerie?»

33. Le petit Jean répond: «Oui, Madame, ma mère y va chaque jour.»

34. L'institutrice: «Il nous montrera comment il fait son pain.»

35. Elle ajoute: «Il aura certainement quelque chose pour vous si vous êtes sages.»

36. Les enfants disent: «Mais nous sommes toujours sages.»

37. *Bertrand demande à Stanislas:* «Qui est-ce que tu as rencontré hier au café?»

38. *Il ajoute:* «Pourquoi est-ce que tu ne m'as rien dit?»

39. *Stanislas répond:* «Tu parles de quoi? Tu as mal dormi?»

40. *Il dit:* «Je n'ai rencontré personne au café. J'y suis allé avec ma tante Claudine.»

41. *Bertrand dit:* «Je pensais que c'était Davida parce que je voyais seulement ses cheveux.»

42. *Stanislas dit:* «Ne sois pas si jaloux. C'est toi qu'elle aime, ta petite Davida.»

43. *Après le cambriolage, le commissaire dit aux journalistes:* «Nous avons quelques pistes.»

44. Les policiers précisent: «Nous vous tenons au courant de l'enquête.»

45. Le policier montre une photo et demande: «Est-ce que vous connaissez cet homme?»

46. Les témoins affirment: «Nous ne l'avons jamais vu.»

47. Les policiers répondent: «Nous avons encore quelques questions.»

48. Monsieur Julliard demande: «Est-ce que je peux avoir un verre d'eau?»

49. Le commissaire ordonne: «Apportez-lui un verre d'eau!»

50. Anne demande: «Pourquoi est-ce qu'on a volé tous mes jouets?»

51. Le commissaire dit: «J'aimerais bien le savoir.»

52. Il demande au voisin: «Vous avez entendu quelque chose?»

53. Le voisin répond: «Oui, j'ai entendu une voiture et j'ai vu un homme que je n'avais jamais vu avant.»

54. Monsieur Julliard demande: «Est-ce que je peux téléphoner?»

55. Le commissaire demande: «A qui souhaitez-vous téléphoner?»

56. Monsieur Julliard dit: «Je veux prévenir mes autres enfants.»

## 6. KAPITEL: *LE DISCOURS INDIRECT* – die indirekte Rede und die indirekte Frage

### 87 Die indirekten Fragen sind gegeben, wie lauten die direkten?

1. Je veux savoir **ce que** tu as écrit à Bernadette. Je te demande: …
2. Le prof demande à Paul **ce qui** s'est passé dans la classe. Il dit: …
3. Je demande à mon fils **pourquoi** ses mains sont toujours sales. Je dis: … (est-ce que)
4. Nathalie me demande **si** je suis de la même taille que Lili. Elle dit: … (Int.)
5. Muriel demande aux enfants **ce qu'**ils veulent. Elle dit: … (Inv.)
6. Kevin demande à la prof **comment** la nouvelle élève s'appelle. Il dit: … (Inv.)
7. Hervé demande à son ami **qui** c'est. Il dit: …
8. Nous voulons savoir **où** nos parents vont ce soir. Nous leur demandons: … (est-ce que)
9. Tu veux savoir **pourquoi** ta mère est sortie de la maison ce jour-là. Tu dis à ta sœur: … (est-ce que)
10. Elle demande à son amie **ce qu'**elle a acheté comme voiture. Elle demande: … (est-ce que)
11. Le professeur demande à ses élèves **combien de** pages ils ont déjà apprises. Il demande: … (Inv.)
12. Il demande aussi **quels chapitres** il doit réviser. Il demande: … (Int.)
13. J'aimerais savoir **quel collègue** me prend toujours ma place de stationnement. Je demande: …
14. Elle veut savoir **ce que** son mari fait pendant qu'elle n'est pas à la maison. Elle lui dit: … (Inv.)
15. L'enfant demande à sa mère **combien de** chocolat il peut manger. Il demande: … (est-ce que)
16. La fille demande à son amie **qui** est le jeune homme qui les a saluées. Elle demande: …
17. Le garçon demande à ses parents **s'**il peut avoir un chiot. Il demande: … (Int.)
18. La cliente demande à la boulangère **combien** les croissants coûtent. Elle demande: … (Int.)
19. Le touriste demande au guide **quand** le tour du château commencera. Il demande: … (Int.)
20. Il veut aussi savoir **si** on peut regarder toutes les chambres du château. Il demande: … (est-ce que)
21. Le guide demande aux touristes **s'**ils ont des questions supplémentaires. Il demande: … (Inv.)
22. Il veut aussi savoir **d'où** ils viennent. Il leur demande: … (Int.)
23. Le reporter demande au monsieur **comment** l'accident s'est passé. Il lui demande: … (Inv.)
24. Il veut aussi savoir **d'où** le camion est venu. Il lui demande aussi: … (Int.)
25. Il demande au monsieur **qui** a appelé l'ambulance. Il demande: …
26. Il demande **combien de** blessés il y a dans l'accident. Il demande: … (est-ce que)
27. Le père demande à ses filles **qui** a besoin de la voiture ce soir. Il leur demande: …
28. Il leur demande **si** elles ont heurté quelque chose parce que la voiture est cabossée. (est-ce que)
29. La prof demande à Marie **ce qu'**elle cache derrière son dos. Elle lui demande: … (Int.)
30. Les avocats demandent au juge **pourquoi** il est si sévère. Ils lui demandent: … (Inv.)
31. La surveillante demande **si** nous aimons Picasso. Elle nous demande: … (Int.)
32. Je demande **combien de temps** il faut attendre pour entrer. Je demande: … (est-ce-que)
33. Tu veux savoir **sur quelle chaîne** passe le match Allemagne-Argentine. Tu demandes: … (Int.)
34. Je me demande **qui** peut me remplacer au travail. Je demande: …

# 6. KAPITEL: *LE DISCOURS INDIRECT* – die indirekte Rede und die indirekte Frage

## (B) EINLEITENDES VERB IN EINER ZEIT DER VERGANGENHEIT

**Hier gelten für die indirekte Rede und die indirekte Frage dieselben Regeln!**

Steht das **einleitende Verb** in einer **Zeit der Vergangenheit**, ändern sich im Gliedsatz nicht nur Pronomen oder Begleiter des Nomens, die Personalformen und manche Zeit- oder Ortsangaben, sondern in **manchen Fällen auch die Zeiten**.

| Zeitform | | |
|---|---|---|
| der direkten Aussage | | der indirekten Aussage |
| *présent* | wird zu | *imparfait* |
| *futur simple* | wird zu | *conditionnel présent* |
| *passé composé* | wird zu | *plus-que-parfait* |
| *imparfait* | **bleibt** | *imparfait* |
| *conditionnel présent* | **bleibt** | *conditionnel présent* |
| *plus-que-parfait* | **bleibt** | *plus-que-parfait* |
| *conditionnel passé* | **bleibt** | *conditionnel passé* |

 Steht das einleitende Verb in einer Zeit der Vergangenheit, so gibt es im **eingeleiteten Satz nur die Endungen** *-ais, -ais, -ait, -ions, -iez, -aient*.

Eine andere Form des Überblicks zeigt dir, welche Zeitformen es in der indirekten Rede geben darf.

| EINTEILIG | ZWEITEILIG |
|---|---|
| *présent* | *passé composé* |
| *imparfait* | *plus-que-parfait* |
| *futur* | *(futur antérieur)* |
| *conditionnel présent* | *conditionnel passé* |
| Beispiele: | |
| Il m'a dit: | Il m'a dit |
| Je **suis** fatigué parce que | qu'il **était** fatigué |
| hier, j'**ai lu** tout le roman | parce que la veille, il **avait lu** tout le roman |
| que j'**avais acheté** pour toi. | qu'il **avait acheté** pour moi. |
| Il a ajouté: | Il a ajouté |
| Je **suis** sûr | qu'il **était** sûr |
| que tu **aimeras** ce roman. | que j'**aimerais** ce roman. |
| Tu **te serais moquée** de moi | Il a dit que je **me serais moquée** de lui |
| si tu m'**avais vu**. | si je l'**avais vu** |
| Je **lisais** sans cesse. | parce qu'il **lisait** sans cesse. |

Eine Besonderheit:
*Il a dit: «Tu **vas aimer** ce roman.»  Il a dit que j'**allais aimer** ce roman.*

Konsequenterweise wird hier **aus einer Präsensform *imparfait*,** obwohl es sich bei der Konstruktion *aller + infinitif* um das *futur composé* handelt!

| Wiederholung: indirekte Fragen | | | | |
|---|---|---|---|---|
| In der indirekten Frage gibt es **kein *est-ce que*** und **keine Inversion!** | | | | |
| aus | *qui (est-ce qui)* (Subjekt) | wird | *qui* | (wer) |
| aus | *qui est-ce que* (dir. Objekt) | wird | *qui* | (wen) |
| aus | *à (avec, pour* etc.*) qui est-ce que* | wird | *à (avec, pour) qui* | (wem, mit wem etc.) |
| aus | *qu'est-ce qui* (Subjekt) | wird | *ce qui* | (was) |
| aus | *qu'est-ce que* (dir. Objekt) | wird | *ce que* | (was) |
| aus | *que* (dir. Objekt) | wird | *ce que* | (was) |
| aus | *de (à, sans* etc.*) quoi est-ce que* | wird | *de (à, sans) quoi* | (wovon, woran etc.) |

## 6. KAPITEL: *LE DISCOURS INDIRECT* – die indirekte Rede und die indirekte Frage

**88** **Setze die Sätze in die indirekte Rede. (Es kommen zuerst nur Aussagesätze vor!)**

1. La maîtresse a dit: Je crois que nous avons eu un visiteur. Elle a ajouté: Ce doit être une souris.

2. Les enfants ont dit: Nous allons l'attraper.

3. La maîtresse a répondu: Ce soir, nous mettrons un piège.

4. La souris a pensé: Vous n'aurez pas de chance. Je vais déménager.

5. Jean-Louis a dit: Je suis allé chez le dentiste parce que j'avais mal aux dents!

6. Bertrand a raconté: Ma grand-mère est sourde comme un pot. Hier, elle m'a demandé mille fois quand j'allais rentrer.

7. Mon mari m'a raconté: Notre fille surfe souvent sur le site du Musée d'Orsay. Elle s'intéresse aux impressionnistes. On ira à Paris avec elle.

8. Véronique nous a raconté: Mes enfants apprennent la musique depuis deux ans.

9. Max a dit: Je ne serais pas perdu si je n'avais pas mes parents qui me disent toujours ce que je dois faire.

10. Ma voisine m'a raconté: Mon mari est agent de police et il connaît tous les coins du quartier.

11. Papa m'a dit: Tu trouveras tes livres de maths sur notre table de cuisine si tu les cherches.

12. Elisabeth m'a raconté: J'ai lu le «Da Vinci Code» après être allée à Paris. J'irai au cinéma pour voir le film.

13. Julien a dit a sa mère: Aujourd'hui, notre prof de latin s'est comporté comme un fou.

14. Mon amie Christine m'a raconté: Hier, ma fille Annie s'est levée à sept heures et elle était de mauvaise humeur comme toujours.

15. Marie m'a dit: J'ai acheté des vêtements de marque formidables sur eBay.

16. Mon père a raconté: Quand nous étions jeunes, nous devions travailler plus que vous.

17. Benjamin m'a dit hier: Je vais passer une année aux Etats-Unis l'année prochaine. Si tu m'accompagnes, on trouvera sûrement un job pour toi.

18. La vieille voisine a raconté à ma mère: J'ai trouvé un beau foyer pour des gens âgés. Il est situé en pleine forêt.

19. Ma mère a répondu: Je le connais parce qu'une tante de ma mère y a habité trois ans.

20. Nadine m'a raconté au lycée: Les soirs chez nous sont vraiment ennuyeux depuis que le championnat de football a commencé. Mon père et mon frère regardent tous les matchs. Malheureusement, nous n'avons qu'un seul téléviseur.

21. Le reporter a raconté à son rédacteur: J'ai été témoin d'un hold-up. Mon article va faire monter notre tirage énormément.

22. Les élèves ont dit à leur professeur d'allemand: Nous avons bien lu le roman de Franz Kafka, mais nous n'avons pas pu faire le devoir parce que personne ne l'a compris.

23. Le boulanger a dit à ses clients énervés: Je suis désolé d'être en retard avec le pain aujourd'hui. Il y a eu une panne de courant la nuit dernière et je n'ai pas pu continuer mon travail pendant deux heures.

24. Doris a raconté à sa mère en rentrant du lycée: Je deviendrai professeur de français un jour parce que cette langue me plaît énormément. Et de plus, j'ai toujours de bons résultats.

25. La mère a répondu: On va voir, tu vas décider plus tard parce que tes résultats de maths sont excellents aussi.

26. Elle a ajouté: Tu sais que ton père aimerait te voir dans notre entreprise.

## 6. KAPITEL: *LE DISCOURS INDIRECT* – die indirekte Rede und die indirekte Frage

| Wiederholung: Pronomen | | | | |
|---|---|---|---|---|
| Subjekt | indirektes Objekt | direktes Objekt | betonte Pronomen | rückbez. Pronomen |
| je | me | me | (pour) moi | me |
| tu | te | te | (avec) toi | te |
| il | lui | le | lui | se |
| elle | lui | la | elle | se |
| nous | nous | nous | nous | nous |
| vous | vous | vous | vous | vous |
| ils | leur | les | eux | se |
| elles | leur | les | elles | se |

### 89 Setze die direkten Fragen in die indirekte Rede.

1. Papa a demandé à ses fils: Quand est-ce que vous rentrez?
2. Tu lui as demandé: Est-ce que tu as compris la phrase?
3. Le prof a demandé aux élèves: Qui vous a donné ces livres?
4. Les élèves lui ont demandé: Pourquoi est-ce que vous ne voulez pas lire ces livres avec nous?
5. La mère de Victor lui a demandé: Qui est-ce que tu rencontres au bal?
6. Victor lui a demandé: Qui m'a appelé?
7. Martin a demandé à ses parents: Vous vous êtes moqués de quoi?
8. Notre voisin nous a demandé: Pourquoi est-ce que vous vous êtes fâchés? On faisait trop de bruit?
9. Rébecca pleurait et sa mère lui a demandé: Qu'est-ce que tu as? Qui t'a fâchée?
10. Le directeur a demandé à sa secrétaire: Qu'est-ce que vous avez fait le matin? Vous n'avez pas encore écrit la lettre que je vous ai dictée hier?
11. Papa nous a demandé: Où est-ce que vous êtes allés après que je vous avais amenés à la gare?
12. La grand-mère a demandé à sa petite-fille: Qu'est-ce qui te plaisait dans ce magasin?
13. La fille lui a demandé: Tu ne trouves pas que les choses étaient affreuses?
14. Clotilde nous a demandé: Dans quel hôtel est-ce que vous avez passé vos vacances de Pentecôte?
15. Elle nous a demandé: Vous êtes restés combien de jours?
16. Je lui ai demandé: De qui est-ce que tu sais que nous sommes partis?
17. Elle m'a demandé: Est-ce que tu connais M. Lander? Il a voyagé dans le même avion que vous.
18. Mon mari m'a demandé: Qui chante «Granada»? Cette chanson te plaît?
19. Bernadette m'a demandé: Cette jupe rose me va bien?
20. Je lui ai demandé: Où est-ce que tu l'as achetée?
21. J'ai ajouté: Tu ne penses pas qu'elle est trop courte?
22. Maurice a appelé ses amis et leur a demandé: Voulez-vous venir me voir samedi soir?
23. Ils lui ont demandé: Qu'est-ce qu'on fera? On ira au concert de Tokyo Hôtel?
24. Maurice leur a demandé: Vous pourriez vraiment imaginer aller voir ce groupe?
25. Gérard a écrit à sa mère et il lui a demandé: Qui nos voisines aident-elles à déménager?
26. Reginald a demandé à sa femme: Qu'est-ce que tu as cherché au grenier?
27. Notre prof nous a demandé: Dans ce roman, il s'agit de quoi?
28. Je lui ai demandé: Quand l'auteur a-t-il écrit ce roman?

## 6. KAPITEL: *LE DISCOURS INDIRECT* – die indirekte Rede und die indirekte Frage

### 90 Suche die Ausgangssätze!

*exemple: Mon oncle a dit qu'il ne ferait pas beau là-bas.* ▸ *Mon oncle a dit: «Il ne fera pas beau ici.»*

1. Madame Verger nous a demandé qui était absent. Nous lui avons répondu que c'était Steve parce qu'il avait eu un accident. Elle nous a demandé si on savait combien de jours il serait absent.

2. Maman m'a demandé ce que nous lisions à l'école et je lui ai répondu que c'était Roméo et Juliette. J'ai ajouté que le texte ne me plaisait pas parce que j'avais des difficultés à le comprendre.

3. Bernadette a demandé à son amie si elle avait aussi invité Manuel et ce que celui-là avait dit. Puis elle lui a demandé qui elle avait invité encore.

4. Je me suis demandé ce que je ferais sans mes amies parce qu'elles m'aidaient toujours quand j'avais besoin d'aide.

5. Elle nous a dit qu'il fallait passer quelques jours dans l'Hôtel d'Orangerie. Elle a raconté qu'elle avait fait la connaissance du propriétaire après que celui-ci l'avait renversée quand elle descendait les escaliers.

6. Le père a demandé à la mère ce qui se passait avec les enfants. Il a ajouté que les enfants étaient trop calmes dans leur chambre et qu'il fallait aller voir ce qu'ils faisaient.

7. Mémé m'a raconté que sa voisine se plaignait toujours du mauvais temps et qu'elle avait déjà pensé à s'acheter un appartement en Espagne. Mémé a dit qu'elle aimerait aussi avoir un appartement en Espagne et qu'elle nous inviterait chaque été.

8. Je lui ai répondu que ce serait une bonne idée et que j'achèterais aussi un appartement si j'avais assez d'argent. Je lui ai demandé si on ne pourrait pas partager les coûts.

9. Mon mari a dit qu'il ne voudrait pas passer toutes ses vacances au même endroit, mais qu'il préférait voir le monde. Un appartement en Espagne, ça ne lui plairait pas.

10. Mme Huber nous a raconté que son mari connaissait tous les coins du quartier parce qu'il était agent de police depuis des années.

11. On m'a dit qu'il y aurait trop de touristes dans ce village et qu'il ne faudrait pas y aller.

12. Je venais d'apprendre par Jean que sa femme prendrait le train pour Rome le jour suivant et qu'elle y resterait tout l'été. Il m'a dit qu'ils s'étaient disputés à cause des problèmes financiers et qu'elle voulait être seule pour quelques semaines. Il a ajouté qu'il espérait qu'elle ne voudrait pas rester en Italie pour y travailler. Il m'a raconté qu'elle aimerait bien acheter un petit magasin à Rome, mais qu'il était tout à fait contre.

13. Mon amie qui est prof de français m'a raconté qu'elle irait sur la Côte d'Azur avec des élèves de troisième. Elle a ajouté que les élèves habiteraient chez des familles qui étaient toujours très gentilles.

14. Les experts ont expliqué qu'on pouvait y voir de très belles choses et qu'il serait dommage de ne pas visiter ce musée.

## 6. KAPITEL: *LE DISCOURS INDIRECT* – die indirekte Rede und die indirekte Frage

### 91 Übersetze. (Achtung: Im Deutschen ist die Zeitenfolge nicht streng! Deshalb sind manchmal mehrere Lösungen möglich!)

1. Er wollte wissen, wem du den Brief gezeigt hattest. (*montrer, la lettre*)

2. Gestern fragte mich Mehdi, wann ich ins Bad gehen würde. (*la piscine*)

3. Marcels Mutter hat bestätigt, dass ihr Sohn den ganzen Tag daheim geblieben war. (*affirmer*)

4. Wir haben ihm nicht gesagt, dass wir den Text, den wir lesen sollten, noch nicht gelesen haben.

5. Er erzählte uns, dass er in den Ferien Wasserschifahren gelernt hatte. (*faire du ski nautique*)

6. Ich sagte ihr, dass Nicolas zu spielen begonnen hatte, nachdem die Kinder ihre Aufgaben fertig gemacht hatten. (*commencer à, terminer*)

7. Er sagte, dass seine Mutter ihm sein Lieblingsgericht nicht zubereitet. (*le plat favori*)

8. Meine Freundin hat mir erzählt, dass sie noch nie allein am Abend nach Hause gegangen ist. (*seul, rentrer, ne … jamais*)

9. M. Vauvier hat seinem Kollegen erzählt, dass seine Tochter nie vor drei Uhr früh ins Bett geht. (*aller se coucher, avant*)

10. Meine Nachbarin hat mir erzählt, dass sie jahrelang in London gelebt hatte und noch immer von ihrem Leben in Großbritannien träumt. (*pendant des années, vivre, rêver de*)

11. Sie haben ihr gesagt, dass sie Durst haben und gerne Limonade trinken würden. (*avoir soif*)

12. Thomas hat mir erzählt, dass er bei der letzten Prüfung geschwindelt hat. (*tricher, à l'examen, dernier*)

13. Unser Mathematiklehrer hat vor der Prüfung immer zu uns gesagt, dass er allen Glück wünscht. (*souhaiter bonne chance à tous*)

14. Der Museumsführer sagte den Touristen, dass sie ihre Taschen bei der Garderobe abgeben müssen. (*le guide du musée, laisser, le sac, le vestiaire*)

15. Der Arzt hat seinen Patienten oft gesagt, dass sie mit dem Rauchen aufhören müssen, wenn sie lange leben wollen. (*arrêter de fumer, vivre longtemps*)

16. Der Lautsprecher am Flughafen hat einen Passagier aufgefordert, dass er sich sofort auf Flugsteig 2 einfinden soll. (*le haut-parleur, demander, le passager, en salle d'embarquement n°2, se présenter, immédiatement*)

17. Die Mutter hat ihrer Tochter gesagt, dass sie noch keine Zeit gehabt hat, alle ihre Hosen zu waschen.

18. Meine Großeltern haben mir erzählt, dass sie ihre Eltern mit „Sie" angesprochen haben. (*vouvoyer*)

19. Wir haben geantwortet, dass wir uns das nicht vorstellen könnten. (*imaginer*)

20. Der Politiker hat den Menschen versprochen, dass er sofort die Steuern senken werde, wenn sie ihm ihre Stimme geben. (*l'homme politique, promettre, les gens, baisser, les impôts, donner sa voix*)

21. Meine Freundin hat mir erzählt, dass sie letzte Woche einen guten Film im Kino gesehen hat.

22. Sie hat hinzugefügt, dass ich den Film nicht ansehen soll, da das nicht gut für meine schwachen Nerven ist. (*les nerfs fragiles*)

23. Die Tante hat zu ihrer Nichte gesagt, dass sie ihr für ihren Geburtstag ein schönes Geschenk machen wird. (*offrir, un cadeau*)

24. Die Nichte hat geantwortet, dass sie sich schon seit langem eine Playstation wünscht. (*désirer avoir*)

## 6. KAPITEL: *LE DISCOURS INDIRECT* – die indirekte Rede und die indirekte Frage

### 92 Man erzählt, was gesagt wurde.

exemple: *Nathalie: À quelle heure est-ce que tu rentreras?*   *Caroline: Je ne sais pas.* ▶
*Nathan a demandé à quelle heure Caroline rentrerait.*
*C. a dit qu'elle ne savait pas à quelle heure …*

1. Nathan: Tu veux sortir avec moi?
   Moi: Je suis désolée, mais ma sœur est malade et je dois aider Maman.

2. Béatrice: Qu'avez-vous fait le week-end?
   Ses amies: Nous avons joué un match de tennis et nous avons gagné.

3. Catherine: Tu connais la Sicile?
   Xavier: Non, mais j'ai des amis qui y sont allés déjà quatre fois. Ils sont ravis.

4. Danièle: Tu sais faire du ski?
   Max: Oui, mais je n'ai pas encore eu beaucoup de possibilités d'en faire.

5. Le directeur: Quelles langues savez-vous parler?
   La dame: Je sais parler quatre langues couramment.

6. Le directeur: Est-ce que vous savez parler aussi le hongrois?
   La dame: Naturellement. Le hongrois est une langue qui devient de plus en plus importante.

7. Céline: Est-ce que vous pourriez garder notre chien pendant une semaine?
   La voisine: Avec plaisir.

8. La voisine: Est-ce que vous allez faire un voyage?
   Céline: Oui. Mon mari et moi, nous irons à la mer.

9. La fille: Où est-ce que tu trouves toujours ces belles fringues?
   L'amie: Dans le placard de ma grande sœur.

10. La fille: Et ta sœur est d'accord?
    L'amie: Bien sûr que non. Je prends ses affaires seulement quand elle n'est pas à la maison.

11. Mme Rodel: Qu'est-ce que vous allez préparer à déjeuner aujourd'hui, Madame Chavez?
    Mme Chavez: Rien. Mon mari va m'inviter au restaurant pendant toute la semaine.

12. Mme Rodel: Votre mari est très généreux.
    Mme Chavez: Pas vraiment. Il a oublié notre anniversaire de mariage et c'est pourquoi il a mauvaise conscience.

13. Le professeur: Vous avez fait vos devoirs?
    Les élèves: Bien sûr. Nous sommes des élèves sages, n'est-ce pas?

14. La fille: Où est-ce que tu veux aller?
    Le garçon: Au cinéma. On joue le nouveau film de Brad Pitt.

15. La dame: Vous avez cette veste aussi dans d'autres couleurs?
    La vendeuse: Malheureusement pas, mais le noir vous va très bien.

16. La cliente: Où est-ce que je peux trouver les jouets?
    La vendeuse: Au deuxième étage.

17. Le professeur: Qui a renversé la poubelle pendant la récré?
    Les élèves: Personne. Nous étions dans la cour.

18. Le fils: Tu joues au football avec moi?
    Le père: Je suis pressé maintenant. Mais demande à ton frère.

## 6. KAPITEL: *LE DISCOURS INDIRECT* – die indirekte Rede und die indirekte Frage

**93** Verwandle die folgende Geschichte in eine Erzählung, die in der Vergangenheit spielt und indirekte Reden beinhaltet.

1. **A la récré, Laurent dit à Martine**: «Mon père m'a donné 20 euros et je voudrais t'inviter à boire un petit verre chez Bert. On y va? Moi, je ne veux plus rester à l'école.»

   Martine répond: «Oui, je veux bien. Je préfère aller au café.»

   Alors, les deux vont chez Bert. Monsieur Bert dit: «Bonjour. Vous voulez une place près d'une fenêtre? Voilà, il y a une petite table juste pour deux.»

   Ils commandent deux bières et Martine fume une cigarette. Ils parlent de tout et de rien et Laurence commence à être heureux.

   Tout à coup, après midi, Martine voit son prof de maths devant la fenêtre. Elle essaie de se cacher. Mais le prof de maths entre et il demande: «Pourquoi est-ce que tu n'as pas été en mathématiques? Tu me manquais. Je ne te comprends pas, Martine.»

   Après une petite discussion, il s'en va et Martine se lève aussi. Elle dit: «Mince ... C'est un vieil ami de mon grand-père. Ils ont habité dans la même maison dans leur enfance. Il va lui raconter tout. Je dois aller chez Pépé. Je dois lui dire de ne rien raconter à Maman. Elle serait très fâchée.»

   Laurent paie et il accompagne Martine jusqu'à la maison de son grand-père. Quand ils arrivent, elle lui sourit et elle l'embrasse. Puis elle dit: «Merci. J'adore parler avec toi. On se verra demain, après l'école?»

   Laurent répond: «Quant à moi, j'aimerais passer chaque jour avec toi. Mais va chez ton grand-père. Et envoie-moi un SMS ce soir!»

2. **Cyrille a toujours besoin d'argent**. C'est pourquoi il décide de faire de petits travaux pour les voisins.

   Il dit à Mme Bertin: «Est-ce que je peux promener votre chien le matin? Je sais que vous avez beaucoup de travail et je pourrais le faire avant d'aller au lycée.»

   Mme Bertin dit: «C'est une bonne idée, jeune homme. Tu sais que je dois m'occuper de mon mari qui est malade depuis deux ans. Ce serait un grand soulagement pour moi si tu pouvais sortir le chien tôt le matin. Je te donne 50 euros par mois.»

   Alors chaque matin, Cyrille promène le chien à travers les champs. Un jour, le chien voit un lapin et court après le lapin. Cyrille court après le chien et il crie: «Arrête! Reviens ici!»

   Rien à faire, le chien est plus rapide que Cyrille et enfin il ne le trouve plus. Il retourne à la maison.

   Il se demande: «Qu'est-ce que je vais dire à Madame Bertin? Est-ce qu'elle aura encore confiance en moi? Qu'est-ce qu'on va faire si le chien ne revient pas?»

   Mais quand il arrive devant la porte de sa voisine, il saute de joie. Le chien attend déjà devant la porte.

3. **Une dame téléphone au commissariat de police.** Au début, elle ne peut pas parler parce qu'elle pleure. L'agent de police lui demande: «Madame, qu'est-ce que vous avez? Comment est-ce que je peux vous aider?»

   Quand elle a fini de pleurer, elle répond: «Hier, j'ai préparé un poulet avec des légumes. Comme je n'avais plus de riz, j'ai demandé à mon mari de descendre chercher un kilo de riz. Alors, il est descendu, mais il n'est jamais rentré. Qu'est-ce que je dois faire?»

   L'agent dit: «Attendez, je réfléchis.» Deux minutes après, il dit: «Madame, je vais demander à mon collègue.» Quand il revient, il dit: «Bon, mon collègue est d'accord avec moi. Moi, je ferais des pommes de terre. On sert aussi des pommes de terre avec du poulet.»

## 6. KAPITEL: *LE DISCOURS INDIRECT* – die indirekte Rede und die indirekte Frage

**4. Un jour, un curé ouvre son journal** et lit l'annonce de sa propre mort. Vite, il téléphone à son évêque (Bischof). Il lui demande: «Vous avez aussi lu l'annonce de ma mort?» L'évêque lui répond: «Oui, j'ai vu l'annonce.» Après quelques instants, il ajoute: «Mais dites: D'où est-ce que vous téléphonez?»

**5. L'histoire se passe en Sicile**, près de Palerme. Le climat y est très beau. Il fait chaud, le soleil brille et sur les arbres, on peut cueillir des figues, des dattes, des oranges et des citrons.

Paolo et Fabio habitent dans une petite maison. Ils n'aiment pas travailler, ils préfèrent dormir devant leur maison. Souvent ils discutent, ils rient et ils se racontent des histoires. Ils boivent du vin rouge et à l'heure de manger, Paolo va sous un figuier et attend.

Quand un fruit tombe, il attrape la figue, il la mange et puis, il s'endort.

Un jour, un touriste arrive. C'est M. Huber, le chef d'une grande entreprise. Chez lui, en Allemagne, il travaille toute la journée. Mais deux semaines par an, il va en Sicile pour se reposer. Sa femme et son fils l'accompagnent.

Un matin, Monsieur Huber dit à sa femme: «Tu veux m'accompagner? Je vais me promener.»

Sa femme lui répond: «Non, je préfère rester ici. Je prendrai le petit déjeuner dans une heure, d'accord?»

M. Huber dit: «C'est bon, je serai de retour dans 50 minutes.»

Il quitte son hôtel et après un quart d'heure il passe par la maison des deux hommes.

Il voit Paolo et Fabio qui se reposent devant leur maison. Ils lui disent bonjour et M. Huber leur demande: «Vous êtes aussi en vacances?»

Les deux répondent: «Non, Monsieur. On habite ici.»

Puis M. Huber demande: «Mais pourquoi est-ce que vous n'êtes pas au travail? Il faut travailler dans la vie. Vous ne devez pas dormir devant la maison.»

Il ajoute: «Vous devez chercher du travail si vous n'en avez pas.»

Paolo demande: «Pourquoi est-ce que nous devrions chercher du travail? Nous sommes heureux comme ça.»

«Mais sans travail, vous ne pouvez pas gagner d'argent.»

«Pourquoi faut-il gagner de l'argent?»

«Pour être riche», dit M. Huber.

«Et qu'est-ce que je ferais si j'étais riche?» dit Fabio.

M. Huber secoue sa tête et dit: «Vous ne comprenez rien. Je vais vous expliquer la vie. Alors, on prend mon exemple. J'ai 50 ans. Dans quelques années, j'aurai assez d'argent pour vendre mon entreprise. Ma femme et moi, nous achèterons une maison en Italie ou en Espagne. Puis nous pourrons nous reposer au soleil sans travailler.»

Paolo et Fabio regardent M. Huber et d'abord, ils ne disent rien. Mais ensuite, ils commencent à rire et Paolo dit: «Mais Monsieur, nous, on a 22 ans et on se repose déjà au soleil sans travailler.»

## 6. KAPITEL: *LE DISCOURS INDIRECT* – die indirekte Rede und die indirekte Frage

### 94 Übersetze. (Beachte wieder, dass im Deutschen in der indirekten Rede andere Zeiten stehen!)

1. Meine Eltern fragten mich, ob ich zwei Wochen mit ihnen in der Türkei verbringen will. (*passer*)

2. Ich sagte, dass ich lieber mit meinen Freunden nach Italien fahren würde. (*préférer*)

3. Ich erklärte ihnen, dass ich die großen Hotels nicht mehr besonders schätze. (*expliquer, aimer, particulièrement*)

4. Ich fügte hinzu, dass ich einen Urlaub auf einem Campingplatz in der Nähe von Rom interessanter finden würde. (*ajouter, trouver intéressant de faire, le séjour, un terrain de camping, près de*)

5. Als mein Vater sagte, dass er mich gut verstünde, war meine Mutter verärgert. (*comprendre, fâché*)

6. Sie schlug ihm vor, auch campieren zu fahren. (*proposer de*)

7. Er erklärte ihr, dass sein Rücken eine paar Nächte im Zelt nicht mehr vertragen würde. Deshalb würde er mit ihr in ein wunderbares Hotel in die Türkei fahren. (*le dos, supporter, sous la tente, merveilleux*)

8. Er meinte, dass er auch eine Klimaanlage brauchen würde, weil die Hitze nicht gut für sein Herz sei. (*penser, un climatiseur, la chaleur, le coeur, avoir besoin*)

9. Daraufhin sagte meine Mutter, dass Papa zwei Wochen in die Türkei fahren und sie uns auf den Campingplatz begleiten würde. (*là-dessus, accompagner*)

10. Sie fügte hinzu, dass sie sich in ihrer Jugend auf den Campingplätzen immer gut amüsiert hätte und dass sie keine Lust hätte, ihre Ferien mit einem alten Mann, umgeben von anderen alten Männern, zu verbringen. (*dans sa jeunesse, s'amuser, n'avoir aucune envie de, entouré de*)

11. Dann lachten wir und ich sagte, dass ich schon immer gewusst hätte, dass sie mir einen Aufenthalt mit Freunden erlauben würden. (*savoir, toujours, un séjour, autoriser*)

12. Gestern sprachen Melanie und ihre Freundin Valérie über Geld.

13. Melanie erzählte, dass ihre Eltern ihr kein Taschengeld geben, weil sie meinten, sie würde sich nur Klamotten kaufen. (*l'argent de poche, les fringues, s'acheter*)

14. Sie sagte, dass sie immer fragen müsste, wenn sie ein bisschen Geld brauchte. (*avoir besoin*)

15. Valérie sagte, dass sie eher viel Geld hätte. Sie müsse sich aber viele Sachen selbst kaufen. (*plûtot, elle-même, pas mal de*)

16. Sie fügte hinzu, dass ihre Großeltern ihr immer Geld gegeben hätten. Leider lebe die Großmutter nicht mehr und der Großvater sei schon ein bisschen verwirrt. (*malheureusement, être en vie, ne – plus, perdre la tête, un peu*)

17. Sie sagte, er glaube immer, sie würde schon arbeiten und nicht mehr in die Schule gehen.

18. Melanie sagte, dass ihre Schwester, die zehn Jahre älter sei als sie, Taschengeld bekommen hatte. (*être dix ans plus âgé que, recevoir*)

19. Sie gab zu, dass ihre Schwester ihr Geld wirklich sehr schnell ausgegeben hatte – vor allem, um zu McDonald's zu gehen. (*avouer, dépenser rapidement, surtout*)

20. Dann sagte sie noch, dass sie versuchen werde, ein bisschen Geld zu verdienen. Sie werde eine Nachbarin fragen, ob sie auf ihre Kinder aufpassen könnte. (*essayer, garder*)

# 7. KAPITEL: Kleinigkeiten

## (A) DIE VERWENDUNG VON *TOUT* (*TOUTE, TOUS, TOUTES*)

- **attributiv (beifügend):** *Tout* steht **vor dem Nomen und seinem Begleiter** und wird als attributives (beifügendes) Pronomen **mit dem Nomen übereingestimmt**. (Übersetzt im Singular mit „**ganz**", im Plural mit „**alle**")

    *tout le film*          *toute la semaine*
    *tous les films*        *toutes les semaines*

| Mögliche Begleiter: | Artikel | *toute **une** tarte* | eine ganze Torte |
|---|---|---|---|
| | besitzanzeigende Begleiter | *toute **sa** famille* | seine ganze Familie |
| | hinweisende Begleiter | *toutes **ces** photos* | alle diese Fotos |

- **als Adverb: ohne Artikel** und **unverändert vor einem Adjektiv**; mit „**ganz**" übersetzt.

    *André est **tout** étonné.*         *Elle est **tout** étonnée aussi.*
    André ist ganz (völlig) erstaunt.     Sie ist auch ganz erstaunt.

>  Beginnt **das Adjektiv mit einem Konsonanten** (oder einem *h aspiré*), **wird bei der weiblichen Form übereingestimmt**.
>
> *Elle est **toute** fatiguée.*    *Elles sont **toutes** contentes.*
> Sie ist ganz müde.                Sie sind ganz zufrieden.

- **hauptwörtlich gebraucht: ohne Nomen**, jedoch **mit dem Wort übereingestimmt**, das es **ersetzt**!

    *Tu as lu tous **les livres**? – Oui, je les ai lus **tous**.* (Oder: *Je les ai **tous** lus.*) („s" ausgesprochen: [tus])

Das hauptwörtliche *tout* etc. kann **als Subjekt, als direktes Objekt** und **als indirektes Objekt** verwendet werden.

***Tous** sont venus.*           **Alle** sind gekommen.
***Tout** est clair.*            **Alles** ist klar.
*Nous les saluons **toutes**.*   Wir grüßen sie **alle**.
*Il pense toujours à **tout**.*  Er denkt immer **an alles**.

**95** Füge die richtige Form von *tout* ein.

1. Quelquefois, Max déteste ................................ ses sœurs. Hier, elles ont rangé ................................ la maison et elles ont jeté ................................ ses dessins.

2. Léo est fatigué. Il a travaillé ................................ la nuit. Il devait apprendre ................................ les mots.

3. Tu ne sais pas encore ................................ : Maurice va se marier. – C'est incroyable. D'où tiens-tu ................................ ces nouvelles?

4. Corinne a fini de faire ces exercices? Elle les a ................................ faits? – Non, et elle est ................................ déprimée parce qu'elle avait beaucoup de problèmes.

5. Vous avez mangé ................................ les crêpes? – Oui, elles étaient très bonnes.

6. Charlotte connaît ................................ les pays européens. Elle les visite ................................ seule.

7. Tu connais ces poèmes par cœur? – Non, pas ................................ , seulement quelques-uns.

8. ................................ est clair? Vous avez compris ................................ les règles?

9. Tu ne dois pas inviter ................................ les voisines si tu fais une fête. – Non, il ne faut pas les inviter ................................ .

## 7. KAPITEL: Kleinigkeiten

### 96 Übersetze.

1. Ich bin ganz zufrieden heute, sagt sie. ........
2. Iss nicht die ganze Schokolade! ........
3. Wir haben alle (*m. pl.*) bei Rosa gegessen. ........
4. Das ganze Buch gefällt dir nicht? (Int.) ........
5. Er hat das ganze Bier getrunken. ........
6. Seine Cousinen? Du kennst alle? (Int.) ........
7. Ich war die ganze Woche krank. ........
8. All diese Übungen! Mein Gott! ........
9. Die Schnitzel? Wir haben nicht alle paniert. ........
........
10. Er hat nicht alles gestanden. (*avouer*) ........
11. Du willst immer alles wissen. ........
12. Er beantwortet nie alle Fragen. ........
13. Sie (*ils*) waren ganz erstaunt. ........
14. Hast du alles weggeräumt? (*ranger*) ........
15. Sie (*elles*) waren ganz fasziniert. ........
16. Nach der Reise waren die Kinder ganz erschöpft. (*épuisé*) ........
........
17. Er liebt es, uns seine Fotos zu zeigen. Er zeigt uns immer alle. ........
........
18. Bernadette ist von allem genervt. ........
19. Mama denkt immer an alles. ........
20. Wir (*m. pl.*) alle haben Hunger. ........
21. Das erklärt alles. ........
22. Ich habe alle deine Romane gelesen. ........
23. Sein Brief ist an alle (*m. pl.*) gerichtet. (*adresser*) ........
24. Wir (*m. pl.*) waren ganz betroffen. (*affecté*) ........
25. Ich verachte alle Leute, die all diese rassistischen Parolen verbreiten. (*mépriser, propager, la parole*)
........

## (B) MÜSSEN / BRAUCHEN

| | | |
|---|---|---|
| *devoir* + Infinitiv | *je dois dormir* | (ich muss schlafen) |
| *il faut* + Infinitiv | *il faut dormir* | (man muss schlafen) |
| *il* + Objektvertreter + *faut* + Infinitiv | *il me/te/lui/nous/vous/leur faut dormir* | (ich/du etc. muss/müssen schlafen) |
| *il faut* + Nomen* | *il faut un lit* | (man braucht ein Bett) |
| *il* + Objektvertreter + *faut* + Nomen | *il me faut un lit* | (ich brauche ein Bett) |
| *avoir besoin de* + Nomen** | *j'ai besoin d'un lit* | (ich brauche ein Bett) |

\* Dieses Nomen kann mit einem **bestimmten Artikel** *Il me faut **le** vin.* (Ich brauche den Wein.)
mit einem **Teilungsartikel** *Il me faut **du** vin.* (Ich brauche Wein.)
mit einem **unbestimmten Artikel** *Il me faut **un** verre de vin.*
oder **einem anderen Begleiter** *Il me faut **ce/ton** vin.* (diesen/deinen Wein)
eingefügt sein.

 Wenn man etwas **nicht braucht**, setzt man nur *de*. *Ne ... pas/plus* etc. sind **Mengenangaben**.
*Il te faut encore **des** exercices?* Brauchst du noch Übungen?
*Non, il **ne** me faut plus **d'**exercices!* Nein, ich brauche keine Übungen mehr.

\*\* Die Präposition „*de*" wird nicht verändert!
Der bestimmte Artikel steht nur dann, wenn ich etwas Bestimmtes meine.

**Vergleiche**

| | |
|---|---|
| *Tu **as besoin d'**argent.* | Du brauchst **Geld**. |
| *Tu **as besoin de l'**argent de ton père.* | Du brauchst **das Geld deines Vaters**. |
| *Il **te faut de l'**argent.* | Du brauchst **Geld**. (Teilungsartikel!) |

### 97 Forme die Befehlsformen nach folgendem Muster um.

exemple: *Bernadette, range ta chambre!* ▶ *Elle doit ranger sa chambre.*
*Il lui faut ranger sa chambre.*

1. Je dis à mon frère: Aide-moi à laver la voiture de Maman.

2. Je te dis: Nourris le chat!

3. Je dis aux enfants: Ne faites plus de bruit après minuit.

4. Wolfgang me demande d'arroser ses plantes.

5. Maman dit à ma sœur: Vide les poubelles tout de suite.

6. Séverine et Véronique, restez encore une semaine chez nous.

7. Rébecca et Max, soyez plus polis!

8. Messieurs dames, attachez vos ceintures.

9. Je vous dis: Ne fumez pas.

10. Je vous dis aussi: Faites plus de pauses.

11. Allons voter! C'est très important.

12. Maman me dit: Va chez le médecin et soigne-toi.

## 7. KAPITEL: Kleinigkeiten

### 98 Setze ein, was fehlt!

1. Je ................................ partir demain. Et vous, les enfants, vous ................................ rester à la maison. Il vous ................................ fermer les fenêtres si vous sortez et il ................................ fermer la porte à double tour.

2. Est-ce que nous ................................ téléphoner aux Souchay? – Oui, il ................................ leur téléphoner. Ils ................................ d'aide.

3. Catherine veut faire du ski. Elle ................................ d'un nouvel anorak.

4. Si tu veux faire ce bœuf Bourguignon, il ................................ une bouteille de vin rouge.

5. Quand on fait une cure Tomatis, on ................................ écouter de la musique filtrée.

6. S'ils veulent arriver à temps, ils ................................ prendre l'avion.

7. Tu me demandes pourquoi j' ................................ d'argent? J' ................................ d'un nouvel ordinateur. Il ................................ l'acheter demain.

8. Nous ................................ nous lever tôt pour aller à l'aéroport. Surtout il ne ................................ pas oublier nos passeports.

9. Tu ................................ t'appliquer si tu veux jouer parfaitement du violon. Tu ................................ (*futur*) de patience et de passion.

10. Je viens de recevoir une lettre urgente pour elle. Il ................................ lui donner la lettre tout de suite.

11. Il ne ................................ pas attendre avec ce genre de maladie. Tu ................................ consulter tout de suite un médecin.

### 99 Alle brauchen irgendwas: Verwende *avoir besoin* und *il faut*.

exemple: *Pour ce sport / tu / courage* ▶ *Pour ce sport, tu as besoin de courage.*
▶ *Pour ce sport, il te faut du courage.*

1. Pépé fait un voyage. Il / son oreiller / ses lunettes / Mémé
2. Pour faire du patinage / vous / chaussures / vêtements bien chauds
3. Je suis fatiguée. Je / calme et repos
4. Nous avons rencontré George. Nous / nerfs solides / patience (*imparfait*)
5. Elle invitera Marion. Elle / café / gâteaux (*futur*)
6. Si tu parles avec notre chef, tu / temps (*futur*)
7. Ils rentrent à l'école. Ils / une ardoise / des stylos / un cartable
8. Je voulais copier ce DVD. Je / un graveur de DVD / un ordinateur / un DVD vierge (*imparfait*)
9. Tu veux enregistrer cette émission? Tu / un magnétoscope / une cassette vidéo
10. Hélène veut écrire un roman. Elle / inspiration / une maison isolée en Provence (*futur composé*)
11. Les enfants sont trop agités. Nous / calmants / un bon film

## 7. KAPITEL: Kleinigkeiten

### 100 Übersetze.

1. Wenn ich dir helfen soll, brauche ich deine Telefonnummer. (*avoir besoin*)
2. Wir müssen Marie helfen, sie braucht unseren Rat. (*falloir, avoir besoin*)
3. Am Abend braucht Oma immer ein Glas Rotwein. (*avoir besoin*)
4. Ich habe den Eindruck, dass er Streit braucht. (*falloir*)
5. Monsieur Bougie, Sie müssen zu rauchen aufhören. (*devoir*)
6. Du musst im Sommer arbeiten, wenn du Geld brauchst. (*falloir, avoir besoin*)
7. Du solltest mehr lesen. (*devoir, cond. I*)
8. Ich werde meinem Freund sagen, dass ich mehr Zeit brauche. (*falloir*)
9. Braucht ihr mich noch? Ich muss jetzt gehen. (*avoir besoin, devoir*)
10. Ich habe genug. Ich brauche deine Eifersucht nicht mehr. (*avoir besoin, la jalousie*)

### 101 Lesend lernen.

Mes enfants, que *faut-il faire* pour que Dieu nous pardonne nos péchés? (*Sünden*)

Un petit garçon lève le doigt: D'abord, *il faut* pêcher. (*sündigen*)


- Docteur, j'ai *tout le temps* mal à la tête.

- Monsieur l'abbé, vous *mangez* trop, non?

- Mais *pas du tout*. Je suis même au régime.

- Alors vous fumez trop.

- Ah non, pas une seule cigarette *de toute mon existence*.

- Eh bien, je vois seulement une seule explication. C'est votre auréole (*Heiligenschein*) qui est trop serrée.


Un soir, un homme appelle Police Secours.

- Allô, police secours? Venez vite, je viens d'être volé, je vous téléphone de ma voiture.

- Vous *devez* vous calmer. Expliquez-nous ce qui s'est passé.

- On m'a *tout* volé, pas la voiture, mais *tous les accessoires*. Je n'ai plus de volant, plus de pédales, plus de changement de vitesse, je n'ai plus rien.

- Bien, nous arrivons. Où est-ce que vous vous trouvez?

  Silence du correspondant.

- Alors, où êtes-vous?

- Ce n'est plus la peine de vous déranger, *tout* est retrouvé.

  Je suis assis sur la banquette arrière. (*Rückbank*)


Le malade est-il anesthésié? demande le chirurgien à l'infirmière.

- Non, pas encore. C'est *toute une affaire* avec ces boxeurs: ils comptent jusqu'à neuf, puis ils sautent sur leurs pieds ...

## 7. KAPITEL: Kleinigkeiten

Dans l'autobus, un voyageur fait remarquer à une dame qu'elle a oublié un paquet.
Laissez-le, dit-elle, c'est le sandwich de mon mari. Il travaille aux objets trouvés.


Je suis vraiment un bon exemple, écrit le jeune homme à son oncle.
Je ne bois pas, je ne fume pas, je ne sors pas le soir, je me couche tous les soirs à neuf heures et je me lève à l'aube pour commencer mon travail.
Je suis totalement fidèle à ma petite amie et tous les dimanches, j'assiste aux visites familiales.
Mais tout va changer dès que je serai sorti de prison.


Tu dois changer l'eau de l'aquarium, Valérie. Tu ne l'as pas encore fait.
– Ça ne fait rien, Maman. Ils n'ont pas encore bu toute l'eau que je leur ai servie la semaine dernière.


Grande réception au château du baron Rothschild. Trois mille invités.
Un gros monsieur qui est déjà très fatigué s'assoit sur un grand fauteuil qui est libre.
Un des membres de la famille s'approche de lui et lui dit:
Attention, Monsieur, ne vous asseyez pas là, c'est le fauteuil de Louis XIV.
Ne vous inquiétez pas. Je vais me lever et lui laisser la place quand il arrive.


Au volant de sa très vieille voiture, Fabienne brûle le feu rouge.
Un policier l'arrête et hurle: Stop! 100 euros.
Oui, d'accord! répond Fabienne. La voiture est à vous.


Dans la même rue habitent deux familles Durand.
Il arrive qu'un jour, M. Pierre Durand part en voyage dans le Midi tandis que M. Paul Durand meurt.
Deux jours après, un télégraphiste apporte une dépêche. Mais il se trompe de destinataire.
Et la pauvre Madame Durand, la veuve, peut lire ce message:
BIEN ARRIVÉ STOP TE CONSEILLE VENIR ME REJOINDRE STOP CHALEUR INFERNALE


Une mère dit à sa fille de quatorze ans:
Tu es grande maintenant, ma petite. Il nous faut avoir une petite conversation sur les choses sexuelles.
Oui, d'accord, Maman. Qu'est-ce que tu veux savoir?


Un Ecossais va chez le fleuriste et achète un énorme bouquet de roses pour l'anniversaire de sa femme. Etonné le vendeur lui dit:
– Quel joli cadeau. Cela fera une belle surprise à votre femme.
– Oh! Sûrement! répond l'Ecossais. Je lui avais promis une voiture de sport.


Un étudiant passe un examen de sociologie. Le professeur lui demande:
Est-ce que la criminalité augmente ou diminue?
Euh ... c'est difficile à dire. Elle diminue, je suppose, car à l'époque de Caïn et Abel, il y avait 50% d'assassins.

# VOCABULAIRE – Vokabelverzeichnis

| | | | |
|---|---|---|---|
| abbé | Pfarrer | changement de vitesse | Gangschaltung |
| absolu, e | absolut | chat | Katze |
| accessoire f. | Zubehör | chaud, -e | heiß |
| accompagner | begleiten | chaussure f. | Schuh |
| accrocher | aufhängen | chèque | Scheck |
| actuel, le | aktuell, gegenwärtig | cheval | Pferd |
| adolescent | Jugendlicher | cheveux | Haare |
| adulte | Erwachsener | chien | Hund |
| affirmer | bestätigen | chiffre | Zahl |
| âge | Alter | chimie f. | Chemie |
| agité, e | aufgeregt | choisir | wählen |
| agréable | angenehm | chose f. | Sache, Ding |
| aide f. | Hilfe | choucroute f. | Sauerkraut |
| alliance f. | Ring | chirurgien | Chirurg |
| amusant, -e | amüsant, lustig | ciment | Zement |
| anesthésié, -e | anästhesiert, betäubt | clair, -e | klar |
| anniversaire | Geburtstag | clé USB f. | USB-Stick |
| après | nach | collection f. | Sammlung |
| aquagym f. | Wassergymnastik | combien de | wie viele |
| arbre | Baum | comédienne f. | Komödiantin |
| ardoise f. | Schiefertafel | commander | bestellen |
| arrêter | aufhalten | comme ça | so |
| arroser | gießen | commencement | Beginn |
| assassin | Mörder | commissariat | Kommissariat |
| asseoir, s' | sich setzen | compétent, -e | kompetent |
| assister | beiwohnen, teilnehmen | comporter, se | sich benehmen |
| attaché, -e | verbunden | compréhensible | verständlich |
| attacher | festbinden, beimessen | compter | zählen |
| attendre | warten | concerné, -e | betroffen |
| attention f. | Achtung | concierge (f.) | Hausbesorger(in) |
| attraper | erwischen, fangen | confiance f. | Vertrauen |
| aube f. | Morgengrauen | confier | anvertrauen |
| augmenter | zunehmen | connaissance f. | Bekanntschaft |
| auréole f. | Heiligenschein | conscience, mauvaise f. | schlechtes Gewissen |
| autoroute f. | Autobahn | consultant | Berater |
| avant | vorher | consulter | zu Rate ziehen |
| avenir | Zukunft | contrat | Vertrag |
| avouer | bekennen, zugeben | conversation f. | Gespräch |
| bac | Matura | copier | abschreiben |
| bagages m. pl. | Gepäck | copine f. | Freundin |
| ballon | Ball | correct, -e | korrekt, richtig |
| bande dessinée f. | Comics | correspondant | Gesprächspartner |
| bassin | Becken | costume | Anzug |
| bâtiment | Gebäude | coucher, se | schlafen gehen |
| bavard, -e | geschwätzig | couchette f. | Liegewagen |
| blague f. | Witz | couloir | Gang |
| bœuf | Rindfleisch | coup de fil | Telefonanruf |
| boire | trinken | coupable | schuldig |
| boîte f. | Schachtel; Diskothek | coupable | Schuldiger |
| boulanger | Bäcker | courage | Mut |
| bouquet | Strauß | couramment adv. | fließend |
| bout de, au | am Ende | courant, -e | laufend, geläufig |
| bouteille f. | Flasche | courir après | nachlaufen |
| boxeur | Boxer | courrier | Post |
| brouillard | Nebel | cours, au cours de | im Laufe |
| bruit | Lärm | coûter | kosten |
| brûler | verbrennen, überfahren | crabe | Krabbe |
| brusquement adv. | plötzlich | crime | Verbrechen |
| bruyant, -e | laut | croire | glauben |
| cadeau | Geschenk | cueillir | sammeln, ernten |
| cage f. | Käfig | curieux, -se | neugierig |
| calmant | Beruhigungsmittel | CV | Lebenslauf |
| calme | ruhig | d'accord | einverstanden |
| calmer | beruhigen | datte f. | Dattel |
| cambriolage | Einbruch | dedans | drinnen |
| campagne f. | Land | dédicacer | widmen |
| canapé | Sofa | défaut | Fehler |
| candidat | Kandidat | demain | morgen |
| capacité f. | Fähigkeit | dément, -e | schwachsinnig |
| car | Bus, denn | démodé, -e | altmodisch |
| cartable | Schultasche | dépêche f. | Depesche |
| cas, au | im Falle | dépense f. | Ausgabe |
| cauchemar | Albtraum | déprimé, -e | deprimiert |
| ceinture f. | Gürtel | depuis | Seite |
| celui, celle | jener, jene | déranger | stören |
| centre commercial | Einkaufszentrum | dernier, -ière | letzter, letzte |
| certainement adv. | sicherlich | dès que | sobald |
| châleur f. | Wärme | désolé, e | tief betrübt |
| chancelier | Kanzler | désordre | Unordnung |

## VOCABULAIRE – Vokabelverzeichnis

| | | | |
|---|---|---|---|
| dessin | Zeichnung | gifle f. | Ohrfeige |
| dessiner | zeichnen | glace f. | Eis |
| destinataire | Empfänger | gourmand | Vielfraß |
| détail | Einzelheit | goût | Geschmack |
| détester | verachten | graver | brennen |
| devenir | werden | graveur de DVD | DVD-Brenner |
| deviner | raten | grec, -que | griechisch |
| diagnostic | Diagnose | grenier | Dachboden |
| dimanche | Sonntag | grève f. | Streik |
| diminuer | abnehmen | gros, -se | dick |
| disparition f. | Verschwinden | groupe | Gruppe |
| dispute f. | Streit | habituer, s' | sich gewöhnen an |
| distrait, -e | abgelenkt | histoire f. | Geschichte |
| dommage | schade | hôpital | Krankenhaus |
| dossier | Akten, Unterlagen | hongrois, -e | ungarisch |
| douanier | Zöllner | hurler | brüllen |
| double tour, à | zweimal | imiter | imitieren |
| doucement adv. | sanft | immédiat | sofortig |
| eau f. | Wasser | impatient, -e | ungeduldig |
| Ecossais | Schotte | impoli, -e | unhöflich |
| élève | Schüler | important, -e | wichtig |
| embêtant, -e | ärgerlich | imprimante f. | Drucker |
| emboutir | zerbeulen, demolieren | impudence f. | Unverschämtheit |
| émission f. | Sendung | incompréhensible | unverständlich |
| emporter | mitnehmen | incroyable | unglaublich |
| en recommandé | eingeschrieben | infernal, -e | höllisch |
| énervant, -e | nervenaufreibend | infirmière f. | Krankenschwester |
| ennuyant, -e | langweilig | inquiéter, s' | sich beunruhigen |
| ennuyeux, -se | gelangweilt | inspiration f. | Inspiration |
| entendre | hören | instant | Augenblick |
| entraîner | mit sich ziehen | insulter | beleidigen |
| entreprise f. | Unternehmen | interdire | verbieten |
| envie f. | Lust | interroger | befragen |
| envoyer | schicken | invité | Gast |
| épouser | heiraten | isolé, -e | isoliert |
| essence f. | Benzin | ivre | betrunken |
| étonner, s' | erstaunt sein | ivrogne | Betrunkener, Trinker |
| étrange | seltsam, fremd | jaloux, -se | eifersüchtig |
| être né, -e | geboren werden | jeter | werfen |
| étudiant, -e | Student(in) | joueur | Spieler |
| évêque | Bischof | jour de mariage | Hochzeitstag |
| excuse f. | Entschuldigung | jusqu'à | bis |
| existence f. | Existenz | jusqu'alors | bis jetzt |
| explication f. | Erklärung | là | dort |
| fâché, -e | verärgert | laisser | lassen |
| facteur | Briefträger | lapin | Hase |
| faire remarquer | aufmerksam machen | lard | Speck |
| fan | Fan | latin | Latein |
| ferme f. | Bauernhof | lever, se | aufstehen |
| fermer | schließen | libre | frei |
| feu rouge | rote Ampel | loin | weit |
| fiancée f. | Verlobte, Braut | longtemps | lange |
| fier, fière | stolz | lourd, -e | schwer |
| fièvre f. | Fieber | lunettes f. pl. | Brille |
| figue f. | Feige | macaron | Makrone |
| figuier | Feigenbaum | magnétoscope | Videorekorder |
| fils | Sohn | magnifique | herrlich |
| filtré | gefiltert | main f. | Hand |
| finalement adv. | schließlich | maintenant | jetzt |
| finir | beenden | maître | Herr |
| firmament | Firmament | malade | Kranker; krank |
| fleuriste | Blumenhändler | maladie f. | Krankheit |
| forêt f. | Wald | malheur | Unglück |
| formule f. | Formel, Formular | manifester | demonstrieren |
| fou, fol, folle | verrückt | mari | Ehemann |
| four | Ofen | mariage | Hochzeit |
| foyer | Heim | marin | Seemann |
| frais, fraîche | frisch | match | Match |
| franc, -he | freimütig, frei | maternelle f. | Kindergarten |
| franchement adv. | freimütig | mauvais, -e | schlecht |
| fréquent | häufig, ständig wiederkehrend | méchant, -e | bösartig |
| frigo | Kühlschrank | médecin | Arzt |
| frontière f. | Grenze | membre | Mitglied |
| gagner | verdienen; gewinnen | même | sogar |
| garder | betreuen, aufpassen | mesurer, se | sich messen |
| gâter | verwöhnen | météo f. | Wettervorhersage |
| généreux, -se | großzügig | minuit | Mitternacht |
| genre | Art | monde | Welt |
| gentiment adv. | nett | mondial | weltlich |

## VOCABULAIRE – Vokabelverzeichnis

| | | | |
|---|---|---|---|
| monter | hinauf-, einsteigen | politicien | Politiker |
| moquer, se | sich lustig machen | Pologne f. | Polen |
| mort f. | Tod | pomme f. | Apfel |
| mot | Wort | pont | Brücke |
| mourir | sterben | populaire | populär |
| mule f. | Maulesel | portable | Handy |
| musée | Museum | porte f. | Tür |
| musicien | Musiker | portemanteau | Garderobe, Kleiderständer |
| nager | schwimmen | porter | tragen |
| négociant en vin | Weinhändler | poser | stellen |
| nerf | Nerv | poste f. | Post |
| note f. | Note | poubelle f. | Mülleimer |
| nourrice f. | Amme, Pflegemutter | poulet | Huhn |
| nourrir | ernähren | poupée f. | Puppe |
| nu, -e | nackt | pour | für, um ... zu |
| objets trouvés pl. | Fundbüro | pourboire | Trinkgeld |
| orage | Gewitter | précédent | vorhergehend |
| ordinateur | Computer | prendre froid | sich verkühlen |
| oreille f. | Ohr | prendre | nehmen |
| oreiller | Kopfpolster | près de | nahe bei |
| oublier | vergessen | présenter | vorstellen |
| Pape | Papst | presque | beinahe |
| parapente, faire du | Paragliding | pressé, -e | in Eile |
| parapluie | Regenschirm | prêter | borgen, leihen |
| paresseux, -se | faul | preuve f. | Beweis |
| parfait, -e | perfekt, vollkommen | prévenir | benachrichtigen, verständigen |
| parmi | zwischen, unter | prière f. | Gebet, Bitte |
| partager | teilen | printemps | Frühling |
| partir (pour) | abreisen, losfahren | prison f. | Gefängnis |
| pas du tout | überhaupt nicht | privé, e | privat |
| passer | verbringen, vorbeigehen | prix | Preis |
| passion f. | Leidenschaft | profession f. | Beruf |
| pastis | Pastis (Aperitif mit Anis) | promettre | versprechen |
| pâtes f. pl. | Teigwaren | prononcer | aussprechen |
| patience f. | Geduld | proposer | vorschlagen, anbieten |
| patient, -e | geduldig | propre | sauber, eigene |
| patinage | Eislaufen | provocant, -e | provokant |
| pauvre | arm | prudent, -e | vorsichtig |
| pays | Land | qualité f. | Qualität |
| paysage | Landschaft | quand même | trotzdem |
| pédale f. | Pedal | quelquefois | manchmal |
| peindre | malen | quelques-uns | einige |
| peine f. | Mühe, Kummer | question f. | Frage |
| peinture f. | Malerei, Bild | quiche f. | Art (salziger) Kuchen |
| pendant | während | quitter | verlassen |
| pensée f. | Gedanke | quotidien, -ne | täglich |
| Pépé | Opa | raccrocher | einhängen, auflegen |
| perdre | verlieren | raconter | erzählen |
| perdu, -e | verloren | raisin | Weintraube |
| permettre | erlauben | randonnée f. | Wanderung, Ausflug |
| permis de conduire | Führerschein | ranger | aufräumen |
| permission f. | Erlaubnis | rapide | schnell |
| perroquet | Papagei | rappeler, se | sich erinnern |
| persil | Petersil | rapporter | bringen |
| personnel | Personal | raté, -e | missraten |
| petit déjeuner | Frühstück | rater | versäumen |
| peur f. | Angst | récent, -e | kürzlich |
| peut-être | vielleicht | recevoir | erhalten |
| pharmacie f. | Apotheke | réchauffer | erhitzen |
| pièce f. | Stück | réciter | aufsagen |
| pied | Fuß | récré(ation) f. | Pause |
| piment | Chili | redonner | zurückgeben |
| piscine f. | Schwimmbad | réfléchir | überlegen |
| placard | Wandschrank | réfrigérateur | Kühlschrank |
| plage f. | Strand | regard | Blick |
| plaire à | gefallen | régime | Diät |
| plaisir | Vergnügen; Freude | régiment | Regiment |
| planche à voile f. | Surfbrett | région f. | Region, Gebiet |
| plante f. | Pflanze | règle f. | Lineal, Regel |
| plâtre | Gipsverband | remplacer | ersetzen |
| pleuvoir | regnen | rempli, -e | vollgefüllt |
| plonger | tauchen | remplir | aus-, anfüllen |
| pluie f. | Regen | rencontrer | treffen |
| poème | Gedicht | rendre visite à | jem. besuchen |
| poisson | Fisch | rendre, (se) | sich begeben; zurückgeben |
| poivre | Pfeffer | renseignements pl. | Erkundigungen |
| poivron | Paprika | repas | Mahlzeit |
| poli, -e | höflich | répondre | antworten |
| police secours | Polizeinotruf | réponse f. | Antwort |

## VOCABULAIRE – Vokabelverzeichnis

| | | | |
|---|---|---|---|
| repos | Ruhe | souffrir | leiden |
| reposer, se | sich ausruhen | souhaiter | wünschen |
| reproche | Vorwurf | soulagé, -e | erleichtert |
| reprocher q. à q. | jem. etwas vorwerfen | soulagement | Erleichterung |
| réputation f. | Ruf | sourd, -e | taub |
| résilier | kündigen, auflösen | souris f. | Maus |
| résoudre | lösen | sous | unter |
| rester | bleiben | stylo | Füller |
| résultat | Ergebnis | succès | Erfolg |
| retirer, se | sich zurückziehen | suivant, -e | folgend |
| retourner | zurückkehren | suivre | folgen |
| retour | Rückkehr | supposer | vermuten |
| retraité | Pensionist | sûr | sicher |
| retraite f. | Ruhestand | sûrement | sicher |
| retrouver | wiederfinden | surgelé | tiefgefroren |
| réviser | wiederholen | surprise f. | Überraschung |
| revoir | wiedersehen | surtout | vor allen Dingen |
| riche | reich | surveillante f. | Erzieherin |
| rire | lachen | tailleur | Kostüm |
| riz | Reis | taire, se | schweigen |
| robot | Roboter | tandis que | während, hingegen |
| roman policier | Kriminalroman | tarte f. | Torte, Kuchen |
| rouler | rollen, fahren | télégraphiste | Telegrammbote |
| route f. | Straße, Weg | télésiège | Schilift |
| sac à dos | Rucksack | temps | Zeit, Wetter |
| sac | Tasche | temps, mettre du | Zeit brauchen |
| sage | weise, brav | tenir | halten |
| salle de séjour f. | Wohnzimmer | terminer, se | zu Ende gehen |
| saluer | grüßen | têtu, -e | starrsinnig |
| samedi | Samstag | timbre | Briefmarke |
| sans | ohne | timide | schüchtern |
| sans-abri | Obdachloser | tirage | Auflage |
| santé f. | Gesundheit | tisane f. | Kräutertee |
| sauce f. | Soße | tomber | fallen |
| saucisson | Wurst | ton | Ton |
| sauter | springen | tonne f. | Tonne |
| sauver | retten | tôt | früh |
| savant | Gelehrter, Wissenschaftler | totalement | vollständig |
| savant, -e | weise | toujours | immer |
| savoir | wissen | tour | Rundreise, -fahrt |
| scout | Pfadfinder | tout de suite | sofort |
| se plaindre | sich beschweren | tout le temps | die ganze Zeit |
| secouer | schütteln | tricherie f. | Schwindeln |
| secours | Hilfe | triste | traurig |
| secret | Geheimnis | tromper, se | sich irren |
| séjour | Aufenthalt | trop | zu viel |
| sel | Salz | trottoir | Gehsteig |
| semaine f. | Woche | trouver | finden |
| sentiment | Gefühl | trouver, se | sich befinden |
| sentir, se | sich fühlen | usage | Gebrauch |
| serait | wäre | vacances f. pl. | Ferien |
| serpent | Schlange | vachement | wahnsinnig (ugs.) |
| serré, -e | gedrängt, eng | vaisselle, faire la | Geschirr |
| serrer | drücken | vendeur | Verkäufer |
| serveuse f. | Kellnerin | vendre | verkaufen |
| serviette f. | Aktentasche | vérité f. | Wahrheit |
| servir | servieren, bedienen | vêtements m. pl. | Kleidung |
| seul, -e | allein | veuve f. | Witwe |
| seulement | nur | viande f. | Fleisch |
| sévère | streng | victime f. | Opfer |
| sieste f. | Mittagsschläfchen | vider | leeren |
| signe | Zeichen | vierge | jungfräulich, leer |
| signer | unterschreiben | ville f. | Stadt |
| silence | Stille | violon | Geige |
| simple | einfach | visite familiale f. | Familienbesuch |
| singe | Affe | vite | schnell |
| sœur f. | Schwester | voie f. | Weg |
| soigner | pflegen | voisin | Nachbar |
| soigner, se | sich pflegen, behandeln lassen | voiture de sport f. | Sportwagen |
| | | voix f. | Stimme |
| soigneux, -se | sorgfältig | volant | Lenkrad |
| soir | Abend | voler | stehlen; fliegen |
| soirée f. | Abend (im Verlauf) | voter | wählen |
| soleil | Sonne | voyageur | Reisender |
| solide | fest | voyou | Schlingel, Lausbub |
| songer | denken, träumen | vraiment | wirklich |
| sonner | läuten | vulgaire | gewöhnlich |
| sortir | aus-, hinausgehen | | |

# DURCHSTARTEN

## FRANZÖSISCH

**ÜBUNGSBUCH LÖSUNGSHEFT**

2. Lernjahr — 2

FÜR ERFOLGREICHE TESTS UND SCHULARBEITEN

VERITAS
Gemeinsam besser lernen

## LÖSUNGEN ZU DEN BUCHSEITEN 5–14

### 1
**1.** Ma sœur n'est pas aussi gentille que ma cousine. **2.** Rodrigue n'est pas aussi énervant que le petit frère de Valérie. **3.** Cette maison n'est pas aussi vieille que la cathédrale. **4.** Pépé est aussi impoli que toi. **5.** Ses derniers films sont aussi bons que le premier. **6.** Ce train est aussi rapide que l'autre. **7.** Tes valises ne sont pas aussi lourdes que les miennes. **8.** Nos enfants sont aussi timides que tes enfants. **9.** Ma sœur n'est pas aussi grande que moi. **10.** Sa nouvelle amie est aussi belle que la précédente. **11.** Ces matchs ne sont pas aussi intéressants que les autres. **12.** Cette fille est aussi bavarde que lui.

### 2
**1.** Bertha est aussi têtue qu'une mule. **2.** Ses histoires sont moins amusantes que mes blagues. **3.** Mon assiette est plus remplie que ton assiette. **4.** Le Mont Blanc est plus haut que le Großglockner. **5.** Ce costume est moins démodé que cette veste. **6.** Ces poissons sont aussi frais que le bœuf. **7.** Ses tableaux sont moins incompréhensibles que lui. **8.** Jacques est plus ennuyant que toi. **9.** Cette idée est aussi mauvaise que toutes tes idées. **10.** Je suis plus heurex/heureuse qu'elle. **11.** Ces sites Internet sont moins récents que le mien. **12.** Sa femme est moins jalouse que lui. **13.** Vous êtes aussi bruyant(e, -s, -es) qu'eux. **14.** Elle est plus correcte que notre chef.

### 3
**1.** meilleur **2.** moins bons **3.** meilleures **4.** moins bon **5.** aussi bonne **6.** meilleurs **7.** moins bon **8.** meilleur **9.** bon – meilleur **10.** meilleurs

### 4
**1.** Ces deux filles sont les filles les plus fières de ma classe. **2.** Nous connaissons bien le meilleur joueur du club. **3.** Mme Fellin est la femme la moins intelligente de notre école. **4.** Ma fille veut épouser l'homme le plus riche de notre pays. **5.** Paul n'a toujours pas rencontré les filles les plus jolies. **6.** Pour mon mari, je suis la femme la plus sympa du monde. **7.** On sait que ces lacs ne sont plus les lacs les plus propres d'Autriche. **8.** Ma mère fait la meilleure glace. **9.** Raymond raconte toujours les moins bonnes blagues.

### 5
**1.** le plus rapide **2.** le meilleur **3.** lourdes – moins lourdes **4.** plus sages – les plus sages **5.** moins bon **6.** la plus sévère **7.** moins modernes – plus autoritaires **8.** les plus paresseux – les meilleures **9.** la plus belle **10.** les plus folles **11.** plus neuf – les plus neuves – les plus belles **12.** le plus fier – moins sympa **13.** plus connue – la moins chère

### 6
Bei Fragesätzen findest du meist nur eine Variante.
**1.** Notre professeur de français est la professeur la plus gentille de notre école. **2.** Est-ce que son mari est aussi gentil qu'elle? **3.** Mon voyage à Paris était très beau. Je trouve que Paris est une plus belle ville que Vienne. **4.** Non, Vienne est plus impressionnante en ce qui concerne les détails. **5.** Est-ce que nous allons au cinéma? On y donne le film le plus récent de Wim Wenders. **6.** Son dernier film était le meilleur. **7.** Est-ce que tu as beaucoup de travail? – Non, mes journées sont un peu moins remplies que d'habitude. **8.** Maman, est-ce que l'Autriche est plus grande que la France? – Non, l'Autriche est beaucoup plus petite que la France. **9.** Où est-ce que tu as passé tes plus belles vacances? – En Écosse. La vie était la plus tranquille là-bas. **10.** Vous avez du bon vent pour surfer? – Oui, cette année il est plus fort que l'année dernière. **11.** Nous avions le vent le plus fort il y a trois ans. **12.** Ma grand-mère dit qu'autrefois le climat était plus stable. **13.** Pour beaucoup de gens, les films sont plus intéressants que les livres. **14.** Malheureusement, nous n'avons pas les enfants les plus sages. **15.** Des voitures chères ne doivent pas toujours être les meilleures. **16.** Vos voisins sont les personnes les plus désagréables de toute la ville. **17.** Cette fille est le plus grand amour de mon fils. **18.** La semaine dernière, j'ai lu le roman policier le plus captivant de ma vie. **19.** Il a monté la plus haute montagne de l'Amérique du Sud. **20.** Mes fêtes sont plus amusantes que les fêtes de mon frère. **21.** Je trouve que ses amis sont les garçons les plus ennuyants de la ville. **22.** Est-ce que votre fille trouve aussi toujours les affaires les plus belles et le meilleur marché aux soldes? **23.** Ses enfants ont les conversations les plus longues avec leurs amis au téléphone. **24.** Ma mère dit que les filles de notre âge sont plus fatigantes que les garçons. **25.** En réalité, ce sont nos parents qui deviennent de plus en plus difficiles. **26.** Oui, parce qu'ils sont beaucoup plus âgés que nous. **27.** Je pense qu'ils trouvent que leur vie est moins amusante que la nôtre. **28.** Ma mère voulait toujours une meilleure vie que sa mère. Mais sa vie n'est pas devenue plus facile.

### 7
**1.** rapidement – rapide **2.** joliment – joli **3.** simplement – simple **4.** doucement – doux **5.** gentiment – gentil – certainement – certain **6.** actuellement – actuel **7.** finalement – final

### 8
**1.** le testament **2.** simplement **3.** le vêtement **4.** vraiment **5.** seulement («nur») **6.** heureusement **7.** le tempérament **8.** calmement/tranquillement **9.** l'appartement **10.** doucement **11.** poliment **12.** nettement **13.** malheureusement **14.** finalement

### 9
**1.** Il s'habille élégamment. **2.** Ils/Elles ne nous saluent vous ne nous saluez jamais gentiment. **3.** Elle sait exactement ce qu'elle veut. **4.** Le repas était extrêmement bon. **5.** La ville lui plaît bien. **6.** Le film est mal fait. **7.** Il parle d'une façon intéressante. **8.** Elle chante horriblement. **9.** Le ministre conduisait trop vite (rapidement). **10.** Je peux t'expliquer tout facilement. **11.** Il me demande poliment de l'argent. **12.** Il mange toujours plus que toi. **13.** C'est vraiment important. **14.** Fais du ski prudemment! **15.** Elle parle anglais couramment. **16.** James Bond vit dangereusement. **17.** Nous faisons suffisamment de sport. **18.** Je ne me sens pas bien. **19.** Je t'attends impatiemment. **20.** Tu dois parler fort. **21.** Pépé ne t'entend plus bien. **22.** Mon mari sent toujours très bon. **23.** Il va certainement te louer. **24.** Tu travailles bien et soigneusement. **25.** Il ne parle jamais franchement de son projet. **26.** Il demande d'une façon charmante s'il peut m'accompagner. **27.** Parle bas! Le bébé ne dort pas profondément.

### 10
**1.** gentille – gentiment – vraiment – généreuse **2.** mauvais – bien **3.** gratuitement **4.** mauvaise – mal **5.** fatigant – bruyamment – fort – méchamment **6.** tranquillement et agréablement **7.** bien – distraitement – attentivement – joliment – étrange – extrêmement – embêtante **8.** amoureuse – impatiemment – chers – incroyablement **9.** régulièrement – élégamment – géniales – bruyant **10.** admirablement – bien – phénoménal **11.** mondialement – facilement – compréhensibles **11.** gentiment – adorables **12.** d'une manière/façon provocante

### 11
**1.** Il vient rarement nous voir. **2.** ... tu es jóliment habillée/... tu es habillée joliment. **3.** ... Elle est sûrement montée .../... Elle est montée sûrement. **4.** Véronique sait couramment parler l'allemand. **5.** ... mais ils ont naturellement aussi ... **6.** ... Il a parlé trop bas. **7.** Il m'a demandé franchement .../ Il m'a franchement demandi ... **8.** ... que je trouvais absolument moche. **9.** Elle sait bien expliquer ... **10.** On mange rapidement avant ... **11.** Nelly range soigneusement ses affaires. **12.** ... se sont mariés civilement. **13.** Les enfants se sont follement amusés chez Trixie.

## 12

**1.** beaucoup – plus  **2.** bien – le mieux  **3.** mieux/plus  **4.** meilleur  **5.** mieux/plus  **6.** bien – le mieux  **7.** mieux  **8.** meilleure – la meilleure  **9.** mieux – le meilleur  **10.** bien – mieux  **11.** beaucoup – plus  **12.** meilleur  **13.** plus  **14.** bonne  **15.** beaucoup – le plus  **16.** les meilleurs

## 13

**1.** Ariane travaille moins sérieusement que lui.  **2.** Robert fait mieux la cuisine que sa femme.  **3.** Votre sœur parle plus que moi, mais vous parlez le plus.  **4.** Papa me donne moins régulièrement de l'argent que toi.  **5.** Cet ordinateur grave les DVD le plus rapidement.  **6.** Ta nouvelle couleur de cheveux te va mieux que le blond.  **7.** Nous voyageons le plus souvent.  **8.** Les garçons de la classe parlent l'italien plus couramment que les filles.  **9.** Le métro passe plus fréquemment que le bus.  **10.** Mon entretien dure le moins longtemps.

## 14

**1.** cher – cher – plus cher  **2.** plus doucement – fort – bien  **3.** mal – mauvais  **4.** mieux – longuement  **5.** plus dur – aussi bons  **6.** faciles – plus facilement  **7.** rapide – plus rapidement  **8.** immédiatement  **9.** plus précisément  **10.** doucement

## 15

Bei Fragesätzen findest du meist nur eine Variante.

1. Mes parents savent faire la cuisine moins bien que moi./Mes parents savent moins bien faire la cuisine que moi./Mes parents savent faire moins bien la cuisine que moi.
2. J'aime la cuisine française. Elle est vraiment bonne.
3. Les repas sont bien préparés.
4. J'ai joué le mieux!/C'est moi qui ai joué le mieux! Mais non, tu avais juste les meilleures cartes.
5. Christophe s'est mal préparé pour son examen. (*se préparer, pour son examen*)
6. Mon nouveau collègue est meilleur. Il travaille plus et bavarde/parle moins que l'autre.
7. Yvonne n'est plus aussi timide qu'avant.
8. Elle parle plus fort, elle rit plus et répond plus chaleureusement.
9. On peut vraiment bien s'entendre avec elle./On peut s'entendre vraiment bien avec elle.
10. Malheureusement, je la rencontre plus rarement maintenant.
11. Vous avez toujours votre vieux/ancien chef? – Oui, mais il est devenu plus gentil.
12. Quand quelque chose ne lui plaît pas, il explique poliment et précisément ce qu'il veut.
13. Cela doit être beaucoup plus agréable. Pourquoi est-ce qu'il a tant changé?
14. Nous ne le savons pas vraiment/exactement, mais nous pensons qu'il est amoureux.
15. La soupe de ma mère sentait très bon aujourd'hui. Elle sait la préparer mieux que moi.
16. Hier, il faisait mauvais temps. Il a plu plus longtemps que la semaine dernière.
17. Mon chien court plus vite quand il voit d'autres chiens.
18. Martin et Frédéric trouvent que presque tous les profs/professeurs enseignent de manière intéressante.
19. A leurs yeux, ils sont excellents et peuvent tout expliquer de manière compréhensible.
20. Les autres ne comprennent pas exactement pourquoi les deux sont si satisfaits.
21. Max et Michel jouent rarement calmement.
22. La plupart du temps, ils sont si bruyants qu'ils dérangent les voisins.
23. Hier, Milan observait une dame élégante à l'arrêt de bus.
24. Elle cherchait (nerveusement) quelque chose (nerveusement) dans son sac à main.
25. Il lui a demandé poliment s'il pouvait l'aider. (pouvait – indirekte Rede)
26. Mais la dame ne lui a pas (gentiment) répondu (gentiment).
27. Il y a quelques jours, nous nous sommes entretenus plus longtemps avec les étrangers qui habitent dans la maison voisine.
28. Ils nous ont (aimablement) invités (aimablement) à boire un thé avec eux.
29. Tous les deux ont étudié le droit dans leur pays (d'origine) et un jour, ils ont dû quitter le pays précipitamment.
30. Heureusement, on leur a accordé l'asile chez nous.

## 16

**1.** Non, je n'en ai pas.  **2.** Oui, on y va.  **3.** Oui, elle en est partie.  **4.** Oui, elle y a dormi une heure.  **5.** Oui, j'en ai écrit même trois.  **6.** Non, il n'en a pas mangé.  **7.** Oui, il va y participer.  **8.** Non, je ne m'y intéresse pas.  **9.** Oui, elle en écoute beaucoup.  **10.** Non, ils ne songent pas y aller encore.  **11.** Oui, elle en consomme beaucoup.  **12.** Non, nous n'allons pas en changer pour le moment.

## 17

**1.** Oui, je l'y rencontre.  **2.** Oui, nous le prenons rarement pour y aller.  **3.** Non, il ne le connaît pas.  **4.** Oui, ils y vont avec moi.  **5.** Oui, ils s'y intéressent.  **6.** Non, je ne leur paie pas le téléphone.  **7.** Oui, nous en recevons.  **8.** Oui, elle y est très attachée.  **9.** Non, elle n'aime pas se mesurer à elle.  **10.** Oui, je t'y rejoins tout de suite.  **11.** D'accord, j'y pense.  **12.** Non, ils n'y sont pas avec lui.  **13.** Oui, il y est.  **14.** Mais si, je m'inquiète pour eux. Ils ne savent pas en revenir seuls!

## 18

**1.** Oui, il en a déjà acheté.  **2.** Non, elle n'en est pas sortie.  **3.** Oui, nous allons la vendre.  **4.** Oui, elle y a longtemps vécu.  **5.** Oui, elle y est née.  **6.** Non, je ne l'ai pas vidé**e**.  **7.** Oui, elle va en sortir bientôt.  **8.** Oui, j'en ai besoin maintenant.  **9.** Oui, ils s'y sont mis.  **10.** Oui, nous sommes fiers d'eux.  **11.** Non, ils ne s'y habituent pas.  **12.** Oui, avant ils en avaient une.  **13.** Non, elle ne va pas en prendre.  **14.** Non, elle n'en veut pas.  **15.** Oui, elle y est.  **16.** Oui, on y pense.  **17.** Oui, nous l'avons fermé**e** à clé.  **18.** Oui, j'y suis allé.  **19.** Non, je n'en reviens pas par le centre commercial.  **20.** Oui, je l'ai rencontré**e**.

## 19

**1.** Oui, demande-lui s'il te donne …  **2.** Non, ne lui dis pas de se lever.  **3.** Oui, allez-y.  **4.** Non, ne lui faites pas signe.  **5.** Oui, préparons-nous pour la fête.  **6.** Oui, invitez-les. (*on* steht für *nous*)  **7.** Non, ne lui en parle pas.  **8.** Oui, demandez-lui de l'aide.  **9.** Oui, vas-y. (Ausnahme)  **10.** Oui, tais-toi.  **11.** Oui, sonne avant d'entrer chez moi.

## 20

1. Oui, nous y sommes rentrés. 2. Oui, donnez-lui votre clé. 3. Non, elle ne l'a pas donné à Pascal. 4. Non, ils ne les ont plus montrés aux douaniers. 5. Oui, je lui ai vraiment envoyé tous ces SMS. 6. Non, je ne l'y ai pas mise. 7. Oui, ils en reviennent déjà. 8. Oui, elle l'a perdue dans le train. 9. Oui, tu peux le prendre. 10. Non, je ne te rapporte pas les DVD demain. 11. Oui, vous pouvez y aller. 12. Oui, nous le donnons à l'hôtesse. 13. Non, elle n'y pense pas. 14. Oui, ils lui ont demandé de souffler dans le ballon. 15. Oui, je vais y passer. 16. Non, je ne vais pas en prendre beaucoup. 17. Oui, garde-moi une place au premier rang. 18. Oui, donne-lui du pop-corn. 19. Non, nous n'en habitons pas loin. 20. Oui, ils en font partie. 21. Oui, elle va en faire. 22. Non, ils ne leur montrent pas leur nouvelle voiture. 23. Non, elle ne vous en a pas envoyé. 24. Oui, elle pense souvent à eux. 25. Oui, il l'a votée. 26. Oui, donne-lui un coup de fil. 27. Oui, préviens-la que nous arrivons. 28. Non, elle ne le sait pas encore. 29. Ils s'en sont rendus compte hier. 30. Ils s'y mettent maintenant. 31. Oui, nous les prenons en main. 32. Non, ne m'apportez pas de café./Non, ne nous apportez pas de café. 33. Oui, nous allons le prendre ici. 34. J'en ai commandé deux. 35. J'en ai mis une dizaine. 36. Oui, nous le comprenons très bien. 37. Oui, nous en connaissons beaucoup. 38. Non, nous n'y sommes jamais allés. 39. Bien sûr, nous en avons entendu parler.

## 21

1. vous l' 2. les lui 3. vous la 4. vous le 5. leur en 6. lui en 7. te l' – l' 8. les leur 9. les y 10. le leur 11. les leur 12. l' – chez eux 13. me … à eux (*me* und *leur* dürfen nicht zusammen) 14. la lui 15. vous les

## 22

1. Non, il ne nous l'explique pas bien. 2. Oui, elle leur en parle. 3. Oui, elle va lui en acheter une. 4. Non, nous n'allons pas vous présenter à eux. 5. Oui, elle les lui a déjà renvoyés. 6. Non, nous ne nous en sommes pas moqués. 7. Oui, il l'y a imprimée. 8. Oui, je vous les/te les envoie aujourd'hui. 9. Oui, ils s'en sont aperçus. 10. Non, elle ne lui en écrit pas. 11. Oui, il lui en veut beaucoup. (= Er ist sehr böse auf sie.) 12. Non, ils ne les lui envoient pas. 13. Bien sûr, je lui fais confiance. 14. Oui, elle le leur donne aussi. 15. Oui, elle nous les repasse aussi. 16. Non, elle ne la fait pas. 17. Oui, il va lui en acheter un. 18. Oui, il en a déjà un. 19. Oui, je te le passe. 20. Non, elle ne s'y est pas inscrite. 21. Oui, elle veut en faire. 22. Non, je ne vous le donne pas. 23. Oui, ils les y a oubliés. 24. Oui, je le leur explique. 25. Oui, je l'y dépose. 26. Non, elle ne le leur indique pas. 27. Oui, il va l'y jouer. 28. Non, il ne le lui rend pas. 29. Non, il ne leur a pas avoué. 30. Oui, on y en a retrouvé une dizaine. 31. Oui, elle a essayé de lui téléphoner. 32. Oui, il le lui a pris immédiatement. 33. Oui, on en a déjà assez. 34. Non, je n'en avais plus. 35. Non, il ne m'en envoyait plus. 36. Non, tu ne me les demandes pas. 37. Non, je ne leur en fais pas.

## 23

(Achtung: Die Reihenfolge ändert sich: *objet direct* steht dem Verb am nächsten. Außerdem ist in vielen Sätzen nicht klar, ob man mit dem Angesprochenen per Sie oder per Du ist.)
1. Oui, parlez-m'en. (da *en* nachher steht, wird aus *moi* wieder *me*) 2. Oui, Maman, achète-le-nous 3. Oui, passez-le-nous/passez-le-moi. 4. Oui, dis/dites-le-moi. 5. Oui, verse(z)-m'en encore. 6. Oui, donnez-le-moi. 7. Oui, offre(z)-les-leur. 8. Oui, présente(z)-le-nous. 9. Oui, prête(z)-la-lui. 10. Oui, livrez-les-nous/livrez-les-moi. 11. Oui, donnez-le-lui. 12. Oui, reprends-la-lui. 13. Oui, réservez-la-nous/réservez-la-moi. 14. Oui, servez-le-vous. 15. Oui, tiens/tenez-la-lui. 16. Oui, ouvre(z)-le-moi. 17. Oui, donnez-les-nous/donnez-les-moi maintenant.

## 24

1. Oui, mets-l'y. 2. Non, je ne les y ai pas vues. 3. Oui, elle va s'en occuper … 4. Non, nous n'avons pas dû les lui montrer. 5. Oui, il nous les a racontées toutes. 6. Oui, il aimerait y en vendre. 7. Oui, dites-la-leur. 8. Oui, je m'y suis attachée. 9. Non, ils n'y habitent pas tous. 10. Oui, je vais la leur donner. 11. Non, elle n'en revient pas sans elle. 12. Oui, elle l'y a déposée. 13. Oui, elle en achète trois. 14. Oui, elle y en a pris beaucoup. 15. Oui, je les préfère. 16. Oui, emmenez-moi. 17. Oui, laisse-la-leur. 18. Oui, elle pense souvent à lui. 19. Oui, mets tu y en. 20. Oui, ils la lui redonnent. 21. Non, elle ne lui en a pas parlé. 22. Oui, il doit me les envoyer par Internet.

## 25

Bei Fragesätzen findest du meist nur eine Variante.
1. Tu dois nous présenter ton ami. Présente-le-nous demain. Nous voulons le voir. 2. Je le lui ai dit aujourd'hui. Et il n'en a pas été content. 3. Le CD? Je te l'ai gravé sur ordinateur. 4. Qui a vu mes clés? – Je te les ai données il y a cinq minutes. Tu ne t'en souviens plus? Tu ne les trouves jamais, tes clés. N'est-ce pas? 5. Donne-moi l'assiette. Et dis-moi où je trouve les autres. Je n'aime pas/Je ne veux pas les chercher. 6. Je veux rencontrer Mehdi et sa femme à Paris. Est-ce que je dois le leur dire par e-mail? – Oui, dis-le-leur. 7. Quand est-ce que tu me montres les papiers? Montre-les-moi. 8. La voiture? Fred la lui a offerte pour son anniversaire. 9. Elle n'est pas rentrée. Mais elle nous l'avait promis. 10. Nous ne comprenons pas la phrase. Pourriez-vous nous l'expliquer encore une fois? 11. Tu veux savoir pourquoi je connais la lettre? Papa me l'a lue.

## 26

1. Vas-tu m'accompagner …? 2. Le dernier film de Woody Allen a-t-il obtenu un prix? 3. Mes enfants jouent-ils à l'ordinateur? 4. Va-t-il au stade demain? 5. Habitaient-ils dans les Vosges? 6. Marie est-elle née à Bayonne? 7. Le succès de son roman a-t-il été phénoménal? 8. Avait-il du succès? 9. A-t-elle fait ses études à la Sorbonne? 10. Avons-nous lu cette bande dessinée? 11. Les enfants vont-ils manger tous les gâteaux? 12. Feras-tu la vaisselle? 13. Claude a-t-il décidé de changer de vie? 14. Le premier festival de Cannes a-t-il eu lieu en 1946? 15. Sa mère ne travaille-t-elle pas comme institutrice? 16. N'êtes-vous pas rentrés trop tard? 17. A-t-elle dû le savoir? 18. Ne pouvait-il pas nous inviter? 19. Est-elle tombée amoureuse de son prof de chimie? 20. Feras-tu une excursion à Prague? 21. A-t-elle offert sa place à la vieille dame dans le bus? 22. Rentrez-vous toujours tard le soir? 23. A-t-elle gardé le bébé de sa voisine? 24. Vont-ils manger de la choucroute au lard? 25. Avons-nous vraiment gagné le prix? 26. Ferait-elle la vaisselle à la place de sa sœur? 27. Connaissez-vous la ville? 28. Êtes-vous rentré tôt? 29. Ta grand-mère a-t-elle attrapé de la fièvre? 30. Adores-tu surtout les roses?

## 27

1. Pourquoi ne vient-elle pas? 2. Quand partiras-tu à la gare? 3. Où mes parents aiment-ils rester le soir? 4. Depuis quand Léon connaît-il la jeune fille? 5. Comment Mémé va-t-elle après son opération? 6. Où Simon ne voulait-il pas aller à pied? 7. Quelle musique votre mari préfère-t-il à la musique pop? 8. Jusqu'à quand resterons-nous? 9. Combien d'enfants mon amie Sabine a-t-elle? 10. Quel temps a-t-il fait? 11. En quelle saison/Quand adore-t-il Paris? 12. Où allez-vous rentrer dimanche? 13. D'où Mehdi vient-il? 14. Quels appartements notre ami achète-t-il? 15. Où avez-vous trouvé l'article? 16. Où passerons-nous les vacances? 17. Pourquoi a-t-elle écrit au frère de son amie? 18. Quand allez-vous fêter l'anniversaire avec vos amis? 19. Quand inviterons-nous notre tante et son mari? 20. Quels romans adore-t-il lire? 21. D'où les parents de Kofi viennent-ils? 22. Jusqu'à quand vont-ils rester?

## 28

1. Qui 2. Qui 3. Qui est-ce que 4. Qui 5. Qui 6. Qui 7. Qui 8. Qui est-ce que 9. Qui 10. Qui 11. Qui 12. Qui 13. Qui 14. Qui est-ce que 15. Qui 16. Qui 17. Qui 18. Qui 19. Qui 20. Qui est-ce que 21. Qui 22. Qui est-ce qu' 23. Qui 24. Qui 25. Qui 26. Qui est-ce que 27. Qui 28. Qui est-ce que 29. Qui 30. Qui est-ce qu'

## 29

1. À qui est-ce que  2. Qui  3. Qui  4. Qui  5. Qui  6. Qui  7. À qui  8. Qui  9. À qui  10. Qui  11. Qui  12. Qui  13. Qui  14. À qui est-ce que  15. Qui  16. Qui est-ce que  17. À qui est-ce que  18. Qui

## 30

Bei Fragesätzen findest du meist nur eine Variante.

1. Qui n'est pas venu aujourd'hui?  2. À qui est-ce que tu montres ton livre?  3. Qui est-ce que tu appelles? (À qui est-ce que tu téléphones?)  4. Qui est-ce que tes parents aident?  5. À qui est-ce qu'il a écrit ça?  6. À qui est-ce que tu vas demander?  7. Qui s'appelle Maurice?  8. Qui est-ce que tu appelles «Baba»?  9. À qui est-ce que tu dis ça?  10. Qui est-ce que vous allez chercher à l'école?/Qui allez-vous ...  11. Qui vous accompagne au cinéma?  12. À qui est-ce que vous payez le séjour?  13. À qui est-ce que le film ne plaît pas?

## 31

1. Qui  2. Que  3. Que  4. Qui  5. Qu'  6. Qui  7. Que  8. Que  9. Qui  10. Qui  11. Qui  12. Que  13. Qui  14. Qui

## 32

1. Que  2. Qu'est-ce que  3. Que  4. Que  5. Qu'est-ce qui  6. Que  7. Qu'est-ce qui  8. Qu'est-ce que  9. Qu'est-ce que  10. Qu'est-ce qui  11. Qu'est-ce que  12. Que  13. Qu'est-ce que

## 33

1. Que  2. Qui  3. Qu'est-ce qui  4. Qu'est-ce qui  5. Que  6. Qui est-ce que  7. Qu'est-ce que  8. Qu'  9. Qui  10. Qui est-ce que  11. Qu'est-ce qu'  12. Qu'est-ce que  13. Qu'est-ce qui  14. Qui est-ce que  15. Qui

## 34

1. Qui a écrit ce livre?  2. À qui plaît-il? À qui est-ce qu'il n'a pas plu?  3. Que fais-tu? Nous ferons quoi le week-end?  4. Qui va gagner?  5. Qu'est-ce que les étudiants veulent changer?  6. Qu'est-ce qui ne nous regarde pas?  7. À qui veux-tu demander?  8. Qu'est-ce qui sent si bizarre ici?  9. Qu'est-ce que vous voyez? Qu'est-ce que c'est?  10. Qui est-ce que tu vas rencontrer?  11. À qui a-t-il offert les fleurs?  12. Qui aide sa sœur à la maternelle?  13. Qu'est-ce que cette phrase signifie?  14. Le commissaire a arrêté qui?  15. Qu'est-ce que tu veux regarder/voir à l'opéra?

## 35

1. Tu as fait la connaissance de qui?  2. Où est-ce que le héros de ce film vient d'être cambriolé?  3. Il n'a pas assez de temps pour qui?  4. Pour qui est-ce que Berlioz a écrit cette sonate?  5. Comment sont-ils sortis?  6. Que va-t-il faire ce week-end?  7. Où est-ce qu'il préfère terminer notre conversation?  8. Qui l'a mise dans cet état?  9. Qui est-ce que nous recommandons pour ce job?  10. Quand est-ce qu'elle peut commencer?  11. Quelle idée Sienna a-t-elle eue?  12. À qui est-ce que la voisine a tout de suite parlé?  13. Comment est-ce que tu as trouvé ce film?  14. Pourquoi est-ce que leurs chemins se séparent ici?  15. Sarah vient d'où?  16. Qui a embouti ma voiture?  17. Qu'est-ce qu'elle a préféré prendre?  18. De quoi est-ce que ce livre parle?  19. Depuis quand est-ce qu'on se connaît?  20. De qui est-ce que les enfants se moquent?

## 36

1. Qui est-ce que vous avez rencontré?  2. Quand l'avez-vous rencontré?  3. Il vient d'où?  4. Qu'est-ce que vous lui avez raconté?  5. Qui (Qui est-ce qui) vous a écouté?  6. Pourquoi est-ce que vous êtes allé(e)(s) chez lui?  7. À qui est-ce que vous n'allez pas le raconter?  8. Quelle histoire lui avez-vous racontée?  9. Que fait-il maintenant?  10. Vous le connaissez depuis quand?  11. Comment l'homme s'appelle-t-il?  12. Où est-ce qu'il habite/vit en ce moment?  13. Est-ce que vous me racontez l'histoire aussi?

## 37

1. De qui est-ce qu'il est tombé amoureux?  2. Est-ce que ce pull vous plaît?  3. Qu'est-ce qui vous plaît bien?  4. Qu'est-ce que ta mère/Maman préfère lire?  5. Comment est-ce que vous avez voyagé?  6. Pourquoi est-ce que tu t'es dépêché?  7. Comment est-ce qu'il a dîné?  8. Où est-ce que vous l'avez rejointe?  9. Qu'est-ce que Pierre a vendu pour se payer le tour du monde?  10. Quels films est-ce qu'elle a envie de regarder?  11. Qui est-ce que vous avez invité?  12. À qui est-ce que tu viens de parler?  13. Qu'est-ce qu'il a dit?  14. À quoi est-ce qu'elle joue le dimanche?  15. Où/dans quel film est-ce que cet acteur a joué?  16. Qu'est-ce que les enfants promettent?  17. Avec qui est-ce que Justine parle?  18. Où est-ce que ta voiture est garée?  19. À qui est-ce que Renée a interdit d'apporter des tonnes de chocolat?  20. Combien de livres est-ce qu'il a écrit?  21. Pourquoi est-ce que Jean-Louis va chez le dentiste?  22. Qui est sourd comme un pot?  23. Par quel job est-ce que tu as obtenu ce job?  24. Où est-ce qu'il faut un signe plus?  25. Quand est-ce que tes parents reviennent des Antilles?  26. Qu'est-ce qu'ils vont sûrement t'apporter?  27. Qu'est-ce que tu fais avec?  28. Où est-ce que Géraldine surfe souvent?  29. Depuis quand est-ce que tes (vos) enfants apprennent la musique?  30. Où est-ce qu'ils apprennent la musique?  31. Comment est-ce que les profs y sont en général?  32. Qu'est-ce qu'il faut faire pour s'inscrire?  33. Qu'est-ce qu'il faut joindre comme documents?  34. Est-ce que ça coûte cher?  35. Pourquoi est-ce que tu me demandes ça?  36. Sur quoi est-ce que Marianne prépare un exposé?  37. Combien est-ce que la chambre simple coûte pour une nuit?  38. Quand est-ce qu'il faut quitter les chambres?  39. Comment est-ce que vous allez en Espagne?  40. Combien de fois est-ce que vous y allez?  41. Est-ce que vous aimez Séville?

## 39

1. descendre – elles descendaient  2. chanter – il chantait  3. finir – elles finissaient  4. trouver – je trouvais  5. gagner – elle gagnait  6. réagir – je réagissais  7. dire – tu disais  8. appuyer – vous appuyiez  9. se souvenir – je me souvenais  10. sauter – ils sautaient  11. cuisiner – il cuisinait  12. regarder – tu regardais  13. courir – je courais  14. être – vous étiez  15. jouer – nous jouions  16. commencer – je commençais  17. perdre – elle perdait  18. réussir – ils réussissaient  19. plaire – nous plaisions  20. se taire – vous vous taisiez  21. tenir – elles tenaient  22. oublier – tu oubliais  23. lire – je lisais  24. boire – elle buvait  25. dormir – nous dormions  26. suivre – elles suivaient

## 40

1. nous partons – il partait  2. nous faisons – vous faisiez  3. nous disons – ils disaient  4. nous regardons – nous regardions  5. nous déjeunons – je déjeunais  6. nous amenons – tu amenais  7. nous tenons – il tenait  8. nous buvons – elles buvaient  9. nous étudions – j'étudiais  10. nous lisons – nous lisions  11. nous nous étonnons – tu t'étonnais  12. nous sommes – nous étions  13. nous allons – nous allions  14. nous appelons – j'appelais  15. nous venons – il venait  16. nous sourions – tu souriais  17. nous finissons – elle finissait  18. nous voulons – nous voulions  19. nous prenons – vous preniez  20. nous mangeons – je mangeais  21. nous nous reposons – tu te reposais  22. nous sortons – il sortait  23. nous croyons – elles croyaient  24. nous avons – tu avais

### 41

**1.** est né – avait  **2.** adorions – avons appelé  **3.** attendait – buvait  **4.** a eu – est venue  **5.** a passé – avait  **6.** est entré – hurlait/a hurlé – applaudissait/a applaudi  **7.** s'inquiétaient – dansait – s'amusait  **8.** voulait prendre – a décidé – n'a pas encore pris  **9.** a eu – ont volé – ont pu – ont quitté – les a vus – a appelé  **10.** a disparu – était – a téléphoné – n'a pas répondu  **11.** observait – était – portait – avait  **12.** partaient – sont allés – ont choisi – ont loué – s'appelait – sont revenus  **13.** faisait – voulait – a eu – n'a plus pu/ne pouvait plus  **14.** a changé – travaillait – n'aimait plus – s'ennuyait – s'est inscrite – a terminé – faisait – aidait  **15.** s'est levée – était – a bu – avait – a quitté – pleuvait – faisait – n'a pas pris – pouvait voir – J'ai fermé – j'ai soupiré  **16.** avait – a suivi – ne savait pas encore bien – avait – était – se moquaient – attendait – a changé – avait – est monté – a descendu (dir. Objekt folgt) – a perdu – a entendu – s'est approchée – a remarqué – lui a promis – ont invité – a fait – sont tombés – s'est passée  **17.** j'attendais – est arrivée – a critiqué – a jeté – étaient – a contrôlé – lisais – est partie – a oublié – l'ai ouverte – avait – a descendu – j'ai pris – j'ai cherché – était – l'ai retrouvée  **18.** j'ai passé – sommes allé(e)s – avons habité – donnait – j'ai fait – parlait – sommes parti(e)s – m'a promis – ne m'a pas écrit  **19.** avons perdu – nous nous promenions – avons cherché – ne les avons pas trouvées - sommes allé(e)s – était  **20.** a fait – voyageait – travaillait – est tombée – l'a trouvée  **21.** sommes arrivés – avait – attendaient – nous sommes mis(es) – est arrivée – est passée – n'a rien dit  **22.** a raté – a conduit – a grillé – a doublé – était – s'est arrêtée – a demandé – ne lui donnait pas (indirekte Rede)  **23.** est née – sont nés – sont allés – n'était pas – était – avait – ont passé  **24.** est allé – s'appelait/s'appelle – racontait – est devenue – rencontré – ne voulait plus – a vendu – faisait – est devenu  **25.** sommes allé(e)s – était – avait – a nagé – a eu – s'est bien amusée – était

### 42

**1.** achetée  **2.** partis  **3.** trouvée  **4.** achetées  **5.** écoutée  **6.** réchauffé  **7.** prises  **8.** demandé  **9.** choisis  **10.** lus  **11.** donné  **12.** visités  **13.** donnés  **14.** présenté  **15.** achetée

### 43

Bei Fragesätzen findest du meist nur eine Variante.
**1.** Les enfants ne se sont pas encore lavé les mains.  **2.** Je montre les cadeaux que mes amis m'ont apportés à mes parents.  **3.** Mesdames, quand est-ce que vous êtes parties de chez vous?  **4.** La flûte traversière que nous avons achetée à Bernadette coûtait très cher.  **5.** Dans quelles circonstances vous vous êtes revu(e)s?  **6.** Que sont-ils devenus?/Que sont-elles devenues?/Qu'est-ce que vous êtes devenu(e), (s, es)?  **7.** Quels pantalons est-ce que tu n'as plus portés depuis longtemps?  **8.** Les deux se sont mariés samedi dernier.  **9.** Ta sœur? Je ne l'ai pas encore vue aujourd'hui.  **10.** Nous ne nous sommes pas moqué(e)s de toi.  **11.** Mesdames et Messieurs, est-ce que je vous ai convaincus?  **12.** J'adore ces endroits que j'ai découverts l'été dernier.

### 44

**1.** j'avais bu  **2.** il avait eu  **3.** il s'était appelé  **4.** j'étais sorti(e)  **5.** il avait proposé  **6.** tu avais fait  **7.** elle avait offert  **8.** j'étais allé(e)  **9.** vous étiez arrivé(e, s, es)  **10.** nous avions écouté  **11.** tu avais pris  **12.** nous avions ouvert  **13.** ils avaient vendu  **14.** ils avaient été  **15.** elles avaient pensé  **16.** vous aviez dit  **17.** nous avions voulu  **18.** ils avaient mangé  **19.** tu avais aimé  **20.** elles étaient tombées

### 45

**1.** tu pouvais – tu as pu – tu avais pu  **2.** vous étiez – vous avez été – vous aviez été  **3.** elle tenait – elle a tenu – elle avait tenu  **4.** j'allais – je suis allé(e) – j'étais allé(e)  **5.** nous savions – nous avons su –nous avions su  **6.** tu montrais – tu as montré – tu avais montré  **7.** elles venaient – elles sont venues – elles étaient venues  **8.** il entendait – il a entendu –il avait entendu  **9.** je rentrais – je suis rentré(e) – j'étais rentré(e)  **10.** elle montait – elle est montée – elle était montée

### 46

**1.** j'étais – nous avions été – tu as pensé – il a eu – nous avions – tu es
**2.** vous avez choisi – nous choisissons – ils/elles chantaient – tu as donné – ils/elles sont – vous êtes
**3.** il sonne – nous apportions – elle est allée – ils/elles sont arrivé(e)s – nous voulons/nous voudrions – je suis
**4.** il pensait – il voulait – nous ouvrions – ils/elles avaient vu – il était venu – tu as
**5.** nous passons – il avait pu – ils/elles préfèrent – elle a demandé – vous aviez entendu
**6.** nous lisons – ils/elles avaient acheté – j'ai vendu – elle a offert – nous avions appris
**7.** il rencontre – nous racontions – ils montraient – il montait – ils/elles jouent – il avait été
**8.** ils connaissent – nous avons travaillé – ils/elles comptaient – je crois – ils/elles avaient cherché – il trouvait

### 47

**1.** Oui, elle lui a acheté le vélo.  **2.** Non, ils ne les avaient pas regardés.  **3.** Non, ils ne l'ont pas visitée.  **4.** Oui, nous devons les écrire pour cette revue.  **5.** Oui, elle les connaît.  **6.** Non, elle ne leur avait pas décrit son idée.  **7.** Oui, il les a mangés.  **8.** Non, je ne les ai pas offerts aux invités.  **9.** Oui, il leur montrait les curiosités de Vienne.  **10.** Non, il ne l'avait pas prise.  **11.** Non, nous n'allons pas les inviter.  **12.** Non, nous ne les avons pas rangées.  **13.** Oui, ils vont l'acheter dans ce magasin.  **14.** Non, il ne lui a pas posé cette question.  **15.** Oui, je l'aidais à la maison.  **16.** Non, elle ne lui a pas fait la tisane.

### 48

**1.** Papa nous aidait je ... – Papa nous a aidé(e)s ... – Papa nous avait aidé(e)s ...  **2.** Nous voulions le faire ... – Nous avons voulu le faire ... – Nous avions voulu le faire ...  **3.** Mes enfants ne mangeaient pas ... – Mes enfants n'ont pas mangé ... – Mes enfants n'avaient pas mangé ...  **4.** Je n'allais pas ... – Je ne suis pas allé(e) ... – Je n'étais pas allé(e) ...  **5.** On les invitait. – On les a invité(e)s. – On les avait invité(e)s.  **6.** Tu lui disais ... – Tu lui as dit ... – Tu lui avais dit ...  **7.** ... tes frères passaient ... – ... tes frères ont passé ... – ... tes frères avaient passé ...  **8.** Vous ne leur écriviez plus ... – Vous ne leur avez plus écrit ... – Vous ne leur aviez plus écrit ...  **9.** Elle leur offrait ... – Elle leur a offert ... – Elle leur avait offert ...  **10.** Tu venais ... – Tu es venu(e) ... – Tu étais venu(e) ...  **11.** Nous nous amusions ... – Nous nous sommes amusé(e)s ... – Nous nous étions amusé(e)s ...  **12.** Ils avaient ... – Ils ont eu ... – Ils avaient eu ...  **13.** Vous étiez ... – Vous avez été ... – Vous aviez été ...  **14.** Je prenais ... – J'ai pris ... – J'avais pris ...  **15.** Elle savait tout. – Elle a su tout. – Elle avait su tout.

### 49

**1.** jouait – mangeait – avais achetés  **2.** étaient partis – a invité  **3.** a préparé – avait achetées  **4.** adorait – lui avait faites  **5.** ne pouvaient pas – cherchaient  **6.** nous souvenions – avait quitté  **7.** sont arrivées – s'étaient vraiment dépêchées  **8.** ne nous a pas raconté – avait fait  **9.** ne savait pas – lui avait donné  **10.** avons rencontré – avait été  **11.** ne vous êtes pas rendu(e, s, es) – aviez/avez oublié  **12.** avait perdu – ne lui a plus donné  **13.** est revenu – avait volé  **14.** n'a pas compris/ne comprenait pas – expliquait  **15.** a bien réussi – avait travaillé  **16.** ne voulait pas – n'avait pas préparé  **17.** était – a regardé – avait neigé  **18.** s'est dépêchée – attendait  **19.** avaient – avaient joué  **20.** s'est arrêtée – avait quitté  **21.** a dû – avait insulté

### 50

**1.** Après qu'il s'était changé, nous sommes allé(e)s au restaurant. **2.** Quand André racontait une histoire de monstres à Odile, elle avait peur. **3.** Après que Rébecca avait perdu au Monopoly, elle a commencé à pleurer. **4.** Quand les parents sont revenus, les amis des enfants n'étaient plus là. **5.** Quand Kévin est rentré, sa mère lui a annoncé une bonne nouvelle. **6.** Après que mon amie avait fait la tête depuis des heures, je suis rentré(e) chez moi. **7.** Elle était triste après que son mari avait perdu son alliance dans le train. **8.** Quand Mona est entrée dans la cuisine, il y avait une épaisse fumée noire. **9.** J'ai découvert beaucoup de vieilles photos quand j'ai rangé le placard de ma tante. **10.** Après que Max avait mangé tout la tarte, sa sœur était fâchée. **11.** Quand les Thaler sont arrivés à la frontière hongroise, ils ont constaté qu'ils avaient oublié les passeports.

### 51

**1.** est partie – habite – s'appelle – était/est –l'a rencontrée – a connu – est mort
**2.** sont allées – ont choisi – leur avait indiqué – ont mangé – fêtait – servait – étaient
**3.** suis arrivé(e) – j'ai apporté – j'avais trouvé (= le sac)/trouvées (= les photos) – avions regardé – nous a invités – voulait descendre – est tombé – s'est blessé – ne pouvait plus – avons téléphoné – est venue – l'a emporté – suis allé(e) – est rentré – lui avait fait – s'était cassé
**4.** a raconté – a sonné – me suis dit – sonne – voulais – dormait – me suis levée – j'ai ouvert – J'ai découvert – ne l'ai pas ouvert – était – avait dessiné – j'avais réfléchi – a dit – m'avait acheté – il y avait – c'était – avait mis
**5.** a rendu visite – a – est arrivé – a dit – rangeait – avez fini – allons partir – as préparé – t'es coiffée – tu n'as pas encore nettoyé – as pris – j'ai mises – est – a sorti – est parti – posait – regardaient – faisaient – souriait – m'a dit – nous comportons
**6.** a rencontré – avait – a téléphoné – a dit – s'est acheté – a demandé – pensait – ne plaisait pas – a annulé
**7.** j'ai donné – m'a mordu(e) – a voulu/voulait – j'ai laissé – est sortie – j'étais revenu(e) – est montée – a mangé – j'avais achetées
**8.** devait – souffrait – passait – faisaient – se couchaient – a découvert – ne s'ennuyait plus
**9.** était – jouait – attachait – est arrivé – n'a pas vu – n'a pas eu – a foncé – est tombé – a couru – s'est enfuie – a juste demandé
**10.** est rentrée – avait – avait été – avait dit – voulait – pensait – pouvait (indir. Rede) – se sentait – pensait – a adressé – lui a dit – était entré – avait laissé – a donné – ne voulait pas – l'a ouverte – ne pouvait pas – lisait – était morte – avait laissé – a embrassé – a sauté – est partie – n'a plus rien compris/ne comprenait plus rien

### 52

**1.** tu promettras – nous promettrons **2.** nous irons – il ira **3.** ils partiront – tu partiras **4.** je choisirai – nous choisirons **5.** vous direz – nous dirons **6.** ils boiront – on boira **7.** je voudrai – nous voudrons **8.** je devrai – vous devrez **9.** tu tiendras – je tiendrai **10.** nous viendrons – il viendra **11.** ils penseront – je penserai **12.** elles liront – je lirai **13.** tu te moqueras – il se moquera **14.** je paierai/payerai – nous paierons/payerons

### 53

**1.** Oui, elle les fera à Paris. **2.** Oui, nous allons le prendre. **3.** Non, on ne va pas le regarder. **4.** Oui, je leur prêterai mes CD. **5.** Non, nous ne le raterons pas. **6.** Oui, je vais les manger. **7.** Oui, je lui dirai la vérité. **8.** Non, elle ne lui confiera pas le secret. **9.** Oui, nous allons le rendre à notre cousine. **10.** Oui, je vais la regarder. **11.** Oui, ils le comprendront.

### 54

**1.** tu verras – il donnera – nous serons – ils/elles auront – il rira **2.** vous courrez – vous apporterez – j'appellerai/je téléphonerai – tu tomberas **3.** il dira – vous dites – ils/elles penseront – il saura – j'attendrai – nous attendons **4.** tu t'appelleras – il appellera/téléphonera – nous partirons – ils/elles sortent – vous viendrez **5.** il veut – elle pourra – je reviendrai – nous avons – ils/elles ouvriront – il fume **6.** je bois – ils/elles mangeront – il fait – ils/elles accompagneront – tu croiras – je sais **7.** je trouve – il couvrira – ils/elles voleront – il vole – vous verrez – tu voudras

### 55

**1.** je me levais – j'avais ri – tu riras – nous serons – nous étions **2.** ils/elles avaient – j'ai cherché – ils/elles appelaient – nous resterons – tu offriras **3.** elle voulait – nous nous promènerons – tu apportais – il s'appelle – tu avais bu **4.** elle sautait – il nagera – elle avait habité – vous achèterez – elle a su **5.** je lisais – nous avions appris – ils/elles étaient montés/elles étaient montées – tu dormiras – il a réfléchi **6.** nous souhaitons – il a commandé – ils/elles avaient réservé – ils/elles raconteront – j'ai produit **7.** ils/elles se cachent – il avait volé – nous nous arrêtons – ils/elles se détendront

### 56

**1.** pleuvra – fera – aura – faudra **2.** irons – aura – devra **3.** passerai – rejoindrai **4.** partira – seront – s'amuseront – nageront – construiront – feront – ne se disputeront pas – lira – apprendra – boira – écrira – téléphonera – mangera – prendra – achètera – ne sera pas – s'ennuiera – n'aimera pas – lui manquera – l'appellera – comptera – coûtera – pourra **5.** seras – comprendras – faudra – devras – fera – seras

### 57

a salué – lui a demandé – vas-tu – as passé – as téléphoné – lui as déjà dit – avions acheté (indir. Rede) – était – j'avais quitté – m'a appelé – nous a invités – partirons – prendrons – irons nous chercher – ont acheté – c'est – l'a bâtie – était mort – n'en voulait plus – l'ont achetée – l'ont rénovée – ont eu/avaient – ont dépensé – peut – aimeras – suis – plairons – parle – est – parlait – a pris – l'a ouverte – s'est mis – a allumé – a cherché – a trouvé – s'est tu – regardait – buvait – n'a pas remarqué – n'était pas – était partie

### 58

**1.** je partirais **2.** nous vendrions **3.** je devrais **4.** il pourrait **5.** j'irais **6.** nous tiendrions **7.** elle rirait **8.** ils appelleraient **9.** je m'amuserais **10.** nous dirions **11.** je serais **12.** il aurait **13.** vous choisiriez **14.** tu prendrais **15.** nous ferions **16.** tu aurais **17.** vous seriez **18.** tu irais **19.** nous ferions **20.** tu chanterais **21.** il s'appellerait **22.** ils devraient **23.** nous boirions **24.** tu réagirais

### 59

**1.** je viendrais – je pourrais – je serais – tu aurais – elle chanterait – il donnerait **2.** nous resterions – il voudrait – il appellerait – ils/elles devraient – vous écririez – il boirait – tu tomberais **3.** je dormirais – il ferait – nous danserions – ils/elles liraient – tu penserais – je trouverais **4.** tu apporterais – nous courrions – ils/elles plairaient – je me baignerais – ils/elles vendraient **5.** il passerait – je connaîtrais – ils/elles se reposeraient – tu trouverais/penserais **6.** il sauterait – vous rencontreriez – tu étudierais – je saurais **7.** ils/elles coûteraient – je commencerais – tu construirais – il paierait/payerait **8.** elle fumerait – il irait – vous apprendriez – je comprendrais **9.** tu oublierais – ils/elles attendraient – il pleuvrait – j'appellerais

## 60

**1.** imparfait, tu saurais  **2.** présent, nous prendrions  **3.** plus-que-parfait, il aurait  **4.** futur simple, vous viendriez  **5.** imparfait, il serait  **6.** passé composé, j'entrerais  **7.** présent, il faudrait  **8.** plus-que-parfait, tu arriverais  **9.** présent, elle mettrait  **10.** passé composé, je vivrais  **11.** passé composé, nous quitterions  **12.** plus-que-parfait, il casserait  **13.** passé composé, elle arriverait  **14.** présent, vous porteriez  **15.** futur simple, j'aurais  **16.** passé composé, tu verrais  **17.** futur simple, il voudrait  **18.** présent, vous feriez  **19.** plus-que-parfait, je pourrais  **20.** futur simple, tu monterais  **21.** présent, ils devraient  **22.** présent, ils seraient  **23.** présent, nous irions  **24.** passé composé, tu serais  **25.** futur simple, il entrerait  **26.** conditionnel, tu écouterais  **27.** passé composé, ils visiteraient  **28.** futur simple, ils discuteraient

## 61

**1.** je prendrais, ich würde nehmen/ich nähme – futur, du wirst sehen – présent, er weiß – imparfait, er wusste – il saurait, er wüsste
**2.** présent, wir sehen – ils verraient, sie würden sehen/sie sähen – nous aurions, wir hätten – imparfait, wir hatten – futur, wir werden machen
**3.** futur, ich werde glauben – futur, er wird müssen – on devrait, man müsste – imparfait, man musste – présent, man wird
**4.** présent, wir beenden – futur, wir werden beenden – nous finirions, wir würden beenden – imparfait, ich beendete – plus-que-parfait, ich hatte beendet
**5.** imparfait, ich schrieb – futur, du wirst können – présent, sie hören – présent, ihr wisst/Sie wissen – elle serait, sie wäre
**6.** elles épouseraient, sie würden heiraten – présent, ich entscheide – elle garderait, sie würde behalten/sie behielte – passé composé, wir haben gesehen – présent, ich lasse mich nieder
**7.** futur, wir werden hoffen – présent, du grüßt – imparfait, ich stieg hinauf/ein – elle monterait, sie würde hinaufsteigen/einsteigen – imparfait, sie spielte
**8.** présent, sie verstehen sich – passé composé, sie hat gekauft – futur, wir werden finden – plus-que-parfait, du hattest genommen – présent, sie beenden

## 62

**1.** ne mangerais pas  **2.** n'inviterait pas  **3.** ne ferait pas  **4.** augmenterait  **5.** n'aboierait pas  **6.** iraient me voir  **7.** devriez lire  **8.** mettrais  **9.** ne paierait/payerait jamais  **10.** ne réserverait jamais  **11.** embaucherait  **12.** choisirait  **13.** expliquerait  **14.** pourrions  **15.** ne feriez pas  **16.** aimerait

## 63

**1.** Tu devrais te rendre en classe.  **2.** Vous ne devriez pas manger de pizza.  **3.** Tu pourrais m'appeler l'après-midi?  **4.** Moi, je l'oublierais.  **5.** Nous ne sortirions pas avec ce type.  **6.** Moi, j'apprendrais les règles de grammaire.  **7.** Mes parents n'achèteraient rien sur eBay.  **8.** Moi, je regarderais le site d'Amazon.  **9.** Ils profiteraient/Vous profiteriez vraiment de notre aide.  **10.** Il ne me dirait pas la vérité.  **11.** Moi, à ta place, je serais content(e). Je n'ajouterais rien.  **12.** Je viendrais à temps, mais tu peux faire ce que tu veux.  **13.** À ces prix-là, nous n'irions pas à ce concert.  **14.** Je n'aimerais pas être à ta place.  **15.** Mes parents iraient au restaurant chaque jour.

## 64

**1.** j'entrerais, je serais entrée  **2.** tu serais, tu aurais été  **3.** il prendrait, il aurait pris  **4.** tu viendrais, tu serais venu(e)  **5.** je me dirais, je me serais dit  **6.** elle aurait, elle aurait eu  **7.** nous ferions, nous aurions fait  **8.** vous voudriez, vous auriez voulu  **9.** ils liraient, ils auraient lu  **10.** tu saurais, tu aurais su  **11.** je monterais, je serais montée  **12.** je choisirais, j'aurais choisi  **13.** elles devraient, elles auraient dû  **14.** vous sortiriez, vous seriez sorti(e)(s)  **15.** je rentrerais, je serais rentré(e)

## 65

**1.** j'aurais pensé – j'avais pensé – je pensais – je penserais
**2.** j'avais – j'avais eu – j'aurais eu – j'aurais
**3.** elle viendrait – elle serait venue – elle venait – elle viendra
**4.** nous allions – nous étions allé(e)s – nous allons – nous serions allé(e)s
**5.** tu as lu – tu lirais – tu aurais lu – tu lis
**6.** nous devrions – nous aurions dû – nous devions – nous devrons
**7.** ils/elles partaient – ils seraient partis/elles seraient parties – ils étaient partis/elles étaient parties – ils/elles partiront
**8.** tu deviens – tu étais devenu(e) – tu deviendrais – tu serais devenu(e)
**9.** il connaissait – il aurait connu – j'ai connu – je connaîtrais
**10.** elle se lave – elle se laverait – elle se lavait – elle se serait lavée
**11.** nous nous levons – il aurait terminé – nous avons trouvé – ils accepteraient
**12.** elle racontait – ils/elles entreront – il répare – vous prépariez
**13.** nous travaillons – elle restait – il avait dansé – ils/elles déménageaient
**14.** ils/elles espéraient – elle aurait compté – elle apportait – tu te serais ennuyé(e)
**15.** vous attendez – elle se présente – je demanderai – nous avions découvert

## 66

**1.** Toi, tu aurais aidé …  **2.** Vous, vous auriez appris …  **3.** Moi, je n'aurais pas lu …  **4.** Toi, tu ne te serais pas amusé(e) …  **5.** Lui, il n'aurait pas reconnu …  **6.** Nous, nous n'aurions pas voulu inviter Marco.  **7.** Vous, vous ne vous seriez pas dépêché(e)(s).  **8.** Toi, tu n'aurais pas participé …  **9.** Son amie ne serait pas rentrée …  **10.** Vous, vous auriez décidé de partir.  **11.** Ses sœurs ne seraient pas montées …  **12.** Moi, je n'aurais pas donné de gifle à mon ami.  **13.** Nous, on n'aurait pas manifesté.  **14.** Eux, ils n'auraient rien cassé.  **15.** Moi, j'aurais réagi.

## 67

**1.** Mon frère, il ne leur aurait pas passé de coup de fil.  **2.** Nous, nous ne l'aurions pas fait ensemble.  **3.** Ta sœur, elle serait arrivée avant les autres.  **4.** Moi, je ne leur aurais pas proposé de séjour à trois.  **5.** Nous, on ne l'aurait pas jouée seulement une fois.  **6.** Moi, je me les serais lavées avant le dîner.  **7.** Vous, vous l'auriez trouvée.  **8.** Vous, vous n'auriez pas inventé d'excuses pour justifier votre absence.  **9.** Sa copine, elle aurait su la changer.  **10.** Mes parents, ils auraient osé monter …  **11.** Julie, elle n'aurait pas oublié de la fermer àché.  **12.** Nous, nous n'aurions pas envoyé notre courrier …  **13.** Matthieu, il ne l'aurait pas résilié …  **14.** Moi, j'aurais déjà pris des vacances.  **15.** Delphine, elle ne l'aurait pas raté.  **16.** Nous, nous n'aurions pas fait la grève.  **17.** Toi, tu n'aurais pas épousé de milliardaire.

## 68

1. j'avais – j'ai eu – tu aurais – il avait eu – nous avons – vous aurez  2. tu as dormi – il dormait – tu dormirais – elle aurait dormi – dormez'  3. il était – tu serais – j'aurais été – nous serons – elle a été  4. ils/elles sauraient – ils/elles savaient – vous avez su – j'aurais su – tu sauras  5. on verra – elle voyait – nous verrions – vous avez vu – ils/elles avaient vu  6. j'aurais voulu – elle voulait – ils/elles veulent – vous voudriez – il a voulu  7. j'allais – elle est allée – il irait – nous étions allé(e)s – tu iras  8. il se levait – elle s'est levée – elle se serait levée – nous nous étions levé(e)s – lève-toi!  9. vous faites – je ferai – nous ferions – tu avais fait – il aurait fait  10. je pourrais – elle pouvait – nous pouvons – nous avons pu – vous auriez pu  11. nous donnerons – tu donnes – il donnerait – elle aurait donné – nous avons donné – je donnais

## 69

1. il partira – il serait parti – il est parti – il partait
2. il mourra – il serait mort – il est mort – il mourait
3. ils devront – ils auraient dû – ils ont dû – ils devaient
4. je prendrai – j'aurais pris – j'ai pris – je prenais
5. je me lèverai – je me serais levé(e) – je me suis levé(e) – je me levais
6. tu auras – tu aurais eu – tu as eu – tu avais
7. ils verront – ils auraient vu – ils ont vu – ils voyaient
8. je saurai – j'aurais su – j'ai su – je savais
9. tu réussiras – tu aurais réussi – tu as réussi – tu réussissais
10. elle dira – elle aurait dit – elle a dit – elle disait
11. ils tiendront – ils auraient tenu – ils ont tenu – ils tenaient
12. elle s'appellera – elle se serait appelée – elle s'est appelée – elle s'appelait
13. tu mangeras – tu aurais mangé – tu as mangé – tu mangeais
14. ils feront – ils auraient fait – ils ont fait – ils faisaient
15. je serai – j'aurais été – j'ai été – j'étais
16. elle ira – elle serait allée – elle est allée – elle allait
17. nous rirons – nous aurions ri – nous avons ri – nous riions

## 70

1. du würdest nehmen – er hat gesehen – er hätte gewollt – du warst gegangen – wir sind weggefahren – sie sind  2. man hatte gewusst – ich wollte – ich würde wollen – wir sind – sie würde sehen – sie würden sehen – ich habe getrunken  3. wir hätten gemacht – sie war geschwommen – du hast dich amüsiert – sie liebt – sie hatte geliebt – wir trinken  4. sie sind hinuntergegangen – sie haben hinuntergetragen, -gestellt – ich lache – du folgst – ich bin/ich folge – wir hatten erklärt – sie hatte  5. wir lachten – ihr lacht – ich las – ihr habt gelesen/Sie haben gelesen – sie bestellen – wir werden besuchen – es regnet  6. man muss – man musste – ihr würdet diskutieren/Sie würden diskutieren – sie waren gefallen – ich bin hinaufgestiegen – ich habe hinaufgetragen, -gestellt – wir hatten  7. ihr hattet verloren/Sie hatten verloren – ihr seid angekommen – ich springe – du bist marschiert – sie suchen – sie werden gehen  8. ihr habt bevorzugt/Sie haben bevorzugt – ihr hattet gewagt/Sie hatten gewagt – ich zeige – wir treten ein – wir werden eintreten – wir würden eintreten  9. du hast verlassen – du hast dich entspannt – sie haben sich gelegt – sie haben gelegt – wir halten – sie haben verpasst – er bietet an  10. ihr werdet (an)rufen/Sie werden (an)rufen – ihr heißt/Sie heißen – sie hätten telefoniert – ich hätte mich genähert – sie findet  11. sie bremsen – wir wohnten – du könntest – sie hatte geschlafen – sie war schlafen gegangen/sie hatte sich niedergelegt – ich rette  12. er hätte überquert – sie wären weggefahren – du würdest wegfahren – ich werde zeigen – ich würde hinaufsteigen – du bist gefolgt  13. sie hatte geholfen – sie hätten eingeladen – du wartest – du lerntest – ihr verstandet euch

## 71

1. répondait – répondra – répondrait – a répondu – avait répondu – aurait répondu. Elle ne lui répond pas. Elle ne lui répondait pas. Elle ne lui répondra pas. Elle ne lui répondrait pas. Elle ne lui a pas répondu. Elle ne lui avait pas répondu. Elle ne lui aurait pas répondu.
2. faisaient – feront – feraient – ont fait – avaient fait – auraient fait – Ses chaussures ne font pas de bruit sur le pavé. – ne faisaient pas – ne feront pas – ne feraient pas – n'ont pas fait – n'avaient pas fait – n'auraient pas fait
3. adorais – adorerai – adorerais – ai adoré – avais adoré – aurais adoré – Je n'adore pas y marcher. Je n'adorais pas y marcher. Je n'adorerai pas y marcher. Je n'adorerais pas y marcher. Je n'ai pas adoré y marcher. Je n'avais pas adoré y marcher. Je n'aurais pas adoré y marcher.
4. connaissait – connaîtra – connaîtrait – a connu – avait connu – aurait connu – Il ne les connaît pas. Il ne les connaissait pas. Il ne les connaîtra pas. Il ne les connaîtrait pas. Il ne les a pas connus. Il ne les avait pas connus. Il ne les aurait pas connus.
5. plaisait – plaira – plairait – a plu – avait plu – aurait plu – Elle ne leur plaît pas. Elle ne leur plaisait pas. Elle ne leur plaira pas. Elle ne leur plairait pas. Elle ne leur a pas plu. Elle ne leur avait pas plu. Elle ne leur aurait pas plu.
6. allions – irons – irions – sommes allé(e)s – étions allé(e)s – serions allé(e)s – Nous n'y allons pas – Nous n'y allions pas – Nous n'y irons pas – Nous n'y irions pas – Nous n'y sommes pas allé(e)s – Nous n'y étions pas allé(e)s – Nous n'y serions pas allé(e)s
7. devais – devrai – devrais – ai dû – avais dû – aurais dû – Je ne dois pas y rester. Je ne devais pas y rester. Je ne devrai pas y rester. Je n'ai pas dû y rester. Je n'avais pas dû y rester. Je n'aurais pas dû y rester.
8. achetais – achèterai – achèterais – ai acheté – avais acheté – aurais acheté – Je ne leur en achète pas. Je ne leur en achetais pas. Je ne leur en achèterai pas. Je ne leur en achèterais pas. Je ne leur en ai pas acheté. Je ne leur en avais pas acheté. Je ne leur en aurais pas acheté.
9. nageaient – nageront – nageraient – ont nagé – avaient nagé – auraient nagé – ne nagent pas – ne nageaient pas – ne nageront pas – ne nageraient pas – n'ont pas nagé – n'avaient pas nagé – n'auraient pas nagé
10. me disais – me diras – me dirais – m'as dit – m'avais dit – m'aurais dit – ne me dis pas – ne me disais pas – ne me diras pas – ne me dirais pas – ne m'as pas dit – ne m'avais pas dit – ne m'aurais pas dit
11. pouviez – pourrez – pourriez – avez pu – aviez pu – auriez pu – Vous ne pouvez pas les limiter. Vous ne pouviez pas les limiter. Vous ne pourrez pas les limiter. Vous ne pourriez pas les limiter. Vous n'avez pas pu les limiter. Vous n'aviez pas pu les limiter. Vous n'auriez pas pu les limiter.
12. prenait – prendra – prendrait – a pris – avait pris – aurait pris – ne prend pas – ne prenait pas – ne prendra pas – ne prendrait pas – n'a pas pris – n'avait pas pris – n'aurait pas pris
13. proposait – proposera – proposerait – a proposé – avait proposé – aurait proposé – ne lui propose pas – ne lui proposait pas – ne lui proposera pas – ne lui proposerait pas – ne lui a pas proposé – ne lui avait pas proposé – ne lui aurait pas proposé
14. me fallait – me faudra – me faudrait – m'a fallu – m'avait fallu – m'aurait fallu – ne me faut pas – ne me fallait pas – ne me faudra pas – ne me faudrait pas – ne m'a pas fallu – ne m'avait pas fallu – ne m'aurait pas fallu
15. facilitait – facilitera – faciliterait – a facilité – avait facilité – aurait facilité – ne la facilite pas – ne la facilitait pas – ne la facilitera pas – ne la faciliterait pas – ne l'a pas facilitée – ne l'avait pas facilitée – ne l'aurait pas facilitée

16. aimait avoir – aimera avoir – aimerait avoir – a aimé avoir – avait aimé avoir – aurait aimé avoir – n'aime pas avoir – n'aimait pas avoir – n'aimera pas avoir – n'aimerait pas avoir – n'a pas aimé avoir – n'avait pas aimé avoir – n'aurait pas aimé avoir
17. mettions – mettrons – mettrions – avons mis – avions mis – aurions mis – ne les mettons pas – ne les mettions pas – ne les mettrons pas – ne les mettrions pas – ne les avons pas mises – ne les avions pas mises – ne les aurions pas mises
18. ouvrait – ouvrira – ouvrirait – a ouvert – avait ouvert – aurait ouvert – ne l'ouvre pas – ne l'ouvrait pas – ne l'ouvrira pas – ne l'ouvrirait pas – ne l'a pas ouverte – ne l'avait pas ouverte – ne l'aurait pas ouverte
19. admiriez – admirerez – admireriez – avez admiré – aviez admiré – auriez admiré – ne les admirez pas – ne les admiriez pas – ne les admirerez pas – ne les admireriez pas – ne les avez pas admirées – ne les aviez pas admirées – ne les auriez pas admirées
20. envoyais – enverrai – enverrais – ai envoyé – avais envoyé – aurais envoyé – Je ne lui envoie pas de lettre. – ne lui envoyais pas – ne lui enverrai pas – ne lui enverrais pas – ne lui ai pas envoyé – ne lui avais pas envoyé – ne lui aurais pas envoyé
21. portait – portera – porterait – a porté – avait porté – aurait porté – ne le porte pas – ne le portait pas – ne le portera pas – ne le porterait pas – ne l'a pas porté – ne l'avait pas porté – ne l'aurait pas porté
22. invitais – inviteras – inviterais – as invité – avais invité – aurais invité – ne les y invites pas – ne les y invitais pas – ne les y inviteras pas – ne les y inviterais pas – ne les y as pas invités – ne les y avais pas invités – ne les y aurais pas invités
23. aidions – aiderons – aiderions – avons aidé – avions aidé – aurions aidé – ne l'aidons pas – ne l'aidions pas – ne l'aiderons pas – ne l'aiderions pas – ne l'avons pas aidée – ne l'avions pas aidée – ne l'aurions pas aidée
24. occupait – occupera – occuperait – a occupé – avait occupé – aurait occupé – ne les occupe pas – ne les occupait pas – ne les occupera pas – ne les occuperait pas – ne les a pas occupés – ne les avait pas occupés – ne les aurait pas occupés
25. s'occupait – s'occupera – s'occuperait – s'est occupée – s'était occupée – se serait occupée – ne s'occupe pas – ne s'occupait pas – ne s'occupera pas – ne s'occuperait pas – ne s'est pas occupée – ne s'était pas occupée – ne se serait pas occupée
26. dormaient – dormiront – dormiraient – ont dormi – avaient dormi – auraient dormi – ne dorment pas avec elles – ne dormaient pas avec elles – ne dormiront pas avec elles – ne dormiraient pas avec elles – n'ont pas dormi avec elles – n'avaient pas dormi avec elles – n'auraient pas dormi avec elles
27. jouiez – jouerez – joueriez – avez joué – aviez joué – auriez joué – n'y jouez pas – n'y jouiez pas – n'y jouerez pas – n'y joueriez pas – n'y avez pas joué – n'y aviez pas joué – n'y auriez pas joué
28. prenais – prendras – prendrais – as pris – avais pris – aurais pris – ne le prends pas – ne le prenais pas – ne le prendras pas – ne le prendrais pas – ne l'as pas pris – ne l'avais pas pris – ne l'aurais pas pris
29. faisait – fera – ferait – a fait – avait fait – aurait fait – ne les fait pas – ne les faisait pas – ne les fera pas – ne les ferait pas – ne les a pas faites – ne les avait pas faites – ne les aurait pas faites
30. souhaitions – souhaiterons – souhaiterions – avons souhaité – avions souhaité – aurions souhaité – ne lui souhaitons pas – ne lui souhaitions pas – ne lui souhaiterons pas – ne lui souhaiterions pas – ne lui avons pas souhaité – ne lui avions pas souhaité – ne lui aurions pas souhaité
31. licenciait – licenciera – licencierait – a licencié – avait licencié – aurait licencié – ne les licencie pas – ne les licenciait pas – ne les licenciera pas – ne les licencierait pas – ne les a pas licenciés – ne les avait pas licenciés – ne les aurait pas licenciés
32. souriaient – souriront – souriraient – ont souri – avaient souri – auraient souri – ne leur sourient pas – ne leur souriaient pas – ne leur souriront pas – ne leur souriraient pas – ne leur ont pas souri – ne leur avaient pas souri – ne leur auraient pas souri
33. adorait – adorera – adorerait – a adoré – avait adoré – aurait adoré – ne les adore pas – ne les adorait pas – ne les adorera pas – ne les adorerait pas – ne les a pas adorés – ne les avait pas adorés – ne les aurait pas adorés
34. réserviez – réserverez – réserveriez – avez réservé – aviez réservé – auriez réservé – n'en réserviez pas – n'en réserviez pas – n'en réserverez pas – n'en réserveriez pas – n'en avez pas réservé – n'en aviez pas réservé – n'en auriez pas réservé
35. pensais – penserai – penserais – ai pensé – avais pensé – aurais pensé – n'y pense pas – n'y pensais pas – n'y penserai pas – n'y penserais pas – n'y ai pas pensé – n'y avais pas pensé – n'y aurais pas pensé
36. pensais – penseras – penserais – as pensé – avais pensé – aurais pensé – ne pense pas à lui – ne pensais pas à lui – ne penseras pas à lui – ne penserais pas à lui – n'as pas pensé à lui – n'avais pas pensé à lui – n'aurais pas pensé à lui
37. attrapaient – attraperont – attraperaient – ont attrapé – avaient attrapé – auraient attrapé – ne l'attrapent pas – ne l'attrapaient pas – ne l'attraperont pas – ne l'attraperaient pas – ne l'ont pas attrapée – ne l'avaient pas attrapée – ne l'auraient pas attrapée
38. Nous nous promenions – Nous nous promènerons – Nous nous promènerions – Nous nous sommes promené(e)s – Nous nous étions promené(e)s – Nous nous serions promené(e)s – Nous ne nous promenons pas avec elle. – Nous ne nous promenions pas avec elle. – Nous ne nous promènerons pas avec elle. – Nous ne nous promènerions pas avec elle. – Nous ne nous sommes pas promené(e)s avec elle. – Nous ne nous étions pas promené(e)s avec elle. – Nous ne nous serions pas promené(e)s avec elle.
39. entraient – entreront – entreraient – sont entrés – étaient entrés – seraient entrés – n'y entrent pas – n'y entraient pas – n'y entreront pas – n'y entreraient pas – n'y sont pas entrés – n'y étaient pas entrés – n'y seraient pas entrés
40. attendais – attendras – attendrais – as attendu – avais attendu – aurais attendu – ne l'attends pas – ne l'attendais pas – ne l'attendras pas – ne l'attendrais pas – ne l'as pas attendu – ne l'avais pas attendu – ne l'aurais pas attendu
41. appelaient – appelleront – appelleraient – ont appelé – avaient appelé – auraient appelé – ne les appellent pas – ne les appelaient pas – ne les appelleront pas – ne les appelleraient pas – ne les ont pas appelés – ne les avaient pas appelés – ne les auraient pas appelés
42. téléphonais – téléphonerai – téléphonerais – ai téléphoné – avais téléphoné – aurais téléphoné – ne leur téléphone pas – ne leur téléphonais pas – ne leur téléphonerai pas – ne leur téléphonerais pas – ne leur ai pas téléphoné – ne leur avais pas téléphoné – ne leur aurais pas téléphoné
43. ratiez – raterez – rateriez – avez raté – aviez raté – auriez raté – ne le ratez pas – ne le ratiez pas – ne le raterez pas – ne le rateriez pas – ne l'avez pas raté – ne l'aviez pas raté – ne l'auriez pas raté
44. manquiez – manquerez – manqueriez – avez manqué – aviez manqué – auriez manqué – ne le manquiez pas – ne le manquiez pas – ne le manquerez pas – ne le manqueriez pas – ne l'avez pas manqué – ne l'aviez pas manqué – ne l'auriez pas manqué
45. lisais – lirai – lirais – ai lu – avais lu – aurais lu – ne lui lis pas – ne lui lisais pas – ne lui lirai pas – ne lui lirais pas – ne lui ai pas lu – ne lui avais pas lu – ne lui aurais pas lu
46. aimaient porter – aimeront porter – aimeraient porter – ont aimé porter – avaient aimé porter – auraient aimé porter – n'aiment pas en porter – n'aimaient pas en porter – n'aimeront pas en porter – n'aimeraient pas en porter – n'aimeraient pas en porter – n'ont pas aimé en porter – n'avaient pas aimé en porter – n'auraient pas aimé en porter
47. nageait – nagera – nagerait – a nagé – avait nagé – aurait nagé – n'y nage pas – n'y nageait pas – n'y nagera pas – n'y nagerait pas – n'y a pas nagé – n'y avait pas nagé – n'y aurait pas nagé
48. permettait – permettra – permettrait – a permis – avait permis – aurait permis – ne lui permet pas de sortir – ne lui permettait pas de sortir – ne lui permettra pas de sortir – ne lui permettrait pas de sortir – ne lui a pas permis de sortir – ne lui avait pas permis de sortir – ne lui aurait pas permis de sortir
49. cassais – casseras – casserais – as cassé – avais cassé – aurais cassé – ne les casses pas – ne les cassais pas – ne les casseras pas – ne les casserais pas – ne les as pas cassées – ne les avais pas cassées – ne les aurais pas cassées

50. prenaient – prendront – prendraient – ont pris – avaient pris – auraient pris –ne le prennent pas  – ne le prenaient pas – ne le prendront pas – ne le prendraient pas – ne l'ont pas pris – ne l'avaient pas pris – ne l'auraient pas pris
51. parlaient – parleront – parleraient – ont parlé – avaient parlé – auraient parlé – n'en parlent pas – n'en parlaient pas – n'en parleront pas – n'en parleraient pas – n'en ont pas parlé – n'en avaient pas parlé – n'en auraient pas parle
52. aidions – aiderons – aiderions – avons aidé – avions aidé – aurions aidé – ne l'aidons pas – ne l'aidions  pas – ne l'aiderons pas – ne l'aiderions pas – ne l'avons pas aidée – ne l'avions pas aidée – ne l'aurions pas aidée
53. suivais – suivrai – suivrais – ai suivi – avais suivi – aurais suivi – ne le suis pas – ne le suivais pas – ne le suivrai pas – ne le suivrais pas – ne l'ai pas suivi – ne l'avais pas suivi – ne l'aurais pas suivi
54. offrait – offrira – offrirait – a offert – avait offert – aurait offert – ne nous en offre pas – ne nous en offrait pas – ne nous en offrira pas – ne nous en offrirait pas – ne nous en a pas offert – ne nous en avait pas offert – ne nous en aurait pas offert
55. apprenait – appendra – apprendrait – a appris – avait appris – aurait appris – ne l'apprend pas – ne l'apprenait pas – ne l'apprendra pas – ne l'apprendrait pas – ne l'a pas appris – ne l'avait pas appris – ne l'aurait pas appris
56. plaisait – plaira – plairait – a plu – avait plu – aurait plu – ne vous plaît pas – ne vous plaisait pas – ne vous plaira pas – ne vous plairait pas – ne vous a pas plu – ne vous avait pas plu – ne vous aurait pas plu
57. se levait – se lèvera – se lèverait – s'est levée – s'était levée – se serait levée – ne se lève pas – ne se levait pas – ne se lèvera pas – ne se lèverait pas – ne s'est pas levée – ne s'était pas levée – ne se serait pas levée
58. promettais de rester – promettrai de rester – promettrais de rester – ai promis de rester – avais promis de rester – aurais promis de rester – ne leur promets pas – ne leur promettais pas – ne leur promettrai pas – ne leur promettrais pas – ne leur ai pas promis – ne leur avais pas promis – ne leur aurais pas promis
59. finissait – finira – finirait – a fini – avait fini – aurait fini – ne les y finit pas – ne les y finissait pas – ne les y finira pas – ne les y finirait pas – ne les y a pas finies – ne les y avait pas finies – ne les y aurait pas finies
60. s'amusaient – s'amuseront – s'amuseraient – se sont amusées – s'étaient amusées – se seraient amusées – ne s'amusent pas – ne s'amusaient pas – ne s'amuseront pas – ne s'amuseraient pas – ne se sont pas amusées – ne s'étaient pas amusées – ne se seraient pas amusées
61. tenaient – tiendront – tiendraient – ont tenu – avaient tenu – auraient tenu – ne tiennent pas – ne tenaient pas – ne tiendront pas – ne tiendraient pas – n'ont pas tenu – n'avaient pas tenu – n'auraient pas tenu
62. écrivait – écrira – écrirait – a écrit – avait écrit – aurait écrit – n'écrit pas – n'écrivait pas – n'écrira pas – n'écrirait pas – n'a pas écrit – n'avait pas écrit – n'aurait pas écrit
63. choisissiez – choisirez – choisiriez – avez choisi – aviez choisi – auriez choisi – ne le choisissez pas – ne le choisissiez pas – ne le choisirez pas – ne le choisiriez pas – ne l'avez pas choisi – ne l'aviez pas choisi – ne l'auriez pas choisi
64. savait déjà lire – saura déjà lire – saurait déjà lire – a déjà su lire – avait déjà su lire – aurait déjà su lire – ne sait pas – ne savait pas – ne saura pas – ne saurait pas – n'a pas su – n'avait pas su – n'aurait pas su
65. vouliez rentrer – voudrez rentrer – voudriez rentrer – avez voulu rentrer – aviez voulu rentrer – auriez voulu rentrer – ne voulez pas rentrer – ne vouliez pas rentrer – ne voudrez pas rentrer – ne voudriez pas rentrer – n'avez pas voulu rentrer – n'aviez pas voulu rentrer – n'auriez pas voulu rentrer
66. avions – aurons – aurions – avons eu – avions eu – aurions eu – n'avons pas – n'avions pas – n'aurions pas – n'avons pas eu – n'avions pas eu – n'aurions pas eu
67. étais – seras – serais – as été – avais été – aurais été – n'es pas – n'étais pas – ne seras pas – ne serais pas – n'as pas été – n'avais pas été – n'aurais pas été
68. buvaient – boiront – boiraient – ont bu – avaient bu – auraient bu – n'en boivent pas trop – n'en buvaient pas trop – n'en boiront pas trop – n'en boiraient pas trop – n'en ont pas trop bu – n'en avaient pas trop bu – n'en auraient pas trop bu
69. mangeais – mangerai – mangerais – ai mangé – avais mangé – aurais mangé – n'en mange pas quatre – n'en mangeais pas quatre – n'en mangerai pas quatre – n'en mangerais pas quatre – n'en ai pas mangé quatre – n'en avais pas mangé quatre – n'en aurais pas mangé quatre
70. tombais – tomberai – tomberais – suis tombé – étais tombé – serais tombé – ne tombe pas – ne tombais pas – ne tomberai pas – ne tomberais pas – ne suis pas tombé – n'étais pas tombé – ne serais pas tombé
71. me manquais – me manqueras – me manquerais – m'as manqué(e) – m'avais manqué(e) – m'aurais manqué(e) – ne me manques pas – ne me manquais pas – ne me manqueras pas – ne me manquerais pas – ne m'as pas manqué(e) – ne m'avais pas manqué(e) – ne m'aurais pas manqué(e)
72. quittait – quittera – quitterait – a quitté – avait quitté – aurait quitté – ne le quitte pas – ne le quittait pas – ne le quittera pas – ne le quitterait pas – ne l'a pas quitté – ne l'avait pas quitté – ne l'aurait pas quitté
73. marchait – marchera – marcherait – a marché – avait marché – aurait marché – ne marche pas – ne marchait pas – ne marchera pas – ne marcherait pas – n'a pas marché – n'avait pas marché – n'aurait pas marché
74. pleuvait – pleuvra – pleuvrait – a plu – avait plu – aurait plu – ne pleut pas – ne pleuvait pas – ne pleuvra pas – ne pleuvrait pas – n'a pas plu – n'avait pas plu – n'aurait pas plu
75. expliquions – expliquerons – expliquerions – avons expliqué – avions expliqué – aurions expliqué – ne la lui expliquons pas – ne la lui expliquions pas – ne la lui expliquerons pas – ne la lui expliquerions pas – ne la lui avons pas expliquée – ne la lui avions pas expliquée – ne la lui aurions pas expliquée
76. se levait –  se lèvera – se lèverait – s'est levée – s'était levée – se serait levée – ne se lève pas – ne se levait pas – ne se lèvera pas – ne se lèverait pas – ne s'est pas levée – ne s'était pas levée – ne se serait pas levée
77. m'ennuyais – m'ennuierai – m'ennuierais – me suis ennuyé(e) – m'étais ennuyé(e) – me serais ennuyé(e) – ne m'ennuie pas – ne m'ennuyais pas – ne m'ennuierai pas – ne m'ennuierais pas – ne me suis pas ennuyé(e) – ne m'étais pas ennuyé(e) – ne me serais pas ennuyé
78. se terminaient – se termineront – se termineraient – se sont terminées – s'étaient terminées – se seraient terminées – ne se terminent pas – ne se terminaient pas – ne se termineront pas – ne se termineraient pas – ne se sont pas terminées – ne s'étaient pas terminées – ne se seraient pas terminées
79. nous montrait – nous montrera – nous montrerait – nous a montré – nous avait montré – nous aurait montré – ne nous la montre pas – ne nous la montrait pas – ne nous la montrera pas – ne nous la montrerait pas – ne nous l'a pas montrée – ne nous l'avait pas montrée – ne nous l'aurait pas montrée
80. ne voulais plus – ne voudrai plus – ne voudrais plus – n'ai plus voulu – n'avais plu voulu – n'aurais plus voulu

### 72

1. Nous avions de la chance. 2. Nous allons./On va voir./Nous verrons. 3. Quand est-ce que tu es parti(e)? 4. Qui a téléphoné? 5. Où est-ce que vous voulez descendre? 6. Je ne l'avais (les avais) pas rencontrée (rencontré(e)s). 7. Je le lui aurais raconté. 8. Je ne m'adapterai pas. 9. Tu lui écrirais? 10. Nous étions malheureux(-ses). 11. Ils (elles) se seraient rencontrés (rencontrées) dimanche. 12. Vous ne lisez jamais de journaux? 13. Tu t'y es ennuyé(e). 14. Pourquoi est-ce qu'il voulait te parler? 15. Où devrais-je aller? 16. Tu dois t'occuper de lui. 17. Cela n'a pas fonctionné. 18. Moi, j'ouvrirais la fenêtre. 19. Tu pourrais venir chez moi. 20. Moi, je ne l'aurais pas fait. 21. Il viendrait le soir. 22. Elle était tombée. 23. Nous nagions souvent dans le lac. 24. Il a joué à l'ordinateur. 25. Moi, je vendrais la voiture. 26. Nous partageons tout. 27. Le film lui plaira. 28. J'aimerais savoir où tu te trouves. 29. Il lui a souri. 30. Elle me racontera l'histoire. 31. Il aurait pu être notre ami.

## 73

**1.** Er hatte ein Vermögen gemacht. Er war reich geworden. **2.** Wir haben genug davon. **3.** Er würde sich sofort verstecken. **4.** Wir werden uns morgen sehen. **5.** Was ist aus ihm geworden? **6.** Ich würde etwas anderes machen. **7.** Wir werden keine Zeit zum Ausgehen haben. **8.** Mit dir würde ich bis ans Ende der Welt gehen. **9.** Sie war immer gestresst. **10.** Wir haben uns nicht gut vorbereitet. **11.** Wir haben das Klavier hinaufgetragen. **12.** Die Katze ist auf das Klavier gestiegen. **13.** Tat dir das gut? **14.** Sie hätte einen kultivierten Mann gesucht. **15.** Unser Gespräch führte zu nichts. **16.** Er wird mich nie verstehen. **17.** Nichts geht mehr. **18.** Wir würden dort genügend Geld verdienen. **19.** Wenn ich das gewusst hätte! **20.** Du hättest uns fragen können. **21.** Das gefiel ihm gut. **22.** Er hätte sie nicht einladen wollen. **23.** Bist du dir (dessen) bewusst gewesen? **24.** Ich hatte große Angst davor. **25.** Ich mag das sehr. **26.** Er sagt, dass er schlecht beim Klavierspielen sei. **27.** Die Welt ist nicht an einem Tag erschaffen worden. **28.** Macht/Machen Sie nicht so ein Gesicht. **29.** Man sagt, dass er alles verloren hätte. **30.** Sie sind böse auf uns. **31.** Ich stellte mich taub. **32.** Sie hat ihren MP3-Player verloren. **33.** Wir hatten einen stillen Platz/ein stilles Plätzchen entdeckt. **34.** Die Mädchen betrachteten die braungebrannten Burschen. **35.** Du übertreibst ein bisschen! **36.** Nathan hätte gerne eine neue DVD. **37.** Ihr hättet/Sie hätten warten sollen. **38.** Céline hat angerufen. **39.** Der Lieferant wird sicher(lich) läuten.

## 74

**1.** Quand **2.** Quand **3.** Quand **4.** Si **5.** Si **6.** Quand **7.** Si **8.** S' **9.** Quand **10.** Quand/Si **11.** Si **12.** Quand **13.** Si **14.** Quand **15.** Si **16.** Quand **17.** Si **18.** Si **19.** Si **20.** Quand **21.** Quand **22.** Si **23.** Quand **24.** Si **25.** Si **26.** Si **27.** Quand **28.** Si **29.** Si **30.** Quand **31.** Si **32.** Quand

## 75

**1.** Quand il entrera, nous lui donnerons notre cadeau. **2.** Vous devez être tranquilles quand Papa dort. **3.** Le voisin s'énervera si vous faites encore du bruit à minuit. **4.** Si tu ne commences pas à apprendre, tu n'auras pas assez de temps. **5.** Je lui demanderai quand il sera à la maison. **6.** Quand j'ai beaucoup de travail, je mange trop de chocolat. **7.** Si tu regardes ce film suédois, tu seras fasciné(e). **8.** Si vous avez mal à la tête, le vin ne vous fera pas de bien. **9.** Quand nous avons invité les deux filles, elles étaient ravies. **10.** Si quelqu'un ne comprend pas les règles, je les expliquerai encore une fois. **11.** Quand elle appellera, je lui dirai qu'elle doit rentrer. **12.** Si vous n'êtes pas poli(e)s, vous aurez des problèmes avec lui. **13.** Je n'ai pas envie de faire la cuisine quand il n'y a personne à la maison. **14.** Tu t'enrhumeras si tu ne mets pas de gants. **15.** Si tu n'écoutes pas, tu ne comprendras rien. **16.** Si vous m'énervez, je vous mettrai dehors. **17.** Quand le téléphone sonne, notre chien aboie. **18.** Quand nous ne faisions pas nos devoirs, notre mère nous interdisait de regarder la télé. **19.** Si tu écoutes la musique moins fort, tu ne deviendras pas sourd(e). **20.** Si Justine ne porte pas de casque, sa mère confisquera le scooter. **21.** Si tu ne viens pas, préviens-moi. **22.** Quand tu es dans la salle de bains, tu ne dois pas y rester pendant une heure. **23.** Si tout le monde fait comme toi, nous serons tous en retard au travail. **24.** Quand les agents de police se sont aperçus de sa disparition, le prisonnier était déjà loin. **25.** Quand Sandrine fait la cuisine, elle se brûle. **26.** Quand l'arbre est tombé, les passants se sont enfuis. **27.** Si tu es nerveux(se), tu dois penser à quelque chose d'agréable. **28.** Quand nous sommes arrivé(e)s à Paris, il pleuvait. **29.** Quand il apprenait, il pensait toujours aux bonnes notes. **30.** Si tu ne veux plus, termine les exercices.

## 76

**1.** êtes – sera **2.** a – jouera **3.** jouez – ferez – s'énervera – faites **4.** s'énervent – me téléphoneront **5.** fera – rendez **6.** manges – auras **7.** ne te sens pas – ne pourras pas **8.** manques – ne comprendras rien **9.** veux – devras **10.** ne nous dépêchons pas – arriverons **11.** réduirons – ne rangez pas **12.** ne mettez pas – ne le laverai pas **13.** offre – direz **14.** ne vous permettrai pas – avez **15.** ne cessez pas – deviendrai

## 77

**1.** apprenions – aurions **2.** n'étaient pas – apprendrait **3.** tombait – ne devrions pas écrire **4.** gagnais – ne mettrais plus **5.** était – n'appellerait pas **6.** permettait – irions **7.** ne serait pas – commençait **8.** n'attendions pas – ne travaillerions pas **9.** nous mettions – pourrions **10.** nous levions – ne manquerions pas **11.** expliquerait – nous l'écoutons **12.** serais – j'étais – apprendrais **13.** m'intéressaient – me plairait **14.** nous aimerait – ne se moquaient pas **15.** pourrais – continuais **16.** savait

## 78

**1.** avait travaillé – n'aurait pas été **2.** n'était pas tombé – j'aurais pu **3.** aurions visité – l'avait permis **4.** ne m'avaient pas énervé(e) – ne leur aurais pas donné **5.** avaient fait – n'aurait pas été **6.** avaient aussi expliqué – auraient eu **7.** n'avait pas été – n'aurait pas choisi **8.** n'aurait pas changé – l'avaient appréciée **9.** avait eu – aurions aimé travailler **10.** n'avait pas pris – auraient changé **11.** serait restée – n'y avait pas eu **12.** n'avais pas dû corriger – j'aurais pu **13.** n'était pas venue – n'aurais pas compris **14.** n'avait pas plu – me l'auraient dit **15.** avaient participé – auraient trouvé

## 79

**1.** organiserait – avait **2.** n'avait pas pu – lui aurait payé **3.** n'avait pas bu – n'aurait pas eu **4.** oserait – aurait osé – n'était pas – n'avait pas été **5.** ferais – faisait **6.** coûtent – choisirons **7.** aurait été – ne s'étaient pas occupés **8.** nous rencontrerions – nous invitaient **9.** ne sait pas – doit/devra chercher **10.** s'entendrait – croyait **11.** n'était pas allée – n'aurait pas fait **12.** n'avait pas attendu – aurait été **13.** n'auraient pas su – n'avais pas agrandi **14.** parle/parlais/avais parlé – paiera (payera)/paierais (payerait)/t'aurait payé **15.** arrivait – s'offrirait **16.** lavent – les paiera/payera **17.** iraient voir – ne leur racontait pas **18.** n'invitera plus/n'inviterait plus/n'aurait plus invité – n'arrête pas/n'arrêtait pas/n'avait pas arrêté **19.** savais – prendrais **20.** s'était amusé – serait resté **21.** obtenons – partirons **22.** achètes/achetais – pourras/pourrais **23.** l'avait intéressée – aurait accepté **24.** lisez/lisiez/aviez lu – saurez/sauriez/auriez su **25.** n'aurait jamais offert – n'avait pas réussi **26.** avais réservé – aurions pu avoir **27.** ne seriez jamais devenu(e) – ne vous avaient pas poussé(e) **28.** se seraient baignées – avaient emporté **29.** pourrons/pourrions/aurions pu manger – me prête/me prêtait/m'avait prêté **30.** vous vous laviez – verriez **31.** se serait levé – l'aurait applaudi – avait bien joué

## 80

**1.** Si je n'avais pas vu le film, je l'aurais regretté. **2.** Je pourrais te raconter l'histoire si elle t'intéressait. **3.** Je le lui dirais si je le savais. **4.** Si c'est possible, je t'accompagnerai. Et Papa aimerait aussi venir s'il avait le temps. **5.** Ils/Elles se seraient levé(e)s à temps si tu leur avais téléphoné/les avais appelés le matin. **6.** Je lui prêterais mon portable s'il me demandait. **7.** Si elle va mieux/quand elle ira mieux, elle nous rendra visite. **8.** Si j'avais été à votre place, je n'aurais dit aucun mot. **9.** Est-ce que vous informeriez la police si vous entendiez un bruit suspect? **10.** Si elle avait eu un peu plus de confiance, elle nous aurait donné la clé. **11.** S'il rappelle, dis-lui que je ne veux pas sortir avec lui. **12.** Vous maigririez si vous faisiez du sport. **13.** Sa mère s'énervera si elle ne range pas sa chambre. **14.** Nous serions déçu(e)s si nous ne pouvions pas rencontrer nos amis. **15.** Si Simon vient en France, il ira dans beaucoup de crêperies. **16.** S'il rate l'examen, ses parents ne lui paieront pas le voyage. **17.** Si vous vous sentez fatigué (e, s, es), n'hésitez pas à prendre des vitamines. **18.** Ils n'iraient jamais en Italie s'ils ne parlaient italien. **19.** Si elle ne faisait pas de jogging plusieurs fois par semaine, elle ne restera pas en forme. **20.** Les deux auraient moins de problèmes avec leurs parents si ceux-ci étaient moins stricts. **21.** Tu deviendras de plus en plus nerveux(-se) si tu ne dors pas plus. **22.** Si je n'étais pas fatigué(e), je ne dormirais pas tant. **23.** S'il lisait ce livre, il saurait plus sur les problèmes de la globalisation. **24.** Beaucoup de mes élèves achèteraient plus de livres s'ils n'étaient pas si chers. **25.** Tu serais plus élégant(e) si tu t'occupais un peu plus de la mode. **26.** Nos voisins se plaindront sûrement à nos parents si nous faisons trop de bruit.

## 81

**1.** Si tu arrives avec ton ami Laurence, je quitterai l'appartement. arrivais – quitterais **2.** Si Zoé ne demandait pas à ses parents de lui prêter la voiture, on prendrait le bus. n'avait pas demandé – on aurait pris **3.** Si vous ne vous intéressez pas à ce film, vous resterez à l'école. **4.** Elle ne pleurait pas si le film ne lui plaisait pas. n'aurait pas pleuré – ne lui avait pas plu **5.** Si Jean m'invitait, j'irais au restaurant avec lui. m'avais invité(e) – serais allé(e) **6.** Si tes parents nous accompagnent, je n'irai pas à ce cocktail. nous avaient accompagné(e)s – ne serais pas allé(e) **7.** Vous maigririez sûrement si vous mangiez moins de chocolat. **8.** S'ils avaient envie de rester plus longtemps, on préparerait la chambre de Bernadette. avaient eu – aurait préparé **9.** Si les enfants ne se dépêchent pas, ils rateront le bus. ne s'étaient pas dépêchés – auraient raté **10.** Je te laisserai un mot si je pars avant six heures. **11.** Nous serions trop fatigué(e)s si nous ne voyagions pas en couchette. aurions été – n'avions pas voyagé **12.** Si Béatrice n'aimait pas les élèves, elle n'enseignerait pas au lycée. **13.** Je serais perdu(e) si Véronique et Christa ne m'aidaient pas. **14.** Fabienne aimerait plus son job de prof si elle ne devait pas corriger tant de devoirs. aurait aimé – n'avait pas dû **15.** Mon père serait heureux s'il ne devait pas faire ce voyage. aurait été – n'avait pas dû **16.** Nous prendrons le train si notre voiture tombe en panne. **17.** Elle ne se serait pas paniquée si elle n'avait pas regardé ce film d'horreur. **18.** Nous nous serions rappelé(e)s l'incident si nous l'avions vu. **19.** Elle serait soulagée si elle trouvait un job. aurait été – avait trouvé **20.** Ils mangeraient les repas traditionnels des Indiens si on leur en offrait. auraient mangé – leur en avait offert **21.** Si je m'ennuie un jour, je suivrai un cours de cuisine. **22.** Elle s'adresserait aux voisins si elle avait des problèmes. se serait adressée – avait eu **23.** Vous parleriez parfaitement l'anglais si vous passiez une année en Amérique. **24.** Je t'expliquerai les problèmes de maths si tu ne les comprends pas. t'aurais expliqué – ne les avais pas compris **25.** Il sera renvoyé du lycée s'il n'y va pas régulièrement. serait renvoyé – n'y allait pas **26.** Nous irions aux Seychelles si les tickets d'avion ne coûtent pas trop cher. irions – ne coûtaient pas **27.** Elle conduirait mieux si elle prenait la voiture plus souvent. **28.** Vous obtiendriez la permission de sortir si vous rentriez à l'heure fixée. auriez obtenu – étiez rentré(e)(s) **29.** Elles aideraient les garçons à faire leurs devoirs si ceux-ci n'étaient pas si impertinents. auraient aidés – n'avaient pas été **30.** Les jeunes respecteraient plus les adultes si les adultes donnaient meilleur exemple. **31.** Si je n'avais le temps de faire la cuisine, j'irais au self avec les enfants. n'avais pas eu – serais allé(e) **32.** Tu devrais manger des spaghettis jusqu'à la fin du mois si tu achetais ces vêtements de marque. **33.** Si je voulais acheter de beaux vêtements, j'irais dans un magasin de marques. avais voulu – serais allé(e) **34.** Si nous voulons nous détendre le week-end, nous le passerons dans un centre thermal. voulions nous détendre – le passerions **35.** Ils choisiront le plat du jour si le garçon le recommande. choisiraient – recommandait **36.** Si son fils devenait capitaine de bateau, elle ferait le tour du monde. **37.** Si elle n'était pas tombée amoureuse du prof de musique, elle n'aurait pas aimé la musique.

## 82

**1.** Je lui dis que son père et moi, nous allons chez nos amis. **2.** Elle dit qu'elle veut nous accompagner. **3.** Je lui réponds que nous restons trop longtemps et qu'elle doit aller à l'école le lendemain. **4.** Elle se plaint que c'est toujours la même chose avec nous. **5.** Je lui demande pourquoi elle n'est jamais contente. **6.** Elle répond qu'elle en a marre de rester seule. **7.** Je lui réponds qu'elle n'est pas seule et que le chat est chez elle. **8.** Elle dit que le chat ne peut pas parler avec elle. **9.** Je lui demande de nous appeler si elle veut parler. **10.** Elle me répond que son téléphone est bloqué et qu'elle ne peut plus téléphoner. **11.** Elle ajoute qu'elle a dépensé tout son forfait. **12.** Je lui demande pourquoi son forfait est déjà terminé. **13.** Elle me répond qu'elle a appelé son amie Caroline pendant deux heures. **14.** Je lui dis qu'elle a déjà trop parlé et je lui dis de lire son français. **15.** Elle répond qu'elle est trop fatiguée pour lire et qu'elle va se coucher.

## 83

**1.** Je dis à mon fils de ne pas écrire tant de SMS à Marcel. **2.** Nous disons aux enfants de ranger leurs affaires. **3.** Vous demandez à vos parents de venir vous aider. **4.** Je dis à ma copine de s'occuper de ses affaires. **5.** Il crie au voleur de lui rendre son portable. **6.** Nous demandons à Maman de nous prêter sa voiture. **7.** Tu dis à ton copain de te redonner tes clés. **8.** L'entraîneur dit aux joueurs d'attaquer. **9.** Ma sœur me dit de ne plus l'appeler à minuit. **10.** Les élèves demandent au prof de repousser le contrôle. **11.** Le professeur leur dit d'apprendre plus. **12.** Le policier dit à l'enfant de ne pas traverser. **13.** Il répète à l'enfant de faire attention avant de traverser.

## 84

**1.** Maman te demande qui t'a téléphoné. **2.** … qui ils ont aidé à laver la voiture. **3.** … de quoi vous vous êtes occupés. **4.** … s'il lui écrira une lettre tous les jours. **5.** … ce qu'on mange à la cantine. **6.** … qui vient dîner ce soir. **7.** … contre qui elle va jouer. **8.** … qui est en vacances. **9.** … à quoi je pense. **10.** … ce qu'on lui a volé. **11.** … avec qui elle va au cinéma ce soir. **12.** … avec qui nous sommes arrivés. **13.** … ce qui vous intéresse dans ce poste. **14.** … à qui leur bébé va ressembler. **15.** … qui a oublié son porte-monnaie. **16.** … ce qu'on mange à midi. **17.** … à qui nous devons rendre les clés. **18.** … qui lui a emprunté son nouveau DVD. **19.** … qui peut vous indiquer votre chemin. **20.** … ce qu'elle/il veut dire. **21.** … à quoi nous sert ce plan. **22.** … qui a un plan dans le groupe. **23.** … qui nous avons aidé. **24.** … avec qui il s'est amusé la veille.

## 85

**1.** … ce qu'ils ont lu. **2.** … où nous devons descendre pour voir Notre-Dame. **3.** … quand nous pouvons être à Lyon. **4.** … si on a une trace de l'assassin. **5.** … pourquoi le réveil n'a pas sonné. **6.** … si je n'ai rien à ajouter. **7.** … ce qu'elle aimerait pour Noël. **8.** … s'ils ont fait la fête toute la nuit. **9.** … si nous nous sentons/je me sens mieux. **10.** … si quelqu'un connaît cette jeune fille. **11.** … si mes enfants peuvent l'accompagner au musée. **12.** … à qui il laisse ce paquet. **13.** … pourquoi les Dupont n'ont pas encore répondu à leur invitation. **14.** … où elle va fêter son anniversaire. **15.** … combien un dollar vaut. **16.** … comment nous allons payer nos impôts. **17.** … à qui il a donné ta webcam. **18.** … quand tu as acheté une webcam. **19.** … si elle veut sortir avec lui. **20.** … combien de jours il veut rester en Grèce. **21.** … comment il veut être hébergé. **22.** … s'il existe des chambres d'hôte. **23.** … si le petit déjeuner est compris dans le prix de la chambre. **24.** … ce qu'ils vont faire l'après-midi et si elles peuvent rester dans leur chambre. **25.** … pourquoi elles ne vont pas dans leur chambre. **26.** … si elles peuvent jouer à la Playstation avec eux. **27.** … si elles ne veulent pas rester parce qu'ils leur plaisent. **28.** … à qui elle peut confier son chat pendant les vacances. **29.** … sur qui il va tomber.

## 86

**1.** … qu'elle est tout à fait heureuse avec son mari Emmanuel. **2.** … ce que son mari fait et s'il lit tous ses souhaits dans ses yeux. **3.** … que non, mais qu'il s'intéresse aux choses qu'elle lui raconte. **4.** … qu'il lui donne l'impression d'être la personne la plus intéressante au monde. **5.** … si cette jupe rose lui va bien. **6.** … où elle l'a achetée. **7.** … si elle ne pense pas qu'elle est trop courte. **8.** … si elle a passé l'examen. **9.** … que oui, qu'elle l'a passé et qu'elle avait énormément appris. **10.** … qu'elle doit chercher un travail maintenant. **11.** … de la laisser tranquille. **12.** … de venir le voir samedi soir. **13.** … ce qu'il va faire samedi soir. **14.** … qu'il fera la fête chez lui. **15.** … si ses parents seront d'accord. **16.** … que ses parents sont en train de faire le tour du monde. **17.** … qu'ils ne vont rentrer que deux semaines plus tard. **18.** … de lui montrer son permis de conduire. **19.** … s'il sait pourquoi il l'a arrêté. **20.** … que non, qu'il n'en a aucune idée. **21.** … que son permis est en règle, mais qu'il roulait trop vite. **22.** … s'il allait à plus de 50 kilomètres par heure. **23.** … que non, mais qu'il y a une limitation de vitesse ici là-bas. **24.** … qu'il est désolé mais qu'il n'a pas vu de panneau. **25.** … demande combien il doit payer. **26.** … qu'il fera attention la prochaine fois. **27.** … qu'il peut partir. Il lui dit de ne plus dépasser la vitesse indiquée. **28.** … de mettre leurs manteaux et leurs bonnets. **29.** … qu'ils vont faire une petite promenade en ville. **30.** … ce qu'ils vont faire en ville. **31.** … qu'ils vont visiter la boulangerie de Monsieur Grand. **32.** … s'ils connaissent sa boulangerie. **33.** … que oui, que sa mère y va chaque jour. **34.** … qu'il leur montrera comment il fait son pain. **35.** … qu'il aura certainement quelque chose pour eux s'ils sont sages. **36.** … qu'ils sont toujours sages. **37.** … qui il a rencontré la veille au café. **38.** … pourquoi il ne lui a rien dit. **39.** ... demande de quoi il parle et s'il a mal dormi. **40.** ... qu'il n'a rencontré personne au café et qu'il y est allé avec sa tante Claudine. **41.** ... qu'il pensait que c'était Davida parce qu'il voyait seulement ses cheveux. **42.** ... de ne pas être si jaloux et que c'est lui qu'elle aime, sa petite Davida. **43.** ... qu'ils ont quelques pistes. **44.** ... qu'ils les tiennent au courant de l'enquête. **45.** ... s'ils connaissent cet homme. **46.** ... qu'ils ne l'ont jamais vu. **47.** ... disent qu'ils ont encore quelques questions. **48.** ... s'il peut avoir un verre d'eau. **49.** ... de lui apporter un verre d'eau. **50.** ... pourquoi on a volé tous ses jouets. **51.** ... qu'il aimerait bien le savoir. **52.** ... s'il a entendu quelque chose. **53.** ... qu'il a entendu une voiture et qu'il a vu un homme qu'il n'avait jamais vu avant. **54.** ... s'il peut téléphoner. **55.** ... à qui il souhaite téléphoner. **56.** ... qu'il veut prévenir ses autres enfants.

### 87

**1.** Qu'est-ce que tu as écrit à Bernadette? **2.** Qu'est-ce qui s'est passé dans la classe, Paul? **3.** Pourquoi est-ce que tes mains sont toujours sales? **4.** Tu es de la même taille que Lili? **5.** Que voulez-vous? **6.** Le nouvel élève s'appelle comment? **7.** Qui est-ce? **8.** Où est-ce que vous allez ce soir? **9.** Pourquoi est-ce que notre mère/Maman est sortie de la maison aujourd'hui? **10.** Qu'est-ce que tu as acheté comme voiture? **11.** Combien de pages avez-vous déjà apprises? **12.** Je dois réviser quels chapitres? **13.** Quel collègue me prend toujours ma place de stationnement? **14.** Que fais-tu pendant que je ne suis pas à la maison? **15.** Combien de chocolat est-ce que je peux manger? **16.** Qui est le jeune homme qui nous a saluées? **17.** Je peux avoir un chiot? **18.** Les croissants coûtent combien? **19.** Le tour du château commencera quand? **20.** Est-ce qu'on peut regarder toutes les chambres du château? **21.** Avez-vous des questions supplémentaires? **22.** Vous venez d'où? **23.** Comment l'accident s'est-il passé? **24.** Le camion est venu d'où? **25.** Qui a appelé l'ambulance? **26.** Combien de blessés est-ce qu'il y a dans l'accident? **27.** Qui a besoin de la voiture ce soir? **28.** Est-ce que vous avez heurté quelque chose parce que la voiture est cabossée? **29.** Tu caches quoi derrière ton dos? **30.** Pourquoi êtes-vous si sévère? **31.** Vous aimez Picasso? **32.** Combien de temps est-ce qu'il faut attendre pour entrer? **33.** Le match Allemagne-Argentine passe sur quelle chaîne? **34.** Qui peut me remplacer au travail?

### 88

**1.** ... qu'elle croyait qu'ils avaient eu un visiteur. ... que ce devait être une souris. **2.** ... qu'ils allaient l'attraper. **3.** ... ce soir-là, ils mettraient un piège. **4.** ... qu'ils n'auraient pas de chance et qu'elle allait déménager. **5.** ... qu'il était allé chez le dentiste parce qu'il avait mal aux dents. **6.** ... que sa grand-mère était sourde comme un pot et que la veille, elle lui avait demandé mille fois quand il allait rentrer. **7.** ... notre fille surfait souvent sur le site du Musée d'Orsay, qu'elle s'intéressait aux impressionnistes et qu'on irait à Paris avec elle. **8.** ... que ses enfants apprenaient la musique depuis deux ans. **9.** ... qu'il ne serait pas perdu s'il n'avait pas ses parents qui lui disaient toujours ce qu'il devait faire. **10.** ... que son mari était agent de police et qu'il connaissait tous les coins du quartier. **11.** ... que je trouverais mes livres de maths sur notre table de cuisine si je les cherchais. **12.** ... qu'elle avait lu le «Da Vinci Code» après être allée à Paris et qu'elle irait au cinéma pour voir le film. **13.** ... que ce jour-là, leur prof de latin s'était comporté comme un fou. **14.** ... que la veille, sa fille Annie s'était levée à sept heures et qu'elle était de mauvaise humeur comme toujours. **15.** ... qu'elle avait acheté des vêtements de marque formidables sur eBay. **16.** ... qu'ils devaient travailler plus que nous quand ils étaient jeunes. **17.** ... qu'il allait passer une année aux États-Unis l'année suivante et qu'on trouverait sûrement un job pour moi si je l'accompagnais. **18.** ... qu'elle avait trouvé un beau foyer pour les gens âgés et qu'il était situé en pleine forêt. **19.** ... qu'elle le connaissait parce qu'une tante de sa mère y avait habité trois ans. **20.** ... les soirs chez eux étaient vraiment ennuyeux depuis que le championnat de football avait commencé, que son père et son frère regardaient tous les matchs et qu'ils n'avaient qu'un seul téléviseur malheureusement. **21.** ... qu'il avait été témoin d'un hold-up et que son article allait faire monter leur tirage énormément. **22.** ... qu'ils avaient bien lu le roman de Franz Kafka, mais qu'ils n'avaient pas pu faire le devoir parce que personne ne l'avait compris. **23.** ... qu'il était désolé d'être en retard avec le pain ce jour-là, qu'il y avait eu une panne de courant la nuit précédente et qu'il n'avait pas pu continuer son travail pendant deux heures. **24.** ... qu'elle deviendrait professeur de français un jour parce que cette langue lui plaisait énormément et que de plus, elle avait toujours de bons résultats. **25.** ... qu'on allait voir et qu'elle allait décider plus tard parce que ses résultats de maths étaient excellents aussi. **26.** ... qu'elle savait que son père aimerait le voir dans leur entreprise.

### 89

**1.** ... quand ils rentraient. **2.** ... s'il/si elle avait compris la phrase. **3.** ... qui leur avait donné ces livres. **4.** ... pourquoi il ne voulait pas lire ces livres avec eux. **5.** ... qui il rencontrait au bal. **6.** ... qui l'avait appelé. **7.** ... de quoi ils s'étaient moqués. **8.** ... pourquoi nous nous étions fâchés et s'ils faisaient trop de bruit. **9.** ... ce qu'elle avait et qui l'avait fâchée. **10.** ... ce qu'elle avait fait le matin et si elle n'avait pas encore écrit la lettre qu'il lui avait dictée la veille. **11.** ... où nous étions allés après qu'il nous avait amenés à la gare. **12.** ... ce qui lui plaisait dans ce magasin. **13.** ... si elle ne trouvait pas que les choses étaient affreuses. **14.** ... dans quel hôtel nous avions passé nos vacances de Pentecôte. **15.** ... combien de jours nous étions restés. **16.** ... de qui elle savait que nous étions partis. **17.** ... si je connaissais M. Lander et elle a ajouté qu'il avait voyagé dans le même avion que nous. **18.** ... qui chantait « Granada » et si cette chanson me plaisait. **19.** ... si cette jupe rose lui allait bien. **20.** ... où elle l'avait achetée. **21.** ... si elle ne pensait pas qu'elle était trop courte. **22.** ... s'ils voulaient venir le voir samedi soir. **23.** ... ce qu'ils feraient et s'ils iraient au concert de Tokyo Hôtel. **24.** ... s'ils pouvaient vraiment imaginer aller voir ce groupe. **25.** ... qui leurs voisines aidaient à déménager. **26.** ... ce qu'elle avait cherché au grenier. **27.** ... de quoi il s'agissait dans ce roman. **28.** ... quand l'auteur avait écrit ce roman.

### 90

**1.** Qui est absent? C'est Steve parce qu'il a eu un accident. Vous savez combien de jours il sera absent? **2.** Qu'est-ce que vous lisez à l'école? C'est Roméo et Juliette. Le texte ne me plaît pas parce que j'ai des difficultés à le comprendre. **3.** Tu as aussi invité Manuel? Qu'est-ce qu'il a dit? Qui as-tu encore invité? **4.** Qu'est-ce que je ferais sans mes amies parce qu'elles m'aident toujours quand j'ai besoin d'aide. **5.** Il faut passer quelques jours dans l'Hôtel d'Orangerie. J'ai fait la connaissance du propriétaire après qu'il m'avait renversée quand je descendais les escaliers. **6.** Qu'est-ce qui se passe avec les enfants? Les enfants sont trop calmes dans leur chambre. Il faut aller voir ce qu'ils font. **7.** Ma voisine se plaint toujours du mauvais temps et elle a déjà pensé à s'acheter un appartement en Espagne. J'aimerais aussi avoir un appartement en Espagne et je vous inviterait chaque été. **8.** Ce serait une bonne idée. J'achèterais aussi un appartement si j'avais assez d'argent. Est-ce qu'on ne pourrait pas partager les coûts? **9.** Je ne voudrai(s) pas passer toutes mes vacances au même endroit. Je préfère voir le monde. Un appartement en Espagne, ça ne me plairait pas. **10.** Mon mari connaît tous les coins du quartier parce qu'il est agent de police depuis des années. **11.** Il y aura trop de touristes dans ce village et il ne faudra pas y aller. **12.** Ma femme prendra le train pour Rome demain et elle y restera tout l'été. Nous nous sommes disputés à cause des problèmes financiers. Elle veut être seule pour quelques semaines. J'espère qu'elle ne voudra pas rester en Italie pour y travailler. Elle aimerait bien acheter un petit magasin à Rome, mais je suis tout à fait contre. **13.** J'irai sur la Côte d'Azur avec des élèves de troisième. Les élèves habiteront chez des familles qui sont toujours très gentilles. **14.** On peut y voir de très belles choses. Ce serait dommage de ne pas visiter ce musée.

### 91

**1.** Il voulait savoir à qui tu avais montré la lettre. **2.** Hier Mehdi m'a demandé quand j'irais à la piscine. **3.** La mère de Marcel a affirmé que son fils était resté à la maison toute la journée. **4.** Nous ne lui avons pas dit que nous n'avions pas encore lu le texte que nous aurions dû/devrions lire. **5.** Il nous a raconté qu'il avait appris à faire du ski nautique pendant les vacances. **6.** Je lui ai dit que Nicolas avait commencé à jouer après que les enfants avaient terminé leurs devoirs. **7.** Il a dit que sa mère ne lui préparait pas son plat favori. **8.** Mon amie m'a raconté qu'elle n'était jamais rentrée seule à (la maison) le soir. **9.** M. Vauvier a raconté à son collègue que sa fille n'allait jamais se coucher avant trois heures du matin. **10.** Ma voisine m'a raconté qu'elle avait vécu à Londres pendant des années et qu'elle rêvait toujours de sa vie en Grande Bretagne. **11.** Ils/Elles lui on dit qu'ils(elles) avaient soif et qu'ils(elles) aimeraient boire de la limonade. **12.** Thomas m'a raconté qu'il avait triché au dernier examen. **13.** Notre professeur de mathématiques nous disait toujours avant l'examen qu'il souhaitait bonne chance à tous. **14.** Le guide du musée a dit aux touristes qu'ils devaient laisser leurs sacs au vestiaire. **15.** Le médecin disait souvent à ses patients qu'ils devaient arrêter de fumer s'ils voulaient vivre longtemps. **16.** Le haut-parleur à l'aéroport a demandé à un passager de se présenter immédiatement en salle d'embarquement n°2. **17.** La mère a dit à sa fille qu'elle n'avait pas encore eu le temps de laver tous ses pantalons. **18.** Mes grands-parents m'ont raconté qu'ils avaient vouvoyé leurs parents. **19.** Nous avons répondu que nous ne pouvions pas imaginer cela. **20.** L'homme politique a promis aux gens qu'il baisserait tout de suite les impôts/de baisser tout de suite les impôts s'ils lui donnaient leurs voix. **21.** Mon amie m'a raconté qu'elle avait vu un bon film au cinéma la semaine précédente. **22.** Elle a ajouté que je ne devais pas regarder le film parce que ce n'était pas bon pour mes nerfs fragiles. **23.** La tante a dit à sa nièce qu'elle lui offrirait un beau cadeau pour son anniversaire. **24.** La nièce lui a répondu qu'elle désirait avoir une Playstation depuis longtemps.

### 92

**1.** Nathan m'a demandé si je voulais sortir avec lui. Je lui ai répondu que j'étais désolée, mais que ma sœur était malade et que je devais aider Maman. **2.** Béatrice a demandé à ses amies ce qu'elles avaient fait le week-end. Ses amies ont répondu qu'elles avaient joué un match de tennis et qu'elles avaient gagné. **3.** Catherine a demandé à Xavier s'il connaissait la Sicile. Xavier a répondu que non, mais qu'il avait des amis qui y étaient allés déjà quatre fois et qu'ils étaient ravis. **4.** Danièle a demandé à Max s'il savait faire du ski. Max lui a répondu que oui, mais qu'il n'avait pas encore eu beaucoup de possibilités d'en faire. **5.** Le directeur a demandé à la dame quelles langues elle savait parler. La dame a répondu qu'elle savait parler quatre langues couramment. **6.** Le directeur voulait savoir si elle savait aussi parler le hongrois. La dame a répondu que naturellement et que le hongrois était une langue qui devenait de plus en plus importante. **7.** Céline a demandé à la voisine si elle pourrait garder leur chien pendant une semaine. La voisine a accepté avec plaisir (a dit qu'elle garderait le chien avec plaisir.) **8.** La voisine voulait savoir si Céline allait faire un voyage. Céline a répondu que oui que son mari et elle iraient à la mer. **9.** La fille a demandé à son amie où elle trouvait toujours ces belles fringues. L'amie a répondu qu'elle les trouvait dans le placard de sa grande sœur. **10.** La fille voulait savoir si sa sœur était d'accord. L'amie a répondu que non. Elle a ajouté qu'elle prenait ses affaires seulement quand elle n'était pas à la maison. **11.** Mme Rodel a demandé à Mme Chavez ce qu'elle allait préparer à déjeuner ce jour-là. Mme Chavez a répondu qu'elle n'allait rien préparer parce que son mari allait l'inviter au restaurant pendant toute la semaine. **12.** Mme Rodel a dit à Mme Chavez que son mari était très généreux. Mme Chavez a répondu que pas vraiment et elle a ajouté qu'il avait oublié leur anniversaire de mariage et que c'était pourquoi il avait mauvaise conscience. **13.** Le professeur voulait savoir si les élèves avaient fait leurs devoirs. Les élèves ont dit que bien sûr et qu'ils étaient des élèves sages. **14.** La fille a demandé au garçon où il voulait aller. Le garçon a répondu qu'il voulait aller au cinéma parce qu'on jouait le nouveau film de Brad Pitt. **15.** La dame a demandé à la vendeuse s'ils avaient si elle avait cette veste aussi dans d'autres couleurs. La vendeuse a répondu qu'ils ne l'avaient/qu'elle ne l'avait malheureusement pas, mais elle a ajouté que le noir allait très bien à la dame. **16.** La cliente voulait savoir où elle pouvait trouver les jouets. La vendeuse a répondu qu'on les trouvait au deuxième étage. **17.** Le professeur voulait savoir qui avait renversé la poubelle pendant la récré. Les élèves ont répondu que personne ne l'avait fait parce qu'ils étaient dans la cour. **18.** Le fils a demandé au père s'il jouait au football avec lui. Le père a répondu qu'il était pressé et il lui a dit de demander à son frère.

### 93

(Bei den Lösungen handelt es sich zum Teil um Vorschläge, nicht um einzige richtige Lösungen.)

À la récré, Laurent a raconté à Martine que son père lui avait donné 20 Euros et qu'il voudrait inviter Martine à boire un petit verre chez Bert. Il a ajouté qu'il ne voulait plus rester à l'école. Martine était d'accord. (… a dit qu'elle voulait bien.) Elle a dit qu'elle préférait aussi aller au café. Les deux sont allés chez Bert. M. Bert leur a demandé s'ils voulaient une place près d'une fenêtre. Il leur a proposé une table juste pour deux près d'une fenêtre. Ils ont commandé deux bières et Martine a fumé une cigarette. Ils parlaient de tout et de rien et Laurence a commencé à être heureux jusqu'au moment où Martine a vu son prof de maths devant la fenêtre. Elle a essayé de se cacher, mais le prof de maths est entré et a demandé à Martine pourquoi elle n'avait pas été en mathématiques. Il lui a aussi dit qu'elle lui manquait et qu'il ne la comprenait pas.

Après une petite discussion, il s'en est allé et Martine s'est levée aussi. Elle a raconté à Laurence que le professeur était un vieil ami de son grand-père et que les deux avaient habité dans la même maison dans leur enfance. Elle était sûre que le prof allait lui raconter tout. Elle a ajouté qu'elle devait aller chez Pépé pour lui dire de ne rien raconter à sa mère qui serait très fâchée. Laurence a payé et il a accompagné Martine jusqu'à la maison de son grand-père. Quand ils sont arrivés, Martine lui a souri et l'a embrassé. Elle a dit qu'elle adorait parler avec lui et qu'ils se verraient le jour suivant après l'école. Laurence a répondu qu'il aimerait passer chaque jour avec elle, mais qu'elle devait aller chez son grand-père. Il lui a demandé de lui envoyer un SMS le soir.

**2.** Cyrille qui avait toujours besoin d'argent a décidé de faire de petits travaux pour les voisins. Il a proposé à Mme Bertin de promener son chien le matin. (Il a demandé à … s'il pouvait promener son chien …) Il a ajouté qu'il savait qu'elle avait beaucoup de travail et qu'il pourrait le faire avant d'aller au lycée. Mme. Bertin a dit que c'était une bonne idée parce qu'elle devait s'occuper de son mari qui était malade depuis deux ans. Elle a ajouté que ce serait un grand soulagement pour elle s'il pouvait sortir le chien tôt le matin et qu'elle lui donnait 50 Euros par mois.

Cyrille promenait le chien à travers les champs chaque matin. Un jour, le chien a vu un lapin et a couru après le lapin. Cyrille a couru après le chien et lui a crié d'arrêter et de revenir. Mais le chien était plus rapide que Cyrille et il ne l'a plus trouvé. Il est retourné à la maison et s'est demandé ce qu'il allait dire à Mme Bertin, si elle aurait encore confiance en lui et ce qu'on allait faire si le chien ne revenait pas.

Mais quand il est arrivé devant la porte de sa voisine, il a sauté de joie parce que le chien attendait déjà devant la porte.

**3.** Une dame a téléphoné au commissariat de police. Au début, elle ne pouvait pas parler parce qu'elle pleurait. L'agent de police lui a demandé ce qu'elle avait et comment il pouvait l'aider. Quand elle avait fini de pleurer, elle a raconté qu'elle avait préparé un poulet avec des légumes la veille. Elle a ajouté qu'elle avait demandé à son mari de descendre chercher un kilo de riz parce qu'elle n'avait plus de riz. Elle a raconté que le mari était descendu et qu'il n'était jamais rentré. La dame a demandé ce qu'elle devait faire. L'agent lui a dit d'attendre parce qu'il voulait réfléchir et puis il a dit qu'il allait demander à son collègue. Quand il est revenu, il a dit que son collègue était d'accord avec lui. Il a expliqué qu'il ferait des pommes de terre parce qu'on servait aussi des pommes de terre avec du poulet.

**4.** Un jour, un curé a ouvert son journal et a lu l'annonce de sa propre mort. Il a vite téléphoné à son évêque et lui a demandé s'il avait aussi lu l'annonce de sa mort. L'évêque lui a répondu qu'il avait vu l'annonce et après quelques instants, il a voulu savoir d'où il téléphonait.

**5.** L'histoire s'est passée en Sicile, près de Palerme. Le climat y était très beau, il faisait chaud, le soleil brillait et sur les arbres, on pouvait cueillir …
Paolo et Fabio habitaient dans une petite maison. Ils n'aimaient pas travailler et préféraient dormir devant leur maison. Ils discutaient souvent, riaient et se racontaient des histoires. Ils buvaient du vin rouge et à l'heure de manger, Paolo allait sous un figuier et attendait. Quand un fruit tombait, il attrapait la figue, la mangeait et il s'endormait.
Un jour, un touriste, M. Huber, le chef d'une grande entreprise, est arrivé. Chez lui, en Allemagne, il travaillait toute la journée. Mais deux semaines par an, il allait en Sicile pour se reposer. Sa femme et son fils l'accompagnaient.
Un matin, M. Huber a invité sa femme à faire une promenade. (a demandé à sa femme si elle voulait l'accompagner parce qu'il allait se promener.)
Sa femme lui a répondu qu'elle préférait rester et qu'elle prendrait le petit déjeuner une heure après. M. Huber a dit qu'il serait de retour dans 50 minutes.
Il a quitté l'hôtel et un quart d'heure après, il est passé par la maison des deux hommes. Il a vu Paolo et Fabio qui se reposaient devant leur maison. Ils lui ont dit bonjour et M. Huber leur a demandé s'ils étaient aussi en vacances.

## LÖSUNGEN ZU DEN BUCHSEITEN 101–108

Les deux ont répondu qu'ils habitaient là-bas. M. Huber leur a demandé pourquoi ils n'étaient pas au travail et il leur a dit qu'il fallait travailler dans la vie et qu'ils ne devaient pas dormir devant leur maison. Il a ajouté qu'ils devaient chercher du travail s'ils n'en avaient pas.
Paolo a demandé pourquoi ils devraient chercher du travail et il a dit qu'ils étaient heureux comme ça.
M. Huber a répondu qu'ils ne pouvaient pas gagner d'argent sans travail. Les deux voulaient savoir pourquoi il fallait gagner de l'argent. M. Huber a répondu qu'il fallait gagner de l'argent pour être riche. Fabio a demandé ce qu'il ferait s'il était riche. M. Huber a dit qu'ils ne comprenaient rien et qu'il allait leur expliquer la vie. Il a dit qu'ils prenaient son exemple, qu'il avait 50 ans et qu'il aurait assez d'argent quelques années après pour vendre son entreprise. Il a ajouté que sa femme et lui achèteraient une maison en Italie ou en Espagne et ils pourraient se reposer au soleil sans travailler.
Paolo et Fabio ont regardé M. Huber et d'abord, ils n'ont rien dit. Ensuite, ils ont commencé à rire et Paolo a dit qu'ils avaient 22 ans et qu'ils se reposaient déjà au soleil sans travailler.

### 94 Lösungsvorschläge:
**1.** Mes parents m'ont demandé si je voulais passer deux semaines en Turquie avec eux. **2.** J(e leur) ai dit que je préférerais aller en Italie avec mes amis. **3.** Je leur ai expliqué que je n'aimais pas particulièrement les grands hôtels. **4.** J'ai ajouté que je trouvais plus intéressant de faire un séjour sur un terrain de camping près de Rome. **5.** Quand mon père a dit qu'il me comprenait bien, ma mère était fâchée. **6.** Elle lui a proposé d'aller aussi faire du camping. **7.** Il lui a expliqué que son dos ne supportait plus quelques nuits sous la tente et que c'était pourquoi il irait dans un hôtel merveilleux en Turquie avec elle. **8.** Il a dit qu'il avait aussi besoin d'un climatiseur parce que la chaleur n'était pas bonne pour son cœur. **9.** Là-dessus, ma mère a dit que Papa irait en Turquie pour deux semaines et qu'elle nous accompagnerait au terrain de camping. **10.** Elle a ajouté qu'elle s'était toujours bien amusée sur les terrains de camping dans sa jeunesse et qu'elle n'avait aucune envie de passer ses vacances avec un vieil homme entouré d'autres vieux hommes. **11.** Puis nous avons ri et j'ai dit que j'avais toujours su qu'elle m'autoriserait un séjour avec des amis. **12.** Hier, Mélanie et son amie Valérie ont parlé/parlaient d'argent. **13.** Mélanie a raconté que ses parents ne lui donnaient pas d'argent de poche parce qu'ils pensaient qu'elle s'achetait/achèterait seulement des fringues. **14.** Elle a dit qu'elle devait toujours demander quand elle avait besoin d'un peu d'argent. **15.** Valérie a dit qu'elle avait plutôt beaucoup d'argent, mais qu'elle devait acheter pas mal de choses elle-même. **16.** Elle a ajouté que ses grands-parents lui avaient toujours donné de l'argent. Elle a ajouté que malheureusement sa grand-mère n'était plus en vie et que le grand-père avait un peu perdu la tête. **17.** Elle a dit qu'il pensait toujours qu'elle travaillait déjà et qu'elle n'allait plus à l'école. **18.** Mélanie a dit que sa sœur qui était dix ans plus âgée qu'elle avait reçu de l'argent de poche. **19.** Elle a avoué que sa sœur avait dépensé très rapidement son argent, surtout pour aller chez Mac Do. **20.** Puis elle a encore dit qu'elle allait essayer de gagner un peu d'argent et qu'elle allait demander à une voisine si elle pouvait garder ses enfants.

### 95
**1.** toutes – toute – tous **2.** toute – tous **3.** tout – toutes **4.** tous – toute **5.** toutes **6.** tous – tous/toute (ganz) **7.** tous **8.** Tout – Toutes **9.** toutes – toutes

### 96
**1.** Je suis toute contente aujourd'hui, dit-elle. **2.** Ne mange pas tout le chocolat. **3.** Nous avons tous mangé chez Rosa. **4.** Tu n'aimes pas tout le livre? **5.** Il a bu toute la bière. **6.** Ses cousines, tu les connais toutes? **7.** J'ai été malade toute la semaine. **8.** Tous ces exercices! Mon Dieu! **9.** Les escalopes? Nous ne les avons pas panées toutes. **10.** Il n'a pas avoué tout. **11.** Tu veux toujours savoir tout. **12.** Il ne répond jamais à toutes les questions. **13.** Ils étaient tout étonné(e)s. **14.** Tu as rangé tout? **15.** Ils étaient toutes fasciné(e)s. **16.** Après le voyage, les enfants étaient tout épuisés. **17.** Il aime nous montrer ses photos. Il nous les montre toujours toutes. **18.** Bernadette est énervée de tout. **19.** Maman pense toujours à tout. **20.** Nous avons tous faim. **21.** Cela explique tout. **22.** J'ai lu tous tes romans. **23.** Sa lettre est adressée à tous. **24.** Nous étions tout affecté(e)s. **25.** Je méprise tous les gens qui propagent toutes ces paroles racistes.

### 97
**1.** Il doit aider à laver la voiture de Maman. Il lui faut aider à laver la voiture de Maman. **2.** Tu dois nourrir le chat. Il te faut nourrir le chat. **3.** Ils ne doivent plus faire de bruit après minuit. Il ne leur faut pas faire de bruit après minuit. **4.** Je dois arroser ses plantes. Il me faut arroser ses plantes. **5.** Elle doit vider les poubelles tout de suite. Il lui faut vider les poubelles tout de suite. **6.** Elles doivent rester encore une semaine chez nous. Il leur faut rester encore une semaine chez nous. **7.** Ils doivent être plus polis. Il leur faut être plus polis. **8.** Ils doivent attacher leurs ceintures. Il leur faut attacher leurs ceintures. **9.** Vous ne devez pas fumer. Il ne vous faut pas fumer. **10.** Vous devez faire plus de pauses. Il leur faut faire plus de pauses. **11.** Nous devons aller voter. Il nous faut aller voter. **12.** Je dois aller chez le médecin et me soigner. Il me faut aller chez le médecin et me soigner.

### 98
**1.** dois – devez – faut – faut **2.** devons – faut – ont besoin **3.** a besoin **4.** te faut **5.** doit **6.** doivent **7.** ai besoin – ai besoin – me faut **8.** devons – faut **9.** dois – auras besoin **10.** faut **11.** faut - dois

### 99
**1.** Il a besoin de son oreiller, de ses lunettes et de Mémé. Il lui faut son oreiller, ses lunettes et Mémé. **2.** Pour faire du patinage, vous avez besoin de chaussures et de vêtements bien chauds. Il vous faut des chaussures et des vêtements bien chauds. **3.** J'ai besoin de calme et de repos. Il me faut du calme et du repos. **4.** Nous avions besoin de nerfs solides et de patience. Il nous fallait des nerfs solides et de la patience. **5.** Elle aura besoin de café et de gâteaux. Il lui faut du café et des gâteaux. **6.** … tu auras besoin de temps. Il te faudra du temps. **7.** Ils ont besoin d'une ardoise, de stylos et d'un cartable. Il leur faut une ardoise, des stylos et un cartable. **8.** J'avais besoin d'un graveur DVD, d'un ordinateur et d'un DVD vierge. Il me fallait un graveur DVD, un ordinateur et un DVD vierge. **9.** Tu as besoin d'un magnétoscope et d'une cassette vidéo. Il te faut un magnétoscope et une cassette vidéo. **10.** Elle va avoir besoin d'inspiration et d'une maison isolée en Provence. Il va lui falloir de l'inspiration et une maison isolée en Provence. **11.** Nous avons besoin de calmants et d'un bon film. Il nous faut des calmants et un bon film.

### 100
**1.** Si je dois t'aider, j'aurai besoin de ton numéro de téléphone. **2.** Il nous faut aider Marie, elle a besoin de notre conseil. **3.** Le soir, Mémé a toujours besoin d'un verre de vin rouge. **4.** J'ai l'impression qu'il lui faut des disputes. **5.** Monsieur Bougie, vous devez cesser de fumer. **6.** Il te faut/faudra travailler en été si tu as besoin d'argent. **7.** Tu devrais lire plus. **8.** Je vais dire à mon (petit) ami qu'il me faut plus de temps. **9.** Vous avez encore besoin de moi? Je devrais partir maintenant. **10.** J'en ai assez. Je n'ai plus besoin de ta jalousie.

---

© VERITAS-VERLAG, Linz
Alle Rechte vorbehalten, insbesondere das Recht der Verbreitung (auch durch Film, Fernsehen, Internet, fotomechanische Wiedergabe, Bild-, Ton- und Datenträger jeder Art) oder der auszugsweise Nachdruck
3. Auflage 2014
ISBN 978-3-7058-7919-5